☀ **pmv** FREIZEITFÜHRER MIT KINDERN

2. Auflage 2016, Frankfurt am Main

PETER MEYER VERLAG

LÜNEBURGER HEIDE MIT KINDERN

300 spannende Ausflüge in das Naturparadies
zwischen Hamburg und Hannover

VON KIRSTEN WAGNER

NORDHEIDE

LÜNEBURG & UMZU

NATURPARK LÜNEBURGER HEIDE

UELZEN & WENDLAND

ZWISCHEN SOLTAU & SCHWARMSTEDT

NATURPARK SÜDHEIDE

CELLE & UMGEBUNG

BLICK NACH SÜDEN

ORTE, INFO & VERKEHR

FERIENADRESSEN & KARTEN

INHALT

6   **Vorwort**

NORDHEIDE

11   **VON DER ELBE IN DIE SCHWARZEN BERGE**
11   **Tipps für Wasserratten**
11   Frei- & Hallenbäder
15   **Frische Luft und Sport**
15   Radeln & skaten
17   Wandern, spazieren & spielen
19   Reiten, klettern & drinnen spielen
21   **Umwelt erforschen**
21   Der Natur auf der Spur
24   **Handwerk und Geschichte**
Festkalender Nordheide 28   24   Museen & Mühlen

LÜNEBURG & UMZU

31   **WO DIE HANSE ZU HAUSE WAR**
31   **Tipps für Wasserratten**
31   Frei- & Hallenbäder
34   Selbst Boot & Kanu fahren
35   Schiffsfahrten inklusive Lift
36   **Frische Luft und Sport**
Bauen mit Backsteinen 37   36   Radeln & wandern
41   Spielen, putten & Kutsche fahren
43   Klettern, rutschen & eislaufen
44   **Umwelt erforschen**
44   Naturphänomene erforschen
Salz: Das weiße Gold   45   **Handwerk und Geschichte**
von Lüneburg 50   45   Bahnen & Betriebe
48   Museen, Mühlen & Türme
Pfannkuchen backen 54   51   Stadtbesichtigungen
55   **Bühne, Leinwand & Aktionen**
Festkalender Lüneburg 56   55   Theater & Feste

NATURPARK LÜNE-BURGER HEIDE

59   **GANZ SCHÖN SCHNUCKELIG**
59   **Tipps für Wasserratten**
59   Frei- & Hallenbäder
62   Auf Seen & Flüssen

Frische Luft und Sport 64

Radeln durch die Heide 64

Wandern & spazieren 67

Reiten & Kutsche fahren 70

Erlebniswelten & klettern 73

Umwelt erforschen 77   *Keine Heide ohne Heid-*

Tieren ganz nah 77   *schnucken* 80

Natur zum Anfassen & Begreifen 78

Lehr- & Erlebnispfade 83   *Festkalender Naturpark*

Autofrei: Ausflug nach Wilsede 86   *Lüneburger Heide* 88

WEITES LAND ZWISCHEN HEIDE UND ELBE 91   **UELZEN &**

Tipps für Wasserratten 91   **WENDLAND**

Frei- & Hallenbäder 91

Auf Seen & Flüssen 95

Frische Luft und Sport 97

Radeln 97

Wandern & spazieren 99   *Wacholder* 99

Parks, Gärten & Kutschfahrten 101

Spielen & Schlittschuh laufen 104

Umwelt erforschen 105

Von Tieren und Bäumen 105

Lehr- & Erlebnispfade 107   *Findlinge* 113

Handwerk und Geschichte 109

Bahnen & Betriebe 109   *Ulenköper* 114

Freilicht- & Anfassmuseen 110

Bühne, Leinwand & Aktionen 115   *Festkalender Uelzen &*

Theater & Feste 115   *Wendland* 116

DAS PURE VERGNÜGEN 119   **ZWISCHEN**

Tipps für Wasserratten 119   **SOLTAU &**

Frei- & Hallenbäder 119   **SCHWARMSTEDT**

Badeseen 122

Boot & Kanu fahren 123   *Tipps für die*

Frische Luft und Sport 125   *Paddelei* 125

Spazieren durch Au & Park 125

Erlebnis- & Freizeitparks 127

Was wächst denn da? 129

Festkalender Soltau –
Schwarmstedt 136

NATURPARK
SÜDHEIDE

Kieselgur 151
Der Mistkäfer 154

Festkalender Naturpark
Südheide 156

CELLE &
UMGEBUNG

Summ summ summ, Bien-
chen summ herum 168

Festkalender Celle 178

BLICK NACH
SÜDEN

129 **Umwelt erforschen**
129 Der Natur auf der Spur
131 **Handwerk und Geschichte**
131 Bahnen & Museen

139 **WO ES SUMMT UND BRUMMT**
139 **Tipps für Wasserratten**
139 Frei- & Hallenbäder
141 Kanu fahren & paddeln
142 **Frische Luft und Sport**
142 Radeln & wandern
147 Mit Kutsche & Planwagen
147 **Umwelt erforschen**
147 Tiere hautnah erleben
150 Der Natur auf der Spur
155 **Handwerk und Geschichte**
155 Museen

159 **DAS TOR ZUR HEIDE**
159 **Tipps für Wasserratten**
159 Frei- & Hallenbäder
162 Badeseen & Schiffsfahrten
165 **Frische Luft und Sport**
165 Radeln & wandern
167 Spazieren & Kutsche fahren
169 Erlebnisparks
170 **Umwelt erforschen**
170 Der Natur auf der Spur
172 **Handwerk und Geschichte**
172 Bahnen & Stadtbesichtigungen
173 Museen & Schlösser

181 **ZWISCHEN OTTERN UND KÄFERN**
181 **Tipps für Wasserratten**
181 Frei- & Hallenbäder
184 Wassersport auf Seen & Flüssen

Frische Luft und Sport 187
Radeln & wandern 187
Erlebniswelten 188
Klettern, spielen & toben 192
Schlittschuh laufen 194
Umwelt erforschen 194
Tiere sehen & retten 194
Der Natur auf der Spur 196
Handwerk und Geschichte 197
Museen, Schlösser, Mühlen 197
Bühne, Leinwand & Aktionen 199
Theater 199

Festkalender Blick
nach Süden 200

GEWUSST WIE & WO 203
Infos zu den Orten 203
Nordheide & Lüneburg 203
Naturpark Lüneburger Heide 206
Uelzen & Wendland 209
Zwischen Soltau & Schwarmstedt 211
Naturpark Südheide, Celle & Der Süden 214
Hin & weg 218
Unterwegs mit Bus & Bahn 218

ORTE, INFO &
VERKEHR
Übergeordnete
Infostellen 204

UNTERKÜNFTE 225
Familienhotels & -pensionen 225
Ferien auf dem Bauernhof 227
Jugendherbergen 230
Campingplätze 232
Kartenatlas 238
Register 250
Impressum 255

FERIEN-
ADRESSEN &
KARTEN

Mit
Wolfsburg

VORWORT

Nach meinen Recherchen im Harz, in der Region Hannover und in Hamburg fiel mir auf, dass die Lüneburger Heide auf meiner »Landkarte für Familien« noch ein ganz weißer Fleck war. Dabei bin ich ja schon selbst als Kind in die Heide gefahren! Allerdings nur in zwei der drei großen Freizeitparks: den Vogelpark Walsrode und den Serengetipark Hodenhagen. Zusammen mit dem Heide-Park Soltau sind sie bis heute Anziehungspunkte für Besucher aus ganz Norddeutschland.

© pmv, Kirsten Wagner

Kirsten Wagner schreibt seit vielen Jahren Freizeit- und Reiseführer. Als Online-Redakteurin testet sie außerdem Freizeittipps in ganz Norddeutschland und entwickelt Internetseiten für Kinder (www.kinderzeitmaschine.de). Für pmv war sie nach dem Harz, Hannover und Hamburg nun in der Lüneburger Heide unterwegs. Ihre Söhne Lukas, Jonathan und Niko sind als Tester für kinderfreundliche Aktivitäten immer gerne mit von der Partie.

Aber was hat die Heide noch zu bieten? Das wollte ich herausfinden! So wanderte und radelte ich mit Kindern und Freunden durch Heide und Wald, wir paddelten auf Ilmenau und Böhme und besuchten bezaubernde Dörfer. Ich war überrascht, was ich in diesem Naturparadies alles entdeckt habe!

Es gibt nämlich unzählige Angebote für Kinder – und die habe ich für euch gesammelt und in 256 Seiten verpackt. Entdeckt eure Lieblingsziele und lasst euch wie ich verzaubern. In Bispingen könnt ihr einem Bartkauz ins Gefieder fassen, in Schneverdingen Heidschnucken streicheln, in Müden Elchen begegnen, in Bleckede Biber beobachten und in Buchholz Glasflügler bestaunen. Unbedingt solltet ihr eine Kutschfahrt unternehmen. Pferdewagen stehen an vielen Orten bereit und bringen euch sogar in Dörfer, in denen keine Autos fahren. Das kannte ich bisher nur von Inseln! Und es gibt noch viel mehr zu entdecken: Lauft in Egestorf barfuß durch Wasser, Matsch und Torf, verwirrt eure Sinne im kopfstehenden Haus, sammelt Stempel auf dem Machandelpfad nach Wilsede, taucht ein in eines der herrlichen Naturbäder und besucht Freilichtmuseen wie die in Hösseringen, in Suhlendorf, in Winsen an der Aller oder am Kiekeberg. Sportlich geht es zu in Kletterparks, bei einer Kanutour oder beim Swingolf. Und auch hübsche Städte gibt es zu entdecken: Kennt ihr schon das Salzmuseum und die Bonbonmacherei in Lüneburg oder das Kunstmuseum und die sprechenden Laternen in Celle? Ein Blick nach Süden lohnt ebenfalls, denn dort hat Wolfsburg mit der Autostadt und dem Phaeno, aber auch mit Planetarium und Allersee allerlei zu bieten.

Auf unseren Streifzügen durch die Lüneburger Heide wurden wir jedenfalls ganz schnell zu echten Fans – und ich bin mir sicher, ihr werdet das auch!

Viel Spaß bei euren Unternehmungen zwischen Hamburg, Bremen und Hannover wünscht euch Kirsten Wagner

Der Aufbau dieses Buches

▶ Euer Buch »Lüneburger Heide mit Kindern« ist in **acht geografische Griffmarken** gegliedert: *Nordheide, Lüneburg & umzu, Naturpark Lüneburger Heide, Uelzen & Wendland, Zwischen Soltau und Schwarmstedt, Naturpark Südheide, Celle & Umgebung* und *Blick nach Süden.*

Tipps für Wasserratten sind Infos zu Seen und Flüssen, zu Frei- und Hallenbädern sowie zu Kanu-, Tretboot- und Schifffahrten.

Frische Luft & Sport nennt Radtouren, Wanderungen, Parks und Gärten sowie Abenteuerspielplätze.

Umwelt erforschen: Hier findet ihr spannende Tierparks, Lehrpfade, Naturerlebniszentren, Barfußpfade und Sternwarten.

Handwerk & Geschichte führt euch zu Orten der Technik und Arbeit: historische Bahnen, Burgen und Museen.

Bühne, Leinwand und Aktionen stellt Kindertheater, Ferien- und andere Kreativangebote vor. Ein Festkalender listet wichtige Großveranstaltungen und die schönsten Weihnachtsmärkte der jeweiligen Region auf.

Die Griffmarken **Info & Verkehr** und **Ferienadressen** versorgen euch mit Ortsporträts, Infostellen und -quellen, Verkehrshinweisen, Unterkünften und Campingplätzen – so könnt ihr Familienferien bequem planen und organisieren.

Gestatten?

Ich bin Sam, die Wasserratte. Meine Clique und ich begleiten euch mit noch ein paar Freunden auf euren Entdeckertouren durch dieses Buch. Darf ich vorstellen:

Karlinchen, unsere sportliche Naturfreundin,

Herr Mau, Experte für Handwerk und Geschichte,

und Mockes, der Kunst- und Musikliebhaber.

Der **Kartenatlas** am Ende bietet euch bei Ausflügen die nötige Orientierung. Es ist also an alles gedacht – nur losziehen müsst ihr selbst!

Hinweis in eigener Sache

All diese Adressen, Preise und Informationen zu gewinnen, hat viel Zeit und Mühe erfordert. Doch trotz aller Sorgfalt können sich Fehler einschleichen. Noch weniger sind wir dagegen gefeit, dass sich Daten noch während des Niederschreibens ändern. Auf jeden Fall freuen wir uns, wenn ihr uns auf Fehler und Veränderungen aufmerksam macht. Auch zusätzliche Tipps sind jederzeit willkommen!

Schreibt an: Peter Meyer Verlag
Varrentrappstraße 53
60486 Frankfurt a.M.
www.PeterMeyerVerlag.de
info@PeterMeyerVerlag.de

Trefft uns auf **facebook.com/PeterMeyerVerlag** mit vielen guten Tipps rund ums Reisen und Ausfliegen!

▶ pmv-Leser sind neugierig und mobil – nicht nur in der Fremde, sondern auch in der eigenen Umgebung. Den Wissensdurst ihres Nachwuchses wollen sie fördern, seinem Tatendrang im Einklang mit der Natur freie Bahn lassen. Daher finden Sie in diesem Ausflugsführer Tipps und Adressen zu allem, was kleine und große Kinder begeistert, je nach Wetterlage und Jahreszeit. Alle Adressen und Aktivitäten wurden von den Autoren persönlich begutachtet und strikt nach Kinder- und Familienfreundlichkeit ausgewählt. Es ist nicht möglich, einen Eintrag ins Buch zu erkaufen.
Wir freuen uns über eure Tipps und Anregungen! Und selbstverständlich über eure Weiterempfehlung. ◀

NORDHEIDE

NORDHEIDE

LÜNEBURG & UMZU

NATURPARK LÜNEBURGER HEIDE

UELZEN & WENDLAND

ZWISCHEN SOLTAU & SCHWARMSTEDT

NATURPARK SÜDHEIDE

CELLE & UMGEBUNG

BLICK NACH SÜDEN

ORTE, INFO & VERKEHR

FERIENADRESSEN & KARTEN

Die Elbe bildet den Nordrand der Lüneburger Heide. Unmittelbar an Hamburg angrenzend, beginnt hier die Nordheide. Sie gehört zum Landkreis Harburg. Hier verläuft der Höhenzug Hohe Heide, zu dem die Schwarzen Berge gehören. Vermarktet wird das Gebiet vom Regionalpark Rosengarten. Im Osten schließt sich die Luheheide an, die von Seeve, Luhe und Ilmenau durchflossen wird. Hier liegt Winsen an der Luhe, nach Buchholz die zweitgrößte Stadt im Landkreis.

Die Nordheide ist vor allem für Hamburger ein schnell zu erreichendes Ziel vor der Stadt. Kinder lieben den **Wildpark Schwarze Berge** und das **Museum am Kiekeberg.** Die Schwarzen Berge werden unterteilt in die *Harburger Berge* im Norden und die *Lohberge* südlich der B75. **Winsen** besitzt ein Freizeitbad und einen Indoorspielplatz. Schöne Ausflugsziele für eine Rad- oder Skatetour sind die an der Elbe gelegenen Ortsteile **Hoopte, Stöckte** und **Laßrönne.**

Radeln und Wandern Nordheide. Freizeit und Wanderkarte 1:40.000. Brütt-Verlag, 7,80 €.

Frei- & Hallenbäder

Hüpfen und Rutschen in Hittfeld

Hallen- und Freibad Hittfeld, Peperdiekshöhe 1, 21218 Seevetal-Hittfeld. ✆ 04105/55-2262 (Gemeinde), www.seevetal.de. **Bahn/Bus:** Bus 4602. **Auto:** A1 Ausfahrt 41 Seevetal-Hittfeld, Hittfelder Landstraße. **Rad:** Seeveradweg. **Zeiten:** Hallenbad Mo, Di, Do, Fr 15 – 21.30, Sa 13 – 19, So 8 – 16 Uhr, Freibad Mai – Sep Do – Di 10 – 20, Mi 13 – 20 Uhr. **Preise:** 3 €; Kinder 3 – 17 Jahre 2 €; Familien (1 Erw, 2 Kinder) 5 €, (2 Erw, 4 Kinder) 10 €.

▶ Während das **Hallenbad** von Hittfeld ganzjährig zum Schwimmenlernen und Tauchen einlädt, ist das **Freibad** für sommerlichen Badespaß zuständig. In den Nichtschwimmerbereich des Kombibeckens führt eine Riesenwasserrutsche, deren Windungen euch garantiert so manchen Jauchzer entlocken wer-

TIPPS FÜR WASSER-RATTEN

Probereiten: Museumsbauernhof Wennerstorf lässt euch aufsitzen
© Freilichtmuseum am Kiekeberg

Ein Schwimm-kurs über 10 Stunden im Hallenbad Hittfeld kostet für Kinder 36 €.

Schwimmkurse für Kinder, 12 mal 45 Min, 60 €, Di – Fr 14 – 15 Uhr. Kindergeburtstag mit 45-minütiger Animation 30 €, ohne Animation 10 € plus Eintritt. Kindermenü im Bistro 6,50 – 8,50 €.

Hunger & Durst

Bistro El Tequito, Holzweg 10, Buchholz in der Nordheide. ✆04181/ 9461340. Pommes, Burger, Chicken Nuggets.

den. Ganz in Ruhe planschen die Kleinen in ihrem eigenen Badebecken. An Land könnt ihr auf dem Riesenhüpfkissen springen, Tischtennis und Riesenschach spielen. Die Liegewiese bietet reichlich Sonnen- und Schattenplätze.

Spielen und Baden in Buchholz

Buchholz-Bad, Holzweg 10, 21244 Buchholz in der Nordheide. ✆04181/4216, www.buchholz-bad.de. **Bahn/Bus:** Bus 4101. **Auto:** Bendestorfer Straße. **Rad:** Leine-Heide-Radweg. **Zeiten:** Hallenbad Mo – Fr 6.30 – 8.15, Di – Do auch 14 – 21, Fr 12.30 – 21, Sa 12 – 20, So 8 – 18 Uhr, Freibad Mai – Anfang Sep Mo – Fr 6.30 – 20, Sa, So 8 – 20 Uhr. **Preise:** 3 €; Kinder 4 – 18 Jahre 2 €; Schüler in den Sommerferien Mo – Fr Einlass 11 und 14 Uhr 0,50 €.

▶ Am Dienstag kommen Kinder besonders gerne ins Buchholz-Bad, denn dann findet der Spielenachmittag statt. Von 15 bis 18 Uhr könnt ihr die aufgeblasene Superrutsche vom 5-m-Turm hinabsausen und euch mit Wassermatten, Schwimmnudeln und Bällen amüsieren. Doch auch an anderen Tagen lässt es sich hier aushalten, etwa im 25 m langen Kombibecken mit Nichtschwimmbereich, an der Sprunganlage oder im Planschbecken mit Wasserspeier und kleiner Rutsche.

Wenn im Mai das **Freibad** seine Pforten öffnet, stürmen alle nach draußen. Nach der sportlichen Betätigung im 25-m-Becken geht es ins Erlebnisbecken, das mit Wasserpilz und Whirlliegen aufwartet. Zwei Wasserebenen mit Schlangenbaum, Bodensprudler, Schiffchenkanal und Spritznashorn erfreuen die jüngsten Planscher. Doch damit noch lange nicht genug, an Land geht der Spaß weiter. Ein ganzer Spielpark erwartet euch! Es gibt eine Sandkiste mit Matschbahn, eine Torwand, eine Drehscheibe, Wackelbalken, eine Seilbahn und zahlreiche Kletterangebote. Die etwas Größeren unter euch haben vielleicht Lust auf eine Partie Beachvolleyball. Auch

Tischtennis und Großschach könnt ihr spielen. Verpflegung gibt es im Sommer auch im Beachclub.

Wasser, Wasser

Freibad Hollenstedt, Jahnstraße 9, 21279 Hollenstedt. ℰ04165/8874, www.freibad-hollenstedt.de. **Bahn/ Bus:** Bus 4681, im Sommer auch Regionalpark-Shuttle-Linie 1 ab S-Bhf HH-Neugraben. **Auto:** A1 Ausfahrt 45 Hollenstedt. **Rad:** Radfernweg Hamburg-Bremen. **Zeiten:** Mai – Sep Mo 12 – 20, Di – Fr 6.30 – 20, Sa, So 9 – 20 Uhr. **Preise:** 3,50 €, ab 18 Uhr 2 €; Kinder ab 3 Jahre 2 €, ab 18 Uhr 1 €; Familien (1 Erw, 2 Kinder) 7 €, (2 Erw, 2 Kinder) 10 €.

▶ Wer Hollenstedt noch nicht kennt, sollte zumindest das Freibad des Ortes einmal in Augenschein nehmen. 4 Becken mit einer Wasserfläche von 1600 m sorgen für riesigen Badespaß. Das Schwimmbecken misst stolze 50 m in der Länge, das separate Sprungbecken ist mit 1-m-Brettern und einem 3-m-Turm ausgestattet. Im Nichtschwimmerbecken wird jeden Samstag eine Riesenkrake zu Wasser gelassen. Jeden Tag könnt ihr auf der 70 m langen **Riesenrutsche** oder einer weiteren kurzen Rutsche ins Wasser gelangen. Im sechseckigen Planschbecken üben die kleinsten Badegäste schon mal an ihrer eigenen Minirutsche. Gut behütet von einem Sonnensegel erobern sie hier das nasse Element. In der Badepause geht es auf den Spielplatz.

Insel für Wasserratten

Freizeitbad Die Insel, Bürgerweide 5, 21423 Winsen (Luhe). ℰ04171/8866-6, www.freizeitbad-die-insel.de. **Bahn/Bus:** Bus 4002. **Auto:** A39 Ausfahrt 4 Winsen-Ost, Osttangente. **Zeiten:** Di – Sa 10 – 22, So 10 – 21 Uhr, Ferien Nds. auch Mo 10 – 22 Uhr. **Preise:** 3 Std 5,20 €, Di – Fr bis 14 Uhr 4,20 €, Tag 7,70 €; Kinder 3 – 14 Jahre 3 Std 3 €, Di – Fr bis 14 Uhr 2,50 €, Tag 4,30 €; Familien (1 Erw, 2 Kinder) Tag 11,30 €, (2 Erw, 2 Kinder) Tag 15,80 €.

 Die Schwimmschule Delphin bietet im Freibad Hollenstedt Schwimmunterricht für Kinder an, Infos unter www.schwimmschule-delphin.info.

*Die **Rutsche** im Freibad wurde 1989 von dem berühmten Boxer Max Schmeling (1905 – 2005) gespendet. Er wohnte ganz in der Nähe von Hollenstedt in Dierstorf-Heide.*

NORDHEIDE

Babyschwimmen (Kurs 89 €) und Schwimmkurse für Kinder (Kurs 115 €) gehören zum Angebot der »Insel«.

▶ Das Erlebnisbecken mit Strömungskanal und Steilrutsche sowie die 66 m lange Röhrenrutsche sorgen in der »Insel« für jede Menge Spaß im Wasser. Ganzjährig könnt ihr nach draußen ins Strömungsbecken und weiter in ein größeres Becken schwimmen. Im Sommer könnt ihr Beachvolleyball und Basketball spielen. Die jüngsten Wasserratten finden drinnen zwei Planschbecken mit Minirutsche und draußen ein weiteres Planschbecken sowie ein tolles Spielschiff mit Sandbereich.

Pulvermühlenteich

Himmelsbruch, 21217 Seevetal-Meckelfeld. www.seevetal.de. **Bahn/Bus:** metronom ab HH-Harburg bis Meckelfeld oder Bus 443, 1,2 km Fußweg. **Auto:** A1 Ausfahrt 38 HH-Harburg, Neuländer Straße, Großmoorbogen, Großmoordamm, Rehmendamm, Zürnkamp, Seevedeich oder ab Meckelfeld über Pulvermühlenweg. **Rad:** Seeveradweg.

▶ Ein hübscher Badesee ist der Pulvermühlenteich bei Meckelfeld. Im Norden ist eine Badestelle ausgewiesen, zu der auch kleine Strandabschnitte gehören. In den Sommerferien ist eine Badeaufsicht vorhanden, außerdem ein abgetrennter Nichtschwimmerbereich. Im Sommer öffnet ein Kiosk.

Minigolf am Badeteich, Weg zum Badeteich 20 – 30, Holm-Seppensen. ℡04187/6115. www.kiamba-golf.de. April – Okt Mo – Fr 12 – 20, Sa, So 10 – 20 Uhr. 5 €, Kinder 4 – 13 Jahre 3,50 €, Familien (2 Erw. 2 Kinder) 15 €. 18 naturnahe Spielgolfbahnen.

Badeteich Holm-Seppensen

Campingplatz Hannes Henk, Weg Zum Badeteich 20 – 30, 21244 Holm-Seppensen. ℡04187/6115, www.campingplatz-nordheide.de. **Bahn/Bus:** Bus 4631, 4650. **Auto:** A7 Ausfahrt 40 Garlstorf, über Hanstedt, Dierkshausen, Holm. **Rad:** Seeveradweg. **Zeiten:** Sommerferien Niedersachsen. **Preise:** 2 €; Kinder bis 14 Jahre 1 €.

▶ Zum Campingplatz Nordheide gehört der Badeteich in Holm-Seppensen. Er kann aber auch von Tagesgästen genutzt werden. Es gibt einen Sandstrand und einen Nichtschwimmerbereich. Eine Aufsicht ist jedoch nur zeitweise anwesend.

Radeln & skaten

Natur und Technik: Radtour rund um den Rangierbahnhof Maschen

21217 Seevetal-Meckelfeld. **Länge:** 20 km, Start und Ziel: Bhf Meckelfeld. **Bahn/Bus:** ↗ Pulvermühlenteich.

▶ Um den Rangierbahnhof in Maschen herum führt diese Radtour, sodass sich wunderbar beobachten lässt, wie die Waggons wie in einer riesigen Modelleisenbahnanlage verschoben werden. Gleichzeitig geht es durch die wunderschöne Natur, denn der Bahnhof entstand mitten im Moor. Drei Seen haben ihre Entstehung nur dem Bau des Bahnhofs zu verdanken.

Hier geht es lang: Vom **Bahnhof in Meckelfeld** nehmt ihr den Weg zum ↗ Pulvermühlenteich, in dem ihr im Sommer baden könnt, und zwar über Rehmendamm und Seevedeich, dem ihr nach rechts unter den Gleisen hindurch folgt. Den See lasst ihr rechts liegen und fahrt parallel zum **Seevekanal,** bis es rechts weiter um den See herum geht (Hörstener Weg). Ihr biegt in die nächste Straße links ab, überquert die Seevetalstraße und radelt am Klärwerk vorbei. Dann fahrt ihr links und über die Seeve hinüber. In Maschen geht es erneut nach links über den Haulandsweg und am Ende rechts (Alte Bahnhofstraße, Maschener Schützenstraße). Ein Abstecher führt euch zu **Meyers Gasthaus,** wenn ihr euch stärken wollt. Links geht es dann in die Hörstener Straße. Rechts liegt der **See im Maschener Moor,** in dem das Baden ebenfalls erlaubt ist. Die Hörstener Straße bringt euch ansonsten direkt über den **Rangierbahnhof.** Ihr folgt ihr bis zur ersten Möglichkeit zum Rechtsabbiegen. Ein kleines Stück geht es parallel zurück, dann kurz an den Gleisen entlang und die erste Straße links nehmen. Nun geht es in die Untere Seeveniederung und zum **Naturschutzgebiet Junkersfeld.** Ihr fahrt erneut über die Seeve und dann rechts. Rechts von euch liegt der **Steller See.**

FRISCHE LUFT UND SPORT

Hunger & Durst

Meyers Gasthaus, Alte Bahnhofstraße 19, Maschen. ℂ04105/ 82615. www.meyersgasthaus-maschen.de. Täglich ab 10 Uhr.

🦉 *Der Rangierbahnhof in Maschen ist seit seiner Eröffnung 1977 der größte Rangierbahnhof in Europa und der zweitgrößte der Welt. Außerdem war er damals der erste, der computergesteuert wurde. Er ist die Drehscheibe für den Güterverkehr aus den Häfen in Hamburg und Bremerhaven. Auf 300 Kilometer Gleisen werden die Waggons geparkt und neu sortiert, ehe sie ihre Reise fortsetzen.*

*Hier am Junkernfeld ist eines der größten Vorkommen der seltenen **Schachbrettblume** in Europa, die im Mai alles in ein lila Meer taucht.*

Der Weg führt euch entlang der Seeve bis zur **Elbe.** Falls ihr Ende April oder Anfang Mai hier seid, könnt ihr den Steg, der irgendwann links zu sehen ist, betreten. Von ihm lassen sich die **Schachbrettblumen** wunderbar betrachten.

Wenn ihr weiterradelt, geht es am Ende links in die Neue Deichstraße und wieder links in den Herrendeich. Rechts kommt der kleine See **Herrenbrack** in Sicht, gleich darauf links der **Junkernfeldsee.** An dessen Ende findet ihr einen **Aussichtsturm,** von dem ihr die Vögel gut beobachten könnt.

Nun radelt ihr nach rechts weiter, auf Zum Junkernfeld und der Deichstraße, schließlich rechts in den Moordamm. Er führt geradewegs zum **See im Großen Moor,** eine weitere Gelegenheit zum Baden! Fahrt links auf Zum Großen Moor um den See herum, bis ihr wieder am Seevedeich und dem Ausgangspunkt angelangt seid!

Auf Inlinern an Elbe und Ilmenau

Laßrönner Weg, 21423 Winsen (Luhe). **Länge:** 11 km. Start: Laßrönner Weg, 2 km von Winsen. Ausschilderung: Gelbes Schild mit skatender Ente. **Bahn/Bus:** Bus 149 bis Stöckte, dann aber Start am Querweg. **Auto:** Tönnhäuser Weg, Parkplatz am Klärwerk.

▶ Holt doch mal wieder die Inliner heraus! Im Norden von Winsen wartet eine schöne Strecke auf euch. Sie führt durch Laßrönne und Stöckte, dabei geht es sogar direkt an der Elbe entlang. Einkehrmöglichkeiten und einen Spielplatz gibt es auch. Los geht's am **Laßrönner Weg.** Ihr fahrt über die Ilmenau Richtung Laßrönne (Seebrückenweg), am Ortseingang von Laßrönne geht es links weiter, schließlich wieder links auf die Laßrönner Dorfstraße. Sie bringt euch zum Elbufer. Bevor es links um die Kurve geht, seht ihr rechts einen **Spielplatz.** Zeit für eine Pause! Ihr könnt schaukeln, rutschen, im Sand

Am Grasweg lädt ein Bolzplatz zum Kicken ein!

Macht Specki Konkurrenz: Die Ente weist den Weg

spielen und Seilbahn fahren. In einer Hütte sitzt ihr gemütlich bei einem Picknick. Am Elbufer geht es dann mit tollem Blick auf dem Radweg weiter bis zum Stöckter Hafen. Die Straße schwenkt nach links, am Ende folgt ihr auf der linken Seite dem kleinen Tunnel. Ihr landet direkt vor **Sievers Gasthaus,** wo ihr euch jetzt stärken könnt. Folgt anschließend der Hoopter Straße und biegt bald rechts in den Wiesenweg ein, dem ihr dann nach links weiter folgt. Die erste Straße fahrt ihr nach links, sodass ihr wieder zur Hoopter Straße kommt. Überquert sie und fahrt den Grasweg entlang. Am Ende geht es links weiter in den Querweg bis zum **Stöckter Deich,** dem ihr nach rechts folgt. Am Abzweig Zur Seebrücke geht es links weiter und zum Ausgangspunkt zurück. Wer nicht skaten mag, kann die Strecke natürlich auch radeln!

Wandern, spazieren & spielen

Durch die Höllenschlucht zum Brunsberg

Weg in Suerhop, 21244 Buchholz in der Nordheide. www.heidschnuckenweg.de. **Länge:** 7 km, Start: Bhf Suerhop, Weg erfolgt auf dem Heidschnuckenweg (Teilabschnitt von Etappe 2 Buchholz – Handeloh), Symbol: Großes H. **Bahn/Bus:** erixx bis Suerhop oder Bus 4101 bis Drosselweg, 250 m bis Bhf Suerhop. **Rad:** Nähe Leine-Heide-Radweg.

▶ Mit einer Höhe von 129 m gehört der Brunsberg bei Buchholz schon zu den höchsten Erhebungen in der Lüneburger Heide. Hin geht es durch ein Trockental mit dem Namen Höllenschlucht. Ihr startet am **Bahnhof Suerhop** und folgt dem Weg rechts der Gleise (An der Soltauer Bahn). Irgendwann zweigt der Weg in den Wald ab. Ihr überquert den Weg in der Interessentenforst und wandert über die Kuppe des Höllenbergs hinab in ein tief eingeschnittenes Tal. Das ist die **Höllenschlucht.** Bis zu 10 m sind die Wände hoch. Nun geht es auch schon wieder bergauf

Hunger & Durst

Sievers Gasthaus, Hoopter Elbdeich 11, Winsen. ℗04171/ 2598. www.sieversgasthaus.de. Mo, Mi – Fr ab 16.30, Sa, So ab 11 Uhr. Hier könnt ihr Stint probieren.

Es gibt keine Einkehrmöglichkeit auf dieser Wanderung. Nehmt also genügend zu essen und zu trinken mit!

zum **Brunsberg.** Dort erwartet euch eine Heidefläche mit Wacholderbüschen und natürlich eine schöne Aussicht! Den Rückweg tretet ihr auf derselben Strecke an oder nehmt einen der anderen ausgeschilderten Wege nach **Buchholz** zurück.

Auf dem Märchenwanderweg

Lohof 1, 21266 Jesteburg. ☏ 04183/5363 (Tourist-Info), www.vv-jesteburg.de. **Länge:** 3,2 km, Start: Lohof, Wegmarkierung: Zerbrochener Zauberstab. **Bahn/Bus:** Bus 4148 bis Lohof, Mitte Juli – Mitte Okt Heide-Shuttle Ring 3. **Auto:** L213 zwischen Bendestorf und Jesteburg, Parkplatz in Lohof ausgeschildert.

▶ Mitten im Wald steht ein Einhorn! Wollt ihr es suchen? Dann begebt euch auf den Märchenwanderweg im **Klecker Wald.** 15 Stationen leiten euch durch das Märchen vom Trickser. Die Vorgeschichte: Der Trickser hat den Zauberstab eines Dorfes zerstört. Nun streiten sich die Elfen, Kobolde und Zwerge nur noch. Die drei Freunde Pinki, Zipfel und Keril machen sich auf den Weg, um wieder Frieden herzustellen. Dabei begleitet ihr sie. Zunächst geht es zur weisen Schlange, die den Rat gibt, sieben Zutaten für einen neuen Zauberstab zu finden. Auf geht es! Ihr trefft nicht nur auf fliegende Tannenzapfen, das Eichhörnchen Coco und die Wassernymphen, sondern habt an mehreren Stationen auch die Möglichkeit zu balancieren und zu klettern.

Spielen in Luhis Lagune im Luhepark

Schlossring, 21423 Winsen (Luhe). ☏ 04171/668075 (Tourist-Info), www.winsen.de. **Bahn/Bus:** ↗ Zentrum, Bus bis ZOB. **Auto:** Parkplätze am Schlossring.

▶ Luhis Lagune nennt sich der Spielpark in schöner Lage direkt an der Luhe. Er entstand zur Landesgartenschau 2006. Ihr findet hier ein Piratenschiff, eine Seilbahn, einen Drehkreisel, eine Doppelrutsche und einen Kletterturm. Auf der Skateanlage könnt ihr genauso sportlich aktiv sein wie an der Tischtennisplat-

🍎 Das Märchenbuch zum Wanderweg, Zauberstäbe und Märchentassen gibt es in der Touristinformation Jesteburg zu kaufen.

 **Minigolf im Luhepark – Luhe Bistro,** Schlossring 20, Winsen. ☏ 04171/607568. April – Okt Mo, Mi – Fr ab 12, Sa, So ab 11 Uhr, bis zur Dämmerung. 3 €, Kinder 2 €.

te, auf dem Basketball- und Volleyballfeld und beim **Minigolf.** Am Spielplatz befindet sich auch ein Kanu-Einsatzpunkt auf der Luhe.

Reiten, klettern & drinnen spielen

Der Kiekeberg auf dem Pony

Ponyreiten am Kiekeberg, Kathi Prion, Am Kiekeberg 5, 21224 Rosengarten-Ehestorf. Handy 0174/9104538. www.ponyreiten-am-kiekeberg.de. **Bahn/Bus:** S3 bis Harburg oder Neuwiedenthal, Bus 340, 4244 bis Museum. **Auto:** A7 Ausfahrt 34 HH-Marmstorf, Ausschilderung Freilichtmuseum folgen. **Rad:** Radfernweg Hamburg – Bremen. **Zeiten:** Fr – So ab 11.30 Uhr bis zur Dämmerung. **Preise:** 15 Min 5 €, 30 Min 10 €.

 *Max* und *Moritz, Speedy* und *Lilly* heißen einige der Vierbeiner, die euch gerne auf ihrem Rücken Platz nehmen lassen. Wahlweise 15 oder 30 Minuten lang dürft ihr euch von euren Eltern auf den Ponys herumführen lassen.

*Der **Kiekeberg** gehört zu den Harburger Bergen. Er ist 127 m hoch und war schon vor 100 Jahren ein beliebtes Ausflugsziel. Neben Ponyreiten könnt ihr hier auch das Freilichtmuseum, den Hochseilgarten oder den Wildpark Schwarze Berge besuchen.*

Der Kiekeberg von oben

Hochseilgarten am Kiekeberg, Am Kiekeberg 5, 21224 Rosengarten-Ehestorf. ✆ 040/74325589, Handy 0172/1691961. www.hochseilgarten-kiekeberg.de. **Bahn/Bus:** S3 bis Harburg oder Neuwiedenthal, Bus 340, 4244 bis Museum. **Auto:** A7 Ausfahrt 34 HH-Marmstorf, Ausschilderung Freilichtmuseum folgen. **Rad:** Radfernweg Hamburg – Bremen. **Zeiten:** März – Okt Sa, So, Ferien 10 – 19 Uhr. **Preise:** 16 €; Kinder 10 – 14 Jahre 13 €, Miniparcours 8 €.

▶ Eine **Wasserfalle** in 8 m Höhe und eine 71 m lange, in luftiger Höhe endende **Seilbahn** gehören zu den Attraktionen im Hochseilgarten am Kiekeberg. Auf dem **Niedrigseilparcours** kommen auch schon die Kleineren unter euch zu ihrem Klettervergnügen. Alle ab 10 Jahre erleben so manche Abenteuerstation im Maxi-Parcours. Stolz auf eure Leistung, könnt

Hunger & Durst

Gasthaus zum Kiekeberg, Kiekeberg 5, Rosengarten-Ehestorf. ✆ 040/7905021. www.kiekeberg.de. Di – So 8 – 21 Uhr. Mit Kinderspielplatz und überdachter Terrasse.

ihr anschließend Kuchen im **Gasthaus zum Kieke-berg** verspeisen.

Hoch hinaus in Buchholz

Kletterzentrum Buchholz, Holzweg 6, 21244 Buchholz in der Nordheide. ✆04181/9449393, www.klettern-buchholz.de. **Bahn/Bus:** Bus 4101 bis Bendestorfer Straße, 1 km Fußweg. **Auto:** Bendestorfer Straße. **Rad:** Leine-Heide-Radweg. **Zeiten:** täglich 10 – 22 Uhr. **Preise:** Tageskarte 14,50 €, Anfängerkurs 75 €, Schnupperkurs 20 €; Kinder bis 17 Jahre Tageskarte 9 €, Anfängerkurs 60 €, Schnupperkurs 15 €, Kindertreff 10er Karte 108 €; Ermäßigungen für Vereinsmitglieder.

▶ Da geht ihr glatt die Wände hoch! Im Kletterzentrum Buchholz stehen euch dafür 1200 qm Fläche zur Verfügung. Hoch geht es auf 300 Routen in bis zu 17 m Höhe. Auch draußen gibt es eine Kletterwand. Wer das Klettern erst einmal ausprobieren möchte, besucht einen Schnupperkurs. Toll für euch sind die vielen Kindergruppen, für die Kleinen mit Eltern, für Kinder unter 10 Jahre und ab 10 Jahre sowie für Jugendliche. Eltern-Kind-Kurse finden jedes Wochenende statt (Sa und So 15 – 17 Uhr). Kinder ab 10 Jahre können am Anfängerkurs teilnehmen (alle vier Wochen Sa und So 10 – 13 Uhr).

Spielen bei Fernando

Fernando Spielarena, Osttangente 200, 21423 Winsen (Luhe). ✆04171/789-0, www.fernando.de. **Bahn/Bus:** Bus 4002, 5402 bis Nordenfeld. **Auto:** A39 Ausfahrt 4 Winsen-Ost. **Zeiten:** Mo, Mi – Fr 15 – 19, Sa 11 – 19, So und Ferien täglich 11 – 18 Uhr. **Preise:** 5 €; Kinder ab 2 Jahre 8,50 €; Kinder bis 2 Jahre und Senioren ab 65 Jahre 4 €.

▶ Einmal austoben bitte! In der Fernando Spielarena ist das auch bei miesestem Wetter kein Problem. Deerns, Butjers und Schietbüdel bis 12 Jahre springen hier in der Hüpfburg und auf dem Trampolin, suchen verzwickte Wege im Kletterlabyrinth, rutschen,

Happy Birthday!
Ihr könnt den Kindergeburtstag im Kletterzentrum feiern! Je Kind 9 € plus 2 € Materialausleihe, Trainer 45 – 65 €.

Happy Birthday!
Eine Geburtstagsfeier im Fernando kostet 14,50 € pro Kind.

🦋 Im gleichen Gebäude könnt ihr Lasertag, Paintball, Bowling und Fußball spielen.

spielen Fußball und nehmen im Wasserboot Platz. Im Kleinkindbereich fühlen sich alle bis 4 Jahre wohl.

Der Natur auf der Spur

Wildpark Schwarze Berge

Am Wildpark 1, 21224 Rosengarten-Vahrendorf. ☎040/8197747-0, www.wildpark-schwarze-berge.de. **Bahn/Bus:** S3 bis Harburg oder Neuwiedenthal, Bus 340 bis Eingang Wildpark. **Auto:** A7 Ausfahrt 34 HH-Marmstorf oder A261 Ausfahrt 3 Tötensen, Ausschilderung folgen. **Zeiten:** April – Okt 8 – 18 Uhr, Nov – März 9 – 17 Uhr. **Preise:** 9 €; Kinder 3 – 14 Jahre 7 €; Kombikarten mit ↗ Kiekebergmuseum 15 €, Kinder 7 €, Verleih von Bollerwagen, im Winter auch Schlitten 3,50 €.

▶ Wisent, Wolf, Luchs, Braunbär und Elch sind Bewohner des Wildparks Schwarze Berge, die ihr bestimmt nicht verpassen wollt. Zwergotter, Dachs und Waschbär lassen sich besonders gut bei ihrer täglichen **Fütterung** beobachten. Während der **Flugschau** erfahrt ihr Spannendes über Falke, Wüstenbussard und Seeadler. Nun aber noch ins Freigehege zum Damwild und zu den Ziegen im Streichelgehege. Ihr seht schon – ihr solltet Zeit mitbringen für euren Wildpark-Ausflug. Denn ihr wollt sicher noch die Aus-

Flugschau täglich 12 und 15 Uhr, So auch 16.30 Uhr, Nov – Feb nur 14 Uhr. Fütterungen: Zwergotter 11 Uhr, Dachse 13 Uhr, Waschbären 15 Uhr. März – Okt So 13 Uhr Fütterungstour zu den Wölfen.

Hunger & Durst
Wildpark-Restaurant, ☎040/8197747-40. www.wildpark-restaurant.de. Mo – Do, Sa 11 – 21, Fr 11 – 22, So 8.30 – 21 Uhr. Malbögen und Kindergerichte.

Im Freigehege: Die einen füttern die Rehe, die anderen die Großeltern …
© Wildpark Schwarze Berge

sicht über den *Kiekeberg* und sogar den *Hamburger Hafen* vom 31 m hohen **Elbblickturm** genießen. Neben dem **Wildpark-Restaurant** liegt der riesige **Spielplatz.**

Unter Schmetterlingen: Alaris Schmetterlingspark

Zum Mühlenteich 2, 21244 Buchholz in der Nordheide-Seppensen. ℡04181/36481, www.alaris-schmetterlingspark.de. **Bahn/Bus:** Bus 4103 bis Seppensen (Mitte). **Auto:** A7 Ausfahrt 40 Garlstorf, über Hanstedt, Richtung Buchholz, in Seppensen 1. Straße rechts. **Rad:** Leine-Heide-Radweg. **Zeiten:** April – Sep täglich 9.30 – 17.30, Okt 10 – 17 Uhr. **Preise:** 7 €; Kinder bis 12 Jahre und 1,40 m Größe 4 €, Jugendliche 5 €.

▶ Viele bunte Schmetterlinge umflattern euch in Buchholz. In der Halle des Schmetterlingsparks leben über das Jahr verteilt mehr als 140 Arten zwischen den Grünpflanzen, die euch wie in den Tropen empfangen. Da seht ihr dann vielleicht Bananenfalter, leuchtende Passionsfalter, die Weiße Baumnymphe, den Monarchen oder den Glasflügler Greta Oto mit seinen durchsichtigen Flügeln. Sie landen in den Blüten, an den bereit gestellten Futterplätzen und vielleicht auch auf euch! Der größte unter den Schmetterlingen ist übrigens der Atlasspinner, der eine Flügelspanne bis zu 30 cm aufweist. Raupen und Puppen von ihm, aber auch von vielen anderen der hübschen Flatterer seht ihr im Vorraum der Halle. Lauft also nicht achtlos an den Grünpflanzen vorbei, sondern guckt genau hin!

Museumsbauernhof Wennerstorf

Lindenstraße 4, 21279 Wennerstorf. ℡04165/211349, www.museumsbauernhof.de. **Bahn/Bus:** Bus 4083 ab Buchholz, Juli – Anfang Okt Regionalpark-Shuttle Sa, So ab Buchholz oder HH-Neugraben. **Auto:** A1 Ausfahrt 44 Rade, B3 Richtung Soltau, 600 m Abzweig Wennerstorf, Parkplatz am Museum, an Aktions-

So also sieht eine Fee aus: Weiße Baumnymphe im Alaris Schmetterlingspark

© pmv, Kirsten Wagner

An sonnigen Tagen fliegen mehr Schmetterlinge als an trüben!

Hunger & Durst
Orchideencafé, ℡04181/36481. www.alaris-schmetterlingspark.de. Geöffnet wie Schmetterlingspark, frei zugänglich. Cafeteria mit Garten.

tagen ausgewiesene Parkplätze am Dorfrand. **Zeiten:** Di – Fr 10 – 16.30 Uhr, Mai – Okt auch Sa, So 10 – 18 Uhr. **Preise:** Eintritt frei, an Aktionstagen 3 €; Kinder bis 18 Jahre frei. **Info:** Ferienprogramm beachten.

▶ Wie die Heidebauern in den 1930er Jahren lebten, erfahrt ihr in Wennerstorf. Auf dem Smeds Hoff lebten damals Ludwig und Marie Bock mit ihren Kindern, Oma Eliese und den Mägden und Knechten. In ihrem Wohnhaus ist heute das Haupthaus des Museums untergebracht, gleich nebenan in der Göpelscheune findet ihr den **Hökerladen** (Di – Fr 10 – 16.30 Uhr, Mai – Okt auch Sa, So 10 – 18 Uhr) und das Hofcafé, natürlich im Stil der dreißiger Jahre. Überall gibt es für euch etwas auszuprobieren: Ihr könnt Sütterlin lesen, in einer **Butze** Probe liegen, weben, Schlagern lauschen, mit Backsteinen bauen und an Hörstationen mehr über das Leben damals erfahren. Im Garten gibt es eine Sandkiste, Holzpferde und ganz lebendige Schafe und Hühner. Im Backhaus wird von Mai bis Oktober samstags der Ofen angefeuert und ihr könnt frisches Sauerteigbrot kaufen. Im Schafstall findet ihr noch eine Ausstellung zur Geschichte des Dorfes. Regelmäßig ist Waschtag, es wird auf dem Sparherd gekocht oder der Imker und der Schäfer kommen zu Besuch.

Auf dem Herzweg

Brandweg 2, 21441 Garstedt. Start direkt hinter dem Schützenhaus (Eichenweg 6a), **Länge:** 300 m. **Bahn/Bus:** Bus 4406. **Auto:** A7 Ausfahrt 40 Garlstorf, über Garlstorf und Toppenstedt nach Garstedt, Hauptstraße, Eichenweg. **Infos:** Naturpark-Informationsstelle Salzhausen, Rathausplatz 1, 21376 Salzhausen, ✆04172/909915.

▶ Der **Waldlehrpfad** in Garstedt trägt den schönen Namen Herzweg. Außerdem liegt hier in der Kürze die Würze, denn er ist nur 300 m lang. Trotzdem findet ihr auf ihm tolle Stationen, an denen ihr aktiv werden könnt. Es lässt sich über einen Baumstamm balan-

Jeden Do 15 – 16.30 Uhr Kinderbauernhof für alle ab 4 Jahren. 4 €.

Hunger & Durst
Elieses Hofcafé, Lindenstraße 4, Wennerstorf. www.museumsbauernhof.de. Mai – Okt Sa, So 13 – 18 Uhr. Torten und Kuchen aus eigener Herstellung.

Butze nennt man im Plattdeutschen eine Bettnische oder einen Bettschrank. Ein anderes Wort ist Alkoven.

Hunger & Durst
Hof Lübberstedt, Am Waldbad 10, Salzhausen. ✆04172/9614-35. www.hof-luebberstedt.de. April – Okt Fr, Sa 9 – 18, So 13 – 18 Uhr. Hier gibt es Bauernhof-Eis.

HANDWERK UND GESCHICHTE

cieren, in Fühlkästen greifen, ihr dürft euch im Schlängeln üben oder über eine Holzwelle spazieren. Am Baumtelefon könnt ihr auf ganz neue Weise miteinander sprechen. Außerdem gibt es Tafeln, die erklären, welche Tiere und Pflanzen im Garstedter Wald leben.

Museen & Mühlen

Freilichtmuseum am Kiekeberg

Am Kiekeberg 1, 21224 Rosengarten-Ehestorf. ✆040/790176-0, www.kiekeberg-museum.de. **Bahn/Bus:** S3 bis Harburg oder Neuwiedenthal, Bus 340, 4244 bis Museum. **Auto:** A7 Ausfahrt 34 HH-Marmstorf, Ausschilderung folgen. **Rad:** Radfernweg Hamburg – Bremen. **Zeiten:** März – Okt Di – So 10 – 18 Uhr, Nov – Feb Di – So 10 – 16 Uhr (Agrarium bis 18 Uhr). **Preise:** 9 €; Kinder bis 18 Jahre frei; Kombikarten mit Wildpark Schwarze Berge 15 €, Kinder 7 €.

▶ Wie lebten die Menschen vor 50, 100 oder 300 Jahren auf dem Land? Hautnah lässt sich das im Freilichtmuseum am Kiekeberg erfahren. Um einen Heidehof wurden 40 historische Gebäude aus der *Lüneburger Heide* und der *Winsener Marsch* wieder aufgebaut, z.B. ein Fischerhaus, eine Schmiede und ein Leinenspeicher. Kühe, Schafe, Schweine und Gänse sind die tierischen Bewohner, die in alten Haustierrassen daher kommen. Ihr könnt zuschauen beim Weben, Rösten, Backen oder Honigschleudern. Eine rote Hand weist euch auf 12 Mitmachstationen im Gelände hin. Ihr könnt euch auf dem **Wasserspielplatz** austoben, im **Agrarium** alles über Ernährung

🦋 Do 15 – 16.30 Uhr ist Kindernachmittag für alle ab 4 Jahre. 5 €, 4er-Karte 17 €.

Da kiekste: Das Bunte Bentheimer Landschwein wird genau beobachtet
© Freilichtmuseum am Kiekeberg

herausfinden und in mehreren **Ausstellungen** z.B. das Landleben der 1950er Jahre kennen lernen. Zahlreiche Aktionstage gehören genauso zum Jahresprogramm wie Termine der Gelebten Geschichte, an denen ihr ins Jahr 1804 zurückversetzt werdet. Wen der Hunger beschleicht, kehrt ein ins **Gasthaus Stoof Mudders Kroog** oder ins **Café Koffietied.**

Hunger & Durst

Stoof Mudders Kroog,
Am Kiekeberg 1, Rosengarten-Ehestorf. ✆040/79144498. www.stoofmudders-kroog.de. Di – So 11 – 23 Uhr.

Museumspark Seppensen

Zum Mühlenteich 3, 21244 Buchholz in der Nordheide-Seppensen. ✆04181/33898, www.gmv-buchholz.de. Gegenüber Alaris Schmetterlingspark. **Bahn/Bus:** Bus 4103 bis Seppensen-Mitte. **Auto:** A7 Ausfahrt 40 Garlstorf, über Hanstedt, Richtung Buchholz, in Seppensen 1. Straße rechts. **Rad:** Leine-Heide-Radweg. **Zeiten:** von außen jederzeit, Gebäude und Heimatmuseum April – Sep 1. und 3. So 14 – 16 Uhr. **Preise:** Eintritt frei.

▶ Fünf Gebäude aus dem 17. bis 19. Jahrhundert zeigen euch in dem kleinen Freilichtmuseum, wie man früher lebte. Mittelpunkt ist das Sniers Hus, ein Bauernhaus, das man von Regesbostel hierher versetzt hat. Im Flett, wie man die Küche nennt, seht ihr freistehende Ständer. Sie sind ein typisches Merkmal der alten Bauernhäuser in dieser Region. Die nennt man korrekt *Hallenhaus,* denn es gab vor allem einen großen Raum darin. Die Menschen lebten zusammen mit ihren Tieren unter einem Dach. Es gibt rund um den Dorfplatz außerdem ein Backhaus, eine historische Schmiede, eine Durchfahrtsscheune und die alte Dorfschule. Sie ist das einzige Haus am Originalplatz.

Am 3. Sa im Monat ist Backtag! Auch der Schmied und der Imker sind dann da und zeigen ihre Arbeit.

In Holm könnt ihr die **Holmer Mühle** besichtigen (Schierhorner Straße 1). An jedem 2. Sa im Monat wird die Mühle von 10 – 13 Uhr in Aktion vorgeführt.

Bezaubernd: Kunststätte Bossard

Bossardweg 95, 21266 Jesteburg. ✆04183/5112, www.bossard.de. **Bahn/Bus:** Bus 4207, 4630 ab Buchholz bis Lüllau/Kohlhoff, 2,5 km Fußweg. **Auto:** A7 Ausfahrt Ramelsloh, A1 Ausfahrt Dibbersen, Ausschilderung folgen. **Rad:** Fahrradweg neben der Kreisstraße K83 Jesteburg- Lüllau, hinter Lüllau links Bossardweg.

Am Ostersonntag war der Osterhase in der Kunststätte. Helft ihr beim Suchen der Ostereier?

Kreativ versunken: In der Kunststätte Bossard geht's zur Sache
© Kunststätte Bossard

Hunger & Durst
Café in der Kunststätte, Bossardweg 95, Jesteburg. Keine festen Zeiten, im Allgemeinen Mai – Sep Sa, So 12 – 18 Uhr. Kuchen, Suppen, Snacks – hausgemacht und lecker.

Hunger & Durst
Landhaus Zum Lindenhof, Hauptstraße 18, Marxen. ✆04185/ 4182. www.landhaus-zum-lindenhof.de. Küche 11.30 – 14 und 18 – 21.30 Uhr, Di Ruhetag. Kuchen, Eis, Steaks, Brotzeit. Mit Gartenterrasse.

Zeiten: März – Okt Di – So 10 – 18 Uhr, Nov – Feb Sa, So 10 – 16 Uhr. **Preise:** 7 €; Kinder unter 18 Jahre frei.

▸ Mitten im Wald liegt die bezaubernde und verzaubernde Kunststätte Bossard. Geschaffen wurde das Anwesen von *Johann Bossard* (1874 – 1950) und seiner Frau *Jutta* als Gesamtkunstwerk. Das Ehepaar gestaltete die Landschaft, baute Häuser, schuf Skulpturen und malte. Besonders beeindruckend ist wohl der Kunsttempel – schon von außen gibt es immer Neues zu entdecken, im Inneren überwältigt die komplette Bemalung. Schaut euch auch die Skulpturenreihe und den Eddatempel an. Sogar die Bäume wurden in die Gestaltung einbezogen. So gibt es einen Baumtempel und einen Baumkreis, der wie der griechische Buchstabe Omega geformt ist. Kinder sind in der Kunststätte besonders willkommen. Ihr könnt regelmäßig ins **Kinderatelier** kommen (Kurszeiten Mo, Di 16 Uhr, Mi 15 Uhr, 90 Min) oder am **Kindergeburtstag** Mosaike legen, einen Schatz suchen oder Porzellan bemalen (80 €, Sa, So 95 €, Material 3 € je Kind, Menü 6 €, Kuchen und Getränk 4 €). In den Oster-, Sommer- und Herbstferien gibt es ein besonderes Programm für euch. Dann modelliert ihr mit Ton, baut Keilrahmen oder gestaltet Mosaike. Das Thema steht immer in Zusammenhang mit der Kunststätte, wo ihr zum Beispiel vorher ein bestimmtes Werk der Bossards anschaut.

Feuerwehrmuseum
Hauptstraße 20, 21439 Marxen. ✆04185/4450, www.feuerwehrmuseum-marxen.de. **Bahn/Bus:** Bus

448 bis Marxen, Am Dorfteich. **Auto:** A7 Ausfahrt Ramelsloh oder Thieshope, Ausschilderung folgen. **Zeiten:** Mai – Mitte Okt So, Fei 10 – 16 Uhr. **Preise:** 3 €; Kinder unter 18 Jahre frei.

▶ Wenn es irgendwo brennt, ist die Feuerwehr gefragt. Möglichst schnell brausen sie in ihren roten Autos mit Tatütata zum Brand. Aber wie war das eigentlich früher? Im Feuerwehrmuseum im hübschen Fachwerkdorf Marxen erfahrt ihr es. Vom Löscheimer über Handdruckspritzen und Löschkarren bis zu Tanklöschfahrzeugen aus den letzten Jahrzehnten reicht die Palette der Sammlung. Dazu gibt es Modellautos, Feuerlöscher, Feuerwehrhelme und -uniformen. Zu den Veranstaltungen gehören ein Sommerfest und ein Mitmachprogramm für Kinder in den Sommerferien. Führungen, auch zum **Kindergeburtstag,** können gebucht werden.

Lalü-lalü: Jetzt bin ich mal Feuerwehrmann!
© Freilichtmuseum am Kiekeberg

Mühlenmuseum Moisburg

Auf dem Damm 10, 21647 Moisburg. ✆ 040/790176-0, www.muehlenmuseum-moisburg.de. **Bahn/Bus:** Bus 2038 ab Buxtehude, 4039 ab Neu Wulmstorf. **Auto:** A1 Ausfahrt 45 Rade, über Hollenstedt nach Moisburg, direkt an der Hauptstraße. **Zeiten:** Mai – Okt Sa, So 11 – 17 Uhr, Mahlvorführungen So 13 – 16 Uhr. **Preise:** 3 €; Kinder unter 18 Jahren frei.

▶ Eine Wassermühle gab es in Moisburg schon 1379. Die heutige Mühle stammt in ihrem Kern von 1723. Sie ist voll funktionstüchtig. Davon könnt ihr euch an den Wochenenden überzeugen, wenn das Wasserrad sich dreht. Sonntags wird außerdem vorgeführt, wie Getreide zu Mehl gemahlen wird. An

Happy Birthday!
An eurem Geburtstag in der Mühle schöpft ihr Papier und spielt alte Kinderspiele. Die dreistündige Feier kostet 120 €. Ab 6 Jahre.

NORDHEIDE

Handmühlen dürft ihr selbst aktiv werden. Im Inneren der Mühle seht ihr, wie die Müllersfamilie in den 1930er Jahren lebte. Eine Ausstellung erklärt im Obergeschoss den Weg vom Korn zum Brot. Im **Café** gibt es Kuchen und Schmalzbrote, sonntags auch die Mühlentorte von Bäckermeister Johannsen.

FESTKALENDER NORDHEIDE

Februar/März: Hoopte und Stöckte: **Faslam,** Feier des traditionellen Winterbrauchs, mit Kindermaskerade und Festumzug.

April: Ende, Winsen (Luhe): **Tulpenfest** in den Luhegärten, buntes Treiben, Kunsthandwerk und Kulinarisches.

Mai: 1. So, Freilichtmuseum am Kiekeberg: **Oldtimertreffen.**

2. So (Muttertag), Holm-Seppensen: **Kunst- und Landmarkt** im Museumspark mit Handwerks-Vorführungen, Stockbrotbraten und Ponyreiten.

Juni: Anfang, Winsen (Luhe): **Stadtfest** mit Familienprogramm.

Mitte, Marxen: **Sommerfest** im Feuerwehrmuseum.

Buchholz: **Stadtteichfest** mit Kanufahren und Flohmarkt.

September: Anfang, Scharmbeck: **Erntefest** mit Kindernachmittag und Festumzug. www.erntefest-scharmbeck.de.

2. Wochenende, Buchholz: **Stadtfest** mit viel Musik und Schaustellerbuden.

Mitte, Winsen (Luhe): **Altstadtfest** mit Unterhaltung und Musik.

Winsen (Luhe): **Dahlientag** in den Luhegärten, mit Kinderprogramm.

Dezember: Fr vor dem 1. Advent – 2. Advent, Buchholz: **Weihnachtsmarkt** mit Weihnachtsgeschichten vom Kasper und Mitmachprogramm für Kinder.

1. – 4. Advent, Winsen (Luhe): **Weihnachtsmarkt** mit Adventskalender und Nikolausaktion.

LÜNEBURG & UMZU

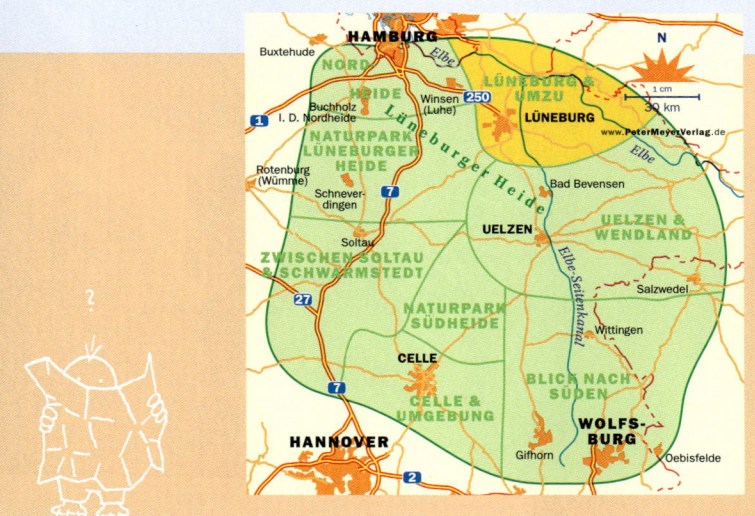

NORDHEIDE

LÜNEBURG & UMZU

NATURPARK LÜNEBURGER HEIDE

UELZEN & WENDLAND

ZWISCHEN SOLTAU & SCHWARMSTEDT

NATURPARK SÜDHEIDE

CELLE & UMGEBUNG

BLICK NACH SÜDEN

ORTE, INFO & VERKEHR

FERIENADRESSEN & KARTEN

Lüneburg liegt am östlichen Rand der Lüneburger Heide und wurde zum Namenspaten für die gesamte Landschaft. Das ist dem einstigen Fürstentum Lüneburg zu verdanken, zu dem das gesamte Gebiet seit dem 15. Jahrhundert unter der Herrschaft der Welfen gehörte. Es umfasste die heutigen Landkreise Harburg, Lüneburg, Uelzen, Celle, Gifhorn, Lüchow-Dannenberg und den Heidekreis.

Lüneburg selbst erlangte im Mittelalter als Handelsplatz große Bedeutung, wozu die Lage an der Ilmenau und das Vorhandensein eines Salzstocks beitrugen. Ihr mittelalterliches Gesicht konnte die Hansestadt bis heute bewahren und ist somit das Ziel vieler Touristen. Die »Hanse« war ein Verband von norddeutschen Kaufleuten; sie bestand vom 12. bis zum 17. Jahrhundert.

Heide selbst findet man im Umkreis nicht mehr, dafür aber eine andere herrliche Landschaft: die *Elbtalaue.* Östlich von Lüneburg verläuft der *Elbe-Seitenkanal,* an dem das **Schiffshebewerk Scharnebeck** ein beliebtes Ausflugsziel ist.

Frei- & Hallenbäder

SaLü — Badespaß in der Salztherme

Uelzener Straße 1 – 5, 21335 Lüneburg. ✆ 04131/723-0, www.salue.info. **Bahn/Bus:** Bus 5003, 5007, 5011 bis Kurzentrum. **Auto:** Bockelmannstraße, Stresemannstraße, Lindenstraße, Parkhaus für Badegäste 1,50 €. **Rad:** Nähe Ilmenauradweg. **Zeiten:** Mo – Sa 10 – 23, So 8 – 21 Uhr. **Preise:** 2 Std 7,90 €, Sa, So 8,90 €, 4 Std 10,80 €, Tag 12,50 €; Kinder 4 – 16 Jahre 2 Std 4,90 €, 4 Std 6,50 €, Tag 8 €; Familien (1 Erw, 1 Kind) 13 €, (2 Erw, 2 Kinder) 24,50 €; Schnäppchen am Vormittag: Mo – Fr bis 14 Uhr 4 Std zum Preis von 2 Std.

▶ Die größte Attraktion für Kinder im SaLü ist … entscheidet selbst: das Wellenbad, der Strömungskanal

WO DIE HANSE ZU HAUSE WAR

Rund um Lüneburg und entlang der Ilmenau: Maßstab 1:50.000 – GPS geeignet. Maiwald, 5,50 €.

TIPPS FÜR WASSER-RATTEN

Babyschwimmen, Schwimmkurs oder Kindergeburtstag – im SaLü ist alles im Angebot!

Wer fliegt länger, der Papierflieger oder die Graugans? Im Biosphaerium von Bleckede findet ihr es heraus

Hunger & Durst

Bistro an der Welle, Uelzener Straße 1 – 5, Lüneburg. www.salue.info. Mo – Sa 11 – 22, So 9 – 21 Uhr. Kindergerichte 3,30 – 4,50 €.

oder etwa die 90 m lange Riesenrutsche mit Filmprojektionen und Lichteffekten? Auch die Kinderwelt hat es in sich. Ihr könnt den Staudamm mit Wasserfass erkunden, auf Wassertieren reiten, die 3er-Rutsche hinabsausen und der Seeschlange Tribolin ihren Schatz entlocken. Im gesunden Lüneburger Salzwasser badet ihr nicht nur im Außen- und im Wellenbecken, sondern auch im Entspannungsbecken, in dem ihr schwebend Unterwassermusik lauschen könnt. Besonders kuschelig ist es in den Whirlpools.

Rutschen & planschen im Freibad Hagen

Schützenstraße 32, 21337 Lüneburg. ✆04131/8563-0, www.salue.info. **Bahn/Bus:** Bus 5010. **Auto:** Dahlenburger Landstraße, Richard-Brauer-Straße. **Rad:** Nähe Ilmenauradweg. **Zeiten:** Mai – Mitte Sep Mo – Fr 6.30 – 20.30, Sa, So 7 – 20.30 Uhr, bei schlechtem Wetter im Sep täglich 11 – 19 Uhr. **Preise:** 2,80 €; Kinder bis 16 Jahre 1,40 €; ab 19 Uhr die Hälfte.

▶ Im Stadtteil Neu Hagen findet ihr das einzige Freibad Lüneburgs. Das aber hat es in sich. In das große Nichtschwimmerbecken geht es nämlich über eine 25 m lange Breitrutsche. Der Planschbereich umfasst nicht nur mehrere kleine Becken, sondern es gibt hier auch einen Staudamm, einen Felsbach und ein Matschbecken mit Pumpe. Große Spielbereiche sorgen für Abwechslung in den Badepausen. Wer es sportlich mag, kann Beachvolleyball, Tischtennis, Basketball oder Fußball spielen – und sich im 50 m langen Schwimmbecken verausgaben, das auch einen Sprungbereich besitzt.

Waldbad Alt Garge

Am Waldbad 25, 21354 Bleckede-Alt Garge. ✆ 05854/334, www.waldbad-alt-garge.de. **Bahn/Bus:** Bus 5101. **Auto:** Über Bleckede, Wendischthuner Straße. **Rad:** Elberadweg. **Zeiten:** Mitte Mai – Mitte Sep Mo 14 – 20, Di – So 11 – 20 Uhr, Sommerferien Di – So ab 10 Uhr. **Preise:** 2,70 €; Kinder 3 – 17 Jahre 1,70 €.

▶ 50 m lang und 20 m breit ist das kombinierte Becken im Waldbad Alt Garge. So finden Schwimmer und Nichtschwimmer reichlich Platz für die sommerliche Erfrischung. In das auf 23 Grad erwärmte Wasser geht es auch über eine Rutsche oder den Sprungturm. Das Planschbecken ist nicht nur durch ein Sonnensegel gut geschützt, sondern punktet auch mit viel Wasserspielzeug. Auf dem Trockenen lädt das Spielschiff zum Klettern und Rutschen ein. Ihr könnt auch schaukeln, im Sand buddeln und Fußball oder Beachvolleyball spielen.

Per Seilfähre übers Wasser

Naturbad Bardowicker Strand, Im Kuhreiher 22, 21357 Bardowick. ✆ 04131/263215, www.bardowicker-strand.de. **Bahn/Bus:** Bus 5002. **Auto:** Hamburger Landstraße. **Rad:** Nähe Ilmenauradweg. **Zeiten:** Mitte Mai – Mitte Sep Mo 14 – 20, Di – So 10 – 20 Uhr. **Preise:** 1,50 € pro Person, Strandkorb 2 €, Sa, So 3 €.

▶ Im natürlich aufbereiteten Wasser schwimmt es sich ganz ohne Chlor besonders schön. Dazu gibt es einen Sandstrand, einen Sprungfelsen und als besonderen Clou eine Seilfähre, an der ihr euch auf einem Floß übers Wasser ziehen könnt. Für Rutschspaß sorgt die 25 m lange Breitwellenrutsche. Zu einem 50 m langen Schwimmerbecken gesellt sich angrenzend ein Nichtschwimmerbereich. Das separate Kleinkindbecken bietet neben 70 m Wasserfläche zum Planschen gleich nebenan einen Sandspielplatz mit Federtieren und Wackelboot. Wenn ihr schon größer seid, habt ihr vielleicht Lust auf ein Beachvolleyballmatch!

Freibad Adendorf

Scharnebecker Weg 19, 21365 Adendorf. ☎04131/188180, www.adendorf.de. **Bahn/Bus:** Bus 5007. **Auto:** B209 (Artlenburger Landstraße), Grüner Weg, Lindenweg, Im Suren Winkel, Teichaue. **Zeiten:** Mo – Fr 6.30 – 20.30, Sa, So 8 – 20.30 Uhr. **Preise:** 2,80 €; Kinder bis 12 Jahre 1,10 €, Jugendliche 13 – 17 Jahre 1,90 €; Happy Hour ab 19.30 Uhr: Erw 1,90 €, Kinder 0,70 €, Jugendliche 1,40 €.

▶ Vielfältig ist der Weg ins Wasser im Freibad Adendorf. Wer gerne springt, nutzt den Sprungturm, um aus 1, 3 oder gar 5 m Höhe in das separate Becken einzutauchen. Mit 63 m ist der Weg über die Superrutsche noch etwas länger. Schnelle Erfrischung gibt es, wenn ihr von einem der Startblöcke ins 50-m-Becken hüpft, dem sich ein Nichtschwimmerbereich anschließt. Die Jüngsten unter euch vergnügen sich gerne in der Badelandschaft für Kleinkinder. An Land könnt ihr es sportlich angehen beim Beachvolleyball, Fußball, Basketball oder Tischtennis. Wer gerne klettert und schaukelt, wird auf dem Spielplatz fündig.

Selbst Boot & Kanu fahren

Schröders Garten

Vor dem Roten Tore 72, 21335 Lüneburg. ☎04131/48877, www.schroedersgarten.de. An der Ilmenau. **Bahn/Bus:** ↗ Lüneburg. **Auto:** Parkhaus Stadtmitte. **Zeiten:** Mo – Fr ab 12, Sa, So ab 10 Uhr (wetterabhängig). **Preise:** Kleines Boot (max 3 Erw) 1 Std 10 €, großes Boot (max 5 Erw) 1 Std 13 €; Mo – Sa vor 14 Uhr kleines Boot 1 Std 7 €, großes Boot 1 Std 9 €.

▶ Einst lag in Schröders Garten die erste öffentliche Badeanstalt Lüneburgs, heute könnt ihr hier Tret- und Ruderboote ausleihen und über die Ilmenau schippern. Anschließend lädt der Spielplatz zum Schaukeln, Rutschen und Klettern ein. Im Biergarten entspannen eure Eltern!

Mit Kanu auf dem Reihersee

Kanu-Tours am Reihersee, Auf den Bergen 3, 21382 Brietlingen-Lüdershausen. ✆ 04131/303292, Handy 0171/2730-487. www.kanu-tours-event.de. **Auto:** B209, 1,2 km hinter Brietlingen rechts. **Zeiten:** Sa, So sowie nach Absprache. **Preise:** 3er Kanadier Tag 35 €, 4er Kanadier Tag 40 €, Kanu 1 Std Reihersee 10 €. **Infos:** Postanschrift: Kanu-Tours am Reihersee, Hans-Jürgen Ahrens, An der Schaaftrift 2, 21357 Bardowick.

Mit Kanus auf der Neetze: Am Reihersee geht's los
© Kanu-Tours am Reihersee

▶ Die *Neetze,* ein Nebenfluss der Ilmenau, weitet sich östlich von Lüdershausen zu einem See, der den hübschen Namen Reihersee trägt. Hier könnt ihr Kanus ausleihen. Nach einer kurzen Anleitung zur Paddeltechnik und zum Verhalten auf dem Boot kann es auch schon los gehen. Ihr könnt 5 km bis zum *Barumer See* oder 13 km bis *Fahrenholz* paddeln.

Am Reihersee könnt ihr baden. Zwischen Mai und September gibt es eine Badeaufsicht der DLRG.

Schiffsfahrten inklusive Lift

Mit der UHU durchs Schiffshebewerk

Reederei Helle, Elbstraße 117, 21481 Lauenburg. ✆ 04153/5928-48, Handy 0171/9945396. www.reederei-helle.de. Ab Scharnebeck, Unterhafen. **Zeiten:** Mai – Anfang Okt Di – So 11, 13 und 15 Uhr. **Preise:** 8 €; Kinder 6 – 12 Jahre 5,50 €.

▶ UHU II heißt die ehemalige Hafenbarkasse, mit der ihr durch das Schiffshebewerk Scharnebeck schippern könnt. Nach der Einfahrt in den Trog werdet ihr 38 m in die Höhe befördert – in nur drei Minuten. Oben angekommen habt ihr einen wunderbaren

Die Reederei Helle ist in Lauenburg ansässig und bietet auch von dort Fahrten zum Schiffshebewerk an. Durch die Elbtalaue könnt ihr ab Lauenburg, Boitzenburg und Bleckede mitfahren.

Blick in die Elbtalaue. Die Fahrzeit beträgt insgesamt etwa eine Stunde.

Nach Scharnebeck mit der MS Aurora

Werftstraße, 21502 Geesthacht. ☎04171/690861, Handy 0171/4488119. www.msaurora.de. **Lage:** Zufahrt Schiffsanleger über Freibad. **Bahn/Bus:** S2, S21 bis Bergedorf, Bus 12 bis Geesthacht ZOB, Bus 539, 8890, 8892 bis Freibad. **Auto:** A25 Richtung Geesthacht, B404, Ausfahrt Richtung Geesthacht/Altengamme, links Am Schleusenkanal, rechts Steinstraße, Am Hafen, rechts Werftstraße. **Zeiten:** März – Dez. **Preise:** Fahrt zum Schiffshebewerk 19 €; Ermäßigungen für Kinder unter 12 Jahre. **Infos:** Karl-Heinz und Gabriela Randel, Schillerstraße 15a, 21423 Winsen.

▶ Mit der *MS Aurora* schippert ihr ab **Geesthacht** über die Elbe. Da könnt ihr dann zum ↗**Schiffshebewerk Scharnebeck** fahren und erleben, wie ein Schiff Fahrstuhl fährt. Der Ausflug kann auch nach Hoopte durch die **Schleuse Geesthacht** gehen oder in die **Ilmenau.**

FRISCHE LUFT UND SPORT

Radeln & wandern

Die Backsteintour

Am Stintmarkt, 21335 Lüneburg. **Länge:** 20 km, Start: Marktplatz Lüneburg, Strecke: Lüneburg – Bardowick – Adendorf – Lüneburg. **Bahn/Bus:** ↗Zentrum. **Infos:** Flyer-PDF unter www.lueneburger-heide.de.

▶ Bei dieser Radtour seht ihr einige Gebäude der Backsteingotik, in deren Stil man im Mittelalter in Norddeutschland besonders gern baute. Am Stintmarkt in Lüneburgs Zentrum geht es los. Dort wurde früher das Salz, das die Stadt damals reich gemacht hat, nach Lübeck verschifft. Entlang der Ilmenau geht es von hier nach Bardowick. Der Fluss bleibt immer rechts von euch. Vom **Stintmarkt** geht es über die Salzstraße Am Wasser (Kopfsteinpflaster) rechts auf den **Treidelweg** (unter der Brücke hindurch), der diesen Namen trägt, bis ihr den Landwehrgraben überquert. Ihr bleibt auf dem Weg links der Ilmenau (Hinterm Eichhof). Bald seht ihr die **Schleuse von Bardowick.** Wenige Meter weiter fahrt ihr nun von der Ilmenau weg durch den Eichwald auf den **Nikolaihof.** St. Nikolai ist eine Hospitalanlage aus dem Mittelalter, die vollständig erhalten ist. Die kleine Kirche von 1435 ist genauso im Stil der Backsteingotik erbaut wie das Wahrzeichen von Bardowick, der **Dom St. Peter und Paul.** Zu ihm kommt ihr, wenn ihr der Großen Straße folgt und links in die Domstraße abbiegt. Der Dom wurde zwischen 1389 und 1485 erbaut, fast 100 Jahre lang! Geht doch einmal hinein (täglich 9 – 16 Uhr). Wer findet draußen den goldenen Löwen? Tipp: Er zeigt sich über dem Südportal. Wer eine Stärkung benötigt, kann **De Kaminstuuv** aufsuchen (Mühlenstraße 5, Di – So 14 – 18 Uhr, mit Kaffeegarten, www.kaminstuuv.de). Fahrt dann zurück zur Domstra-

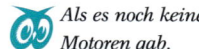

*Als es noch keine Motoren gab, mussten Schiffe gezogen werden, wenn sie gegen den Strom fahren wollten. Dafür gab es **Treidelpfade** an den Flussufern. Auf ihnen zogen Pferde oder auch Menschen die Schiffe an Leinen vorwärts.*

BAUEN MIT BACKSTEINEN

Ab dem 12. Jahrhundert verwendete man in Nordeuropa zunehmend Backstein, wenn man neue Gebäude baute. Backsteine sind aus Lehm gebrannte Ziegel. Gleichzeitig begann die Epoche der Gotik, ein Stil, der sich z.B. bei Kirchenbauten durch spitze Bögen, Strebepfeiler, Rosettenfenster und Kreuzgewölbe auszeichnet. Im Norden Deutschlands vereinten sich beide Merkmale zur Backsteingotik. Vor allem im Gebiet der Hanse war sie verbreitet. Ihr Höhepunkt war im 13. und 14. Jahrhundert. In Lüneburg sind noch einige Bauten der Backsteingotik erhalten. Dazu zählen die Kirchen St. Johannis am Sande, St. Michaelis und St. Nicolai, aber auch der sogenannte Schütting an der Ecke Brodbänken und Bardowicker Straße. Er trägt wie auch viele Häuser Am Sande den typischen Treppengiebel der norddeutschen Backsteingotik.

Typisch Lüneburg: Treppengiebel

Hunger & Durst
Grüner Jäger, Schwarzer Weg 10, Adendorf. ✆04131/266366-0. www.landgasthaus-gruener-jaeger.de. Do – So 11.30 – 21 Uhr.

ße und an der großen Kreuzung links in die Große Brückenstraße. Nun geht es über die Ilmenau. Bleibt zunächst auf dem Weg, der nun **Viti Furth** heißt und biegt dann rechts ab auf den Vrestorfer Weg. Durch den Wald geht es nun am *Gut Vrestorf* vorbei bis **Adendorf.** Die B209 überquert ihr vorsichtig, geradeaus geht es weiter auf dem Bültenweg und links über den Kirchweg ins Zentrum. Hier findet ihr an der Dorfstraße die **Johanneskapelle,** das älteste Kirchengebäude im Landkreis Lüneburg. Über den Kreisel an der Dorfstraße fahrt ihr in die Straße Im Suren Winkel, die schließlich zum Lindenweg wird. Am Ende links auf den Schwarzen Weg und vor dem Grünen Jäger rechts in den Wald hinein, das **Lüner Holz.** Am ersten Abzweig geht es links weiter und ihr überquert die B4. Hinter dem *Raderbach* geht es rechts weiter. An der Erbstorfer Landstraße fahrt ihr geradeaus auf den Lüner Weg, dann rechts Am Domänenhof zum **Kloster Lüne,** dem letzten Ziel der Tour. Ihr könnt es mit einer Führung besichtigen, das *Textilmuseum* besuchen oder im *Café* Kuchen essen (April – Mitte Okt Di – So, www.kloster-luene.de). Zurück zum Stintmarkt geht es durch den Wald parallel zur Bockelmannstraße, geradeaus auf den Lüner Damm, rechts auf die Lünertorstraße und über die Ilmenau.

Mit der Draisine durch die Elbtalaue

IG Draisine Bleckede, Hauptstraße 1, 21354 Bleckede-Alt Garge. Handy 0176/84295779. www.ig-draisine-elbtalaue.de. **Länge:** 2 mal 6 km. **Bahn/Bus:** Bus 5101. **Auto:** Parken im Kirchweg. **Rad:** Elberadweg. **Zeiten:** Juni – Aug täglich 10, 13, 16 Uhr, April, Mai, Sep, Okt Mi – So 10, 13, 16 Uhr. **Preise:** Draisine 4 Pers 28 €, Familien (2 Erw, 2 Kinder bis 12 Jahre) 22 €.

▶ Mit einer Draisine fährt man ja nicht alle Tage. Bei Bleckede könnt ihr es einmal ausprobieren. Die Fahrraddraisinen rollen auf Gleisen durch die Landschaft. Zwei treten in die Pedale und zwei Mitfahrer dürfen auf der Bank Platz nehmen. 6 km geht die Tour vom

Alle ab 10 Jahre können nach absolvierter Fahrt das Draisinen-Patent erwerben. Dazu müssen sieben Fragen beantwortet werden. Die Urkunde gibt es für 0,50 €.

Bahnhof in Alt Garge durch Wiesen und Wälder bis zum Bahnhof Waldfrieden. Dort wird die Draisine umgedreht. Vielleicht radeln ja nun die bisherigen Mitfahrer zurück? Vom Bahnhof in Alt Garge geht es nun sogar noch zum Elbstrand! Die Gleise

stammen übrigens von der 1974 stillgelegten Werksbahn des Kohlekraftwerks Ost-Hannover.

Auf dem Ilmenauradweg von Bienenbüttel nach Lüneburg

Ladestraße, 29553 Bienenbüttel. www.ilmenauradweg.de. **Länge:** 17 km, Start: Bhf Bienenbüttel, Bienenbüttel – Hohenbostel – Deutsch Evern – Lüneburg.
Bahn/Bus: Rückfahrt mit metronom. **Auto:** B4.

▶ Am Bahnhof in Bienenbüttel startet eure Radtour nach Lüneburg. Auf diesem Abschnitt des Ilmenauradwegs findet ihr mehrere Infotafeln, an denen ihr etwas über den Eisvogel, die Lüneburger Landwehr oder das Naturschutzgebiet Dieksbach lesen könnt, das ihr vor Deutsch Evern durchfahrt.

Über **Twiete und Bahnhofstraße** geht es links auf die Niendorfer Straße und über die Ilmenau. Hier lohnt ein kleiner Abstecher nach links zum **Skulpturenpfad.** Der Weg ist nicht so gut befahrbar, führt euch aber auch wieder auf den **Ilmenauradweg.** Wer nicht abgebogen ist, biegt von der Niendorfer Straße links auf Seyerberg nach **Hohenbostel,** wo ihr der Dorfstraße nach links folgt. Zum Holzfeld geht es weiter und schließlich links über die Gleise. Fahrt immer an den Schienen entlang, bis ihr nach **Deutsch Evern** kommt. Weiter geht es auf der Tiergartenstraße und

@ Infos und Karte zum Skulpturenpfad unter www.kunstraum-ilmenau.de.

✿ Unterhalb der Infotafeln am Ilmenauradweg findet ihr Klappen mit kleinen Rätseln. An einigen Stationen gibt es auch Hörspiele, die ihr schon vor der Radtour unter www.ilmenauradweg.de aufs Handy oder einen MP3-Player laden könnt.

Hunger & Durst

Rote Schleuse, Rote Schleuse 1, Lüneburg. ✆ 04131/79317. www.rote-schleuse.de. Mi – So 11 – 23 Uhr. Biergarten, hausgemachter Kuchen.

🦉 *Mit der **Landwehr** lenkte die Stadt Lüneburg im Mittelalter die Kaufleute zu sich in die Stadt. Sie sollten ihre Waren zunächst dort anbieten. Das brachte Reichtum in die Stadt.*

dann links Am Tiergarten. Nach der Unterführung der B4 geht es zur **Roten Schleuse** mit einem **Gasthaus.** Durch den Wald und auf dem Düvelsbrooker Weg geht es weiter bis zur Willy-Brandt-Straße. Folgt ihr, bis es rechts zum Bahnhof geht. Von dort könnt ihr mit dem Zug zurück nach **Bienenbüttel** fahren.

Wanderung am Hasenburger Bach

Hasenburger Weg, 21335 Lüneburg. **Länge:** 6 km, Start: Parkplatz Ecke Hasenburger Weg / Soltauer Straße. **Bahn/Bus:** Bus 5011 bis Hasenburg. **Auto:** Soltauer Straße. **Rad:** Ilmenauradweg.

▶ Der Hasenburger Bach fließt durch das gleichnamige Bachtal, ein **Naturschutzgebiet.** An ihm entlang führt ein hübscher Wanderweg. Die **Hasenburg** (1450 – 1480 errichtet) ist übrigens mit ihrem Wachturm, zusammen mit mehreren Gräben, ein Teil der ehemaligen **Lüneburger Landwehr.** In der Hasenburg befindet sich heute ein Hotel. Über die Straße Am Eichenwald startet eure Rundtour. Bleibt immer auf dem Weg am Bach entlang. An der Uelzener Straße haltet euch rechts, überquert sie und folgt zunächst weiter dem Bach, den ihr schließlich überquert. Nun geht ihr auf das Forsthaus **Rote Schleuse** zu. Zeit für eine Pause!

Folgt anschließend von hier dem Hauptweg, der euch zu mehreren Teichen bringt. Nach dem zweiten Teich biegt ihr rechts ab, bis ihr zum Düvelsbrooker Weg kommt, dem ihr nach links folgt. Hinter der Revierförsterei führt eine Treppe bergauf zur **Bockelsberghütte** und einem kleinen **Spielplatz.** Der Pfad hinter dem Spielplatz führt zur Uelzener Straße zurück. Über Scharnhorststraße und Soltauer Straße (nach links) geht es zurück zum Ausgangspunkt.

Durchs Deichvorland bei Bleckede

Schlossstraße, 21354 Bleckede. **Länge:** 8 km, ohne Abstecher zum Café Erb 6 km, Start: Biosphaerium. **Bahn/Bus:** ↗ Biosphaerium. **Rad:** Elberadweg.

▶ Durch die schöne Elbtalaue geht es bei dieser Wanderung. Los geht es am **Elbschloss,** in dem sich das ↗ *Biosphaerium* befindet. Wenn ihr der Schlossstraße nach Norden folgt, geht es auf dem niedrigen Sommerdeich, zwischen den beiden Teichen, los. Auf die-

sem bleibt ihr. Rechts blitzt immer wieder die Elbe hindurch. Je nach Jahreszeit seht ihr Graugänse, Kormorane, Schwäne und Zwergsäger. Vielleicht begegnet euch auch eine Schafherde. Am Abzweig geht es nach links dann auf dem Hauptdeich (oder parallel auf dem Teerweg neben dem Deich) zurück zum Ausgangspunkt. Links liegt am ersten Stück des Weges die Alte Elbe, der Rest eines Altarms der Elbe, auf dem sich viele Entenarten tummeln.

Spielen, putten & Kutsche fahren

Im Kurpark von Lüneburg

Uelzener Straße, 21335 Lüneburg. www.lueneburg.info. **Bahn/Bus:** Bus 5011 bis Kurpark. **Auto:** Parkplatz Uelzener Straße.

▶ Weite Wiesen prägen den Kurpark von Lüneburg – auf den ersten Blick nicht gerade ein Kinderparadies. Aber ihr könnt hier **Minigolf** spielen, Enten am Teich beobachten und auf dem Spielplatz toben. Der ist nicht riesig, wird aber bis 2016 neu gestaltet. Ein Teil ist bereits fertig, sodass ihr den Wasserspielplatz schon mal erobern könnt. Ihr findet ihn hinter der Trinkhalle, wo es auch einen Kiosk gibt.

 **Minigolf im Kurpark,** Pfarrer-Kneipp-Weg, Lüneburg. ✆ 04131/7490-14. www.minigolf-lbg.jimdo.com. April – Okt Mo – Fr 15 – 19, Sa, So 13 – 19 Uhr, je nach Witterung eingeschränkt. 3 €, Kinder bis 14 Jahre 2 €.

Mit der Kutsche durch Lüneburg

Andreas Gensch, Am Bahndamm 15, 21358 Mechtersen. ☏04178/8542, Handy 0172/4290402. www.erlebnis-kutschfahrten.de. Kutschfahrten ab Ochsenmarkt am Rathaus. **Bahn/Bus:** ↗ Zentrum. **Zeiten:** Mai – Okt Di, Do, Fr 11.30, 13 und 14.30 Uhr. **Preise:** 11 € pro Person.

▶ Ein bisschen wie früher, als es noch keine Autos gab, kann man sich schon fühlen, wenn man auf einer Kutsche durch Lüneburg fährt. Sogar der Kutscher sieht aus, als wäre er früheren Zeiten entsprungen! Gemütlich zockeln die Pferde vorneweg, während ihr die Stadt kennenlernt. Über die Salzstraße geht es vom Marktplatz aus zum Platz Am Sande und von dort zum Stintmarkt, wo ihr den Alten Kran bewundern könnt. Nach einer Stunde seid ihr wieder am Rathaus.

Zockeltour: Gemütlich geht es mit der Kutsche durch Lüneburgs Altstadt
© pmv, Kirsten Wagner

Putten in Lüneburg

VfL Lüneburg, Sültenweg 20, 21335 Lüneburg. ☏04131/7490-14, www.minigolf-lbg.jimdo.com. **Bahn/Bus:** Bus 5015. **Auto:** Soltauer Straße, Am Weißen Turm. **Zeiten:** Mai – Okt Mo – Fr 15 – 20, Sa, So 13 – 20 Uhr. **Preise:** 3 €; Kinder bis 14 Jahre 2 €.

▶ **Minigolf** und **Pit-Pat** könnt ihr am Sültenweg spielen. Bei beiden gilt, den kleinen Ball mit möglichst wenigen Schlägen ins Ziel zu befördern. Pit-Pat wird auf Tischen gespielt, es ist eine Mischung aus Minigolf und Billard.

Klettern, rutschen & eislaufen

Kletterwald Scharnebeck

Adendorfer Straße 31, 21379 Scharnebeck. ℡ 04136/911897, 04131/7277786 (Büro). www.kletterwald-scharnebeck.de. **Bahn/Bus:** Bus 5110 ab Lüneburg bis Scharnebeck, Adendorfer Straße oder Schulzentrum. **Auto:** Gegenüber Parkplatz ↗ Schiffshebewerk. **Zeiten:** Mitte März – Anfang Nov Mi – Fr ab 14 Uhr, Sa, So, Ferien täglich ab 10 Uhr. **Preise:** 24 €; Kinder 6 – 10 Jahre 16 €, 11 – 17 Jahre 18 €.

▶ Mitten im Wald kraxelt ihr in Scharnebeck durch die Baumkronen. Sieben Parcours bietet der Kletterwald, der mit dem Smart Belay-System ausgestattet ist. Dabei lässt sich immer nur einer von zwei Karabinern öffnen, sodass ein versehentliches Aushängen unmöglich ist. Höchste Sicherheit also für euch. Klettern dürft ihr ab 6 Jahre und einer Mindestgröße von 1,10 m. Dann kann es losgehen, über schwankende Balken, luftige Netze und schwingende Reifen. Die Stationen haben so tolle Namen wie Twin Ladder, Snake Walk oder Plate Cross. Sogar Skateboard fahrt ihr in luftiger Höhe. Besonders viel Spaß macht die Fahrt mit der Seilbahn – juhuuu! Wer wagt noch den Sprung aus 15 m Höhe?
Im Wald-Bistro gibt es Snacks und Getränke. Wer nur zuschauen möchte, legt sich in einen Liegestuhl. Für kleine Geschwister, die noch nicht mit in die Höhe dürfen, gibt es einen Kletterspielplatz.

Achtung! Kinder 6 – 10 Jahre klettern in Begleitung eines Erwachsenen. Für die Parcours Wagnis und Risiko sowie den Seilrutschenparcours (435 m lang) ist eine Mindestgröße von 1,30 m erforderlich, für den Extremparcours 1,50 m.

Alcino Kindertobeland

Scharnebecker Weg 23, 21365 Adendorf. ℡ 04131/68449-0, www.alcino.de. **Bahn/Bus:** Bus 5007 bis Sportzentrum. **Auto:** A39, weiter auf B4, Ausfahrt Lüneburg/Adendorf, B209 Richtung Adendorf, 1. Straße rechts Grüner Winkel, Im Suren Winkel, Teichaue. **Zeiten:** Di – Fr 14 – 19, Sa, So 11 – 19 Uhr. **Preise:** 3 €; Krabbelkinder 2,50 €, Kinder ab 2 Jahre 6,50, Sa, So 7,50 €; Mi, Fr – So ab 17 Uhr halber Eintritt.

Do ist Familientag: Erwachsene zahlen 2 €, Kinder ab 2 Jahre 4,50 €.

▶ 3500 qm habt ihr im Alcino Platz zum Austoben. Da kommt das Wohnzimmer zu Hause nicht mit. Außerdem habt ihr dort sicher keinen Klettervulkan, keine 20 m lange Riesenrutsche, kein Kletterlabyrinth und keine Löwenmaulhüpfburg – hier aber schon! Dazu kommen noch eine Rollenrutsche, Trampoline, eine Kartbahn, eine Kletterwand, ein Bällchenbad, Airhockey und Kicker. Ein Bistro gibt es auch, falls euch der Hunger überfällt.

Walter-Maack-Eisstadion

Scharnebecker Weg 21, 21365 Adendorf. ☏ 04131/188180, www.eisstadion-adendorf.de. **Bahn/Bus:** ↗ Alcino. **Zeiten:** Okt – März Mo – Fr 8 – 13 und 14 – 17.30 (Mi nur bis 17), Sa 9 – 11.30 und 15 – 18, So 10 – 13 und 14 – 17.30 Uhr. **Preise:** 4 €; Kinder bis 12 Jahre 2 €, Jugendliche 2,50 €; Eisdisco 4,50, Kinder 3 €, Schlittschuhverleih 3,50 €.

▶ Zwischen Oktober und März heißt es in Adendorf: Eiszeit! Das Walter-Maack-Eisstadion lädt alle ein, die Kufen zu schwingen, Pirouetten zu drehen oder rasante Bremsmanöver auszuprobieren. Jeden zweiten Samstag im Monat ertönt dazu bei der Eisdisco coole Musik.

Mi 19.15 – 21.30 Uhr Eishockey für jedermann, jeden 2. Sa im Monat Eisdisco 19 – 22 Uhr.

UMWELT ER-FORSCHEN

*Das **Schloss** wurde um 1600 von Herzog Ernst II. von Braunschweig und Lüneburg auf einer älteren Anlage aus dem 13. Jahrhundert als Renaissanceschloss erbaut.*

Naturphänomene erforschen

Biosphaerium Elbtalaue

Schlossstraße 10, 21354 Bleckede. ☏ 05852/9514-14, www.biosphaerium.de. **Bahn/Bus:** Bus 5101 bis Rathaus, 800 m Fußweg. **Auto:** In Bleckede Richtung Elbfähre, vor dem Elbdeich links zum Parkplatz, Fußweg durch Schlosspark. **Rad:** Elberadweg, Mecklenburgischer Seen-Radweg. **Zeiten:** April – Okt täglich 10 – 18 Uhr, Nov – März Mi – So 10 – 17 Uhr. **Preise:** 7 €; Kinder ab 6 Jahre 3,50 €; Familien 15 €.

▶ Tolle Spielstationen, Aquarien mit Elbefischen, ein Biberbau und ein Burgspielplatz, das alles in einem

Elbschloss – nichts wie hin, oder? Im Biosphaerium geht es um die Elbtalaue, in deren schöner Landschaft das Elbschloss liegt. In der Ausstellung folgt ihr dem Lauf der Elbe und macht einen Rundgang durch die Jahreszeiten. Dabei könnt ihr an Hörstationen lauschen, was die Maus und die

Vogelscheuche zu erzählen haben, und in Blickboxen auf eurer Höhe schauen. Ihr könnt Milans Winterreise spielen, ein Vogelnest bauen, Vögeln ihre Eier zuordnen und herausfinden, wer eigentlich wo singt. In der ehemaligen Remise geht die Ausstellung weiter. Dort kommt ihr zu den Aquarien, wo ihr zum Beispiel Störe oder Nordseeschnäpel zu Gesicht bekommt. Im Biberbau erfahrt ihr nicht nur allerlei über die niedlichen Nager, sondern könnt auch zwei Exemplare beobachten, entweder in ihrem Nest oder beim Schwimmen in ihrem Teich. Gleich nebenan geht es auf den Aussichtsturm. Von der Plattform in 20 m Höhe lässt sich das schöne Umland überblicken. Das Biosphaerium bietet außerdem Ferienaktionen und spannende Angebote für den Kindergeburtstag an. Ihr könnt auf Spürnasen-Rallye gehen oder die Experimentier-Werkstatt besuchen.

Hey, mach nicht so einen Wind! Doch, im Biosphaerium darf man das

© Biosphaerium Elbtalaue GmbH, Foto: A. Tamme

LÜNEBURG & UMZU

Hunger & Durst

Café Fritz, Schlossstraße 10, Bleckede. ℂ 05852/9514-37. www.cafe-fritz-bleckede.de. April – Okt Di – So 10 – 18, Nov – März Mi – So 10 – 17 Uhr, ganzjährig Fr, Sa bis 21 Uhr. Kuchen, Snacks, im Sommer auch im Hof.

Bahnen & Betriebe

Mit dem Heide-Elbe-Express nach Bleckede

Arbeitsgemeinschaft Verkehrsfreunde Lüneburg AVL – Bleckeder Kleinbahn, Lünedamm 26, 21337 Lüneburg. ℂ 04131/851801, www.heide-express.de. Abfahrt

HANDWERK UND GESCHICHTE

Der Heide-Express hat auch Ostereiersuchfahrten, Nikolausfahrten und Touren zwischen Winsen und Bergedorf sowie Lüneburg und Bispingen im Programm!

Richtung Bleckede ab Bhf Lüneburg, Gleis 4. **Bahn/Bus:** ↗ Lüneburg. **Zeiten:** Mai – Sep 1. und 3. So im Monat, Sommerferien jeden So, ab Lüneburg 9.38, 12.38, 16.08 Uhr, ab Bleckede Süd 10.40, 14.40 Uhr, ab Bleckede 17.20 Uhr. **Preise:** 12 €; Kinder 4 – 15 Jahre 6 €; Familien 24 €, Fahrräder und Hunde kostenlos. **Infos:** Kostenlose Platzreservierung: Tourist-Info Bleckede, ✆05852/951414.

▶ Ganz gemütlich fuhr man früher mit dem Zug übers Land. In einer der Oldtimerbahnen der **Bleckeder Kleinbahn** könnt ihr das auch heute noch erleben. Gezogen wird der auf dieser Strecke *Heide-Elbe-Express* genannte Zug von einem von zwei restaurierten Triebwagen aus den Jahren 1933 und 1955. Zwischen 1904 und 1977 wurden auf der Strecke Personen befördert, dann nur noch Güter, bis die Gleise 2010 stillgelegt wurden. Seit 2012 haben die Verkehrsfreunde Lüneburg die Strecke von der Osthannoverschen Eisenbahn gepachtet und alles wieder flott gemacht. Wer mit dem ersten Zug anreist, hat in Bleckede genügend Zeit, um zum Beispiel das ↗ *Biosphaerium* zu besuchen. Auch eine ↗ Fahrt mit der *Draisine* ist in Bleckede möglich. Oder ihr fahrt nur bis Scharnebeck und besucht dort das ↗ *Schiffshebewerk*.

So geht Bonbonmachen? Aus der Walze kommen ganz viele leckere Giebel raus
© Lüneburger Bonbon Manufaktur

In der Bonbonmacherei

Lüneburger Bonbon-Manufaktur, Lünertorstraße 1, 21335 Lüneburg. ✆04131/778084-0, www.lueneburger-bonbons.de. **Lage:** Direkt am Alten Kran. **Bahn/Bus:** Zentrum. **Zeiten:** Mo – Sa 11 – 18 Uhr, Schauwerkstatt 12 und 15 Uhr (unter Vorbehalt, z.B. können bei zu hoher Luftfeuchtigkeit keine Bonbons hergestellt werden).

▶ Wie kommt eigentlich ein Bild in den Bonbon? In der Bonbon-Manufaktur erfahrt ihr es. Hier werden die leckeren Köstlichkeiten nämlich in einer Schauwerkstatt hergestellt. Natürlich könnt ihr sie dann auch kaufen. Besonders schön, auch als Mitbringsel: Bonbons in **Stintform** und als Lüneburger Giebel.

Ein Fahrstuhl für Schiffe: Schiffshebewerk Scharnebeck

Infozentrum WSA Uelzen, Am Unteren Vorhafen, 21379 Scharnebeck. ✆04136/90721, www.schiffshebewerk-scharnebeck.de. **Bahn/Bus:** Bus 5110 ab Lüneburg bis Scharnebeck, Schulzentrum. **Auto:** B4 Ausfahrt Moorfeld, Erbstorfer Landstraße bis Scharnebeck, am Kreisel geradeaus, Parkplätze rechts (2 €), Fußweg zur Plattform Richtung Adendorf, dann links Richtung Oberhafen und links die Treppe. **Zeiten:** Ausstellungspavillon April – Okt täglich 10 – 18 Uhr, Besucherplattform ganzjährig zugänglich. **Preise:** Ausstellung 3 €; Kinder 6 – 18 Jahre 1,50 €.

▶ Nur drei Schiffshebewerke gibt es noch in Deutschland. Eines davon steht in Scharnebeck und das ist gleich das größte. Es liegt am *Elbe-Seitenkanal,* der die Elbe mit dem Mittellandkanal verbindet. Dabei ist ein Höhenunterschied von 38 m zu überwinden. Das Schiffshebewerk Scharnebeck besitzt als Doppelhebewerk zwei Tröge. Von der Besucherplattform lässt sich das Geschehen wunderbar beobachten. Außerdem informiert eine Ausstellung über die Geschichte und Technik dieses beeindruckenden Bauwerks. Ein sehr großes, bewegliches Modell zeigt, wie das Hebewerk funktioniert. Zwei weitere Modelle vom Schiffshebewerk Henrichenburg und von der Schleuse Esterholz sind per Knopfdruck ebenfalls in Bewegung zu versetzen. Außerdem seht ihr mehrere Vorschläge, die vor dem Bau des Schiffshebewerks zur Diskussion standen.

Happy Birthday
Kindergeburtstag in der Bonbonmacherei: 85 €. Mo – Fr zwischen 15 und 18 Uhr.

*Der **Stint** ist ein Fisch, der in Lüneburg in großen Mengen gefangen wurde. Der Stintmarkt wurde sogar nach ihm benannt.*

Fahrten durch das Schiffshebewerk bieten die ↗ Reederei Helle und die ↗ MS Aurora an.

Hunger & Durst
Hotel und Restaurant Europa, Adendorfer Straße 38, Scharnebeck. ✆04136/913407-0. www.hotel-europa.de. Täglich 12 – 23 Uhr. Terrasse. Kinderkarte: Spaghetti, Tortellini, Chicken Nuggets.

Museen, Mühlen & Türme

Museum Lüneburg

Willy-Brandt-Straße 1, 21335 Lüneburg. ℡ 04131/72065-12, www.museumlueneburg.de. **Bahn/Bus:** ↗ Lüneburg, Bus bis Am Sande oder ZOB (alle Stadtlinien). **Auto:** Parkhaus Stadtmitte (beim Wasserturm). **Zeiten:** Di, Mi, Fr 11 – 18, Do 11 – 20, Sa, So 10 – 18 Uhr. **Preise:** 8 €; Kinder bis 17 Jahre frei; Schüler 4 €, Gruppenkarte ab 10 Pers 6 € pro Person.

▶ Zwei Museen wurden 2015 im neuen Museum Lüneburg vereint: das Museum für das Fürstentum Lüneburg und das Naturmuseum. Außerdem ist die Stadtarchäologie beteiligt. Die drei Sammlungen sind nun unter einem Dach, in mehreren miteinander verbundenen Häusern, in einer modernen Ausstellung zu sehen. Ihr wandert durch die Geschichte Lüneburgs von der Urzeit über die erste Besiedlung und die Blütezeit im Mittelalter bis heute. Ihr erfahrt, wie Kalk- und Kreideberg entstanden, welches Geheimnis die Luna-Säule birgt, wie es in einer Töpferwerkstatt oder wie es vor 100 Jahren in Lüneburg aussah.

Ostpreußisches Landesmuseum

Ritterstraße 10, 21335 Lüneburg. ℡ 04131/75995-0, www.ostpreussisches-landesmuseum.de. **Bahn/Bus:** 15 Min Fußweg vom Bhf, Bus 5003, 5007, 5011 bis Wallstraße (Theater). **Auto:** Zentrum, Parkplätze Stadtmitte oder Theater. **Zeiten:** Di – So 10 – 18 Uhr. **Preise:** 4 €; Kinder bis 16 Jahre frei; Familien 6 €.

▶ Ostpreußen ist weit weg und trotzdem ganz nah. Nicht nur weil im und nach dem Zweiten Weltkrieg besonders viele Vertriebene aus Ostpreußen in Lüneburg ein neues Zuhause fanden, sondern auch weil das Thema Flucht bis heute hochaktuell ist und euch sicher schon in den Nachrichten begegnet ist. Ostpreußen gehörte bis 1945 zum Deutschen Reich, seit Ende des Ersten Weltkriegs getrennt durch einen Landkorridor, der seitdem ein Teil Polens war. Das

Happy Birthday!
Ihr könnt euren Geburtstag im Museum Lüneburg feiern. Vier Angebote stehen zur Auswahl. Ihr könnt ein eigenes Wappen basteln oder Metall gießen. Die Kosten betragen 80 € für 12 Kinder.

Achtung! Das Museum bleibt 2015 geschlossen und wird voraussichtlich im Frühling 2016 wiedereröffnet. Der Eingang wird dann in der Heiligengeiststraße sein. Familienfreundlich war das Ostpreußische Landesmuseum schon immer, nach dem Umbau wird es das noch mehr sein!

Ostpreußische Landesmuseum hilft euch, das alles zu verstehen. Ihr erfahrt aber auch viel über die Landschaften Ostpreußens, seine Geschichte und bekannte Wissenschaftler, die dort geboren wurden. Schaut euch die Dioramen an, die euch Tiere aus der Rominter Heide, Masuren und der Kurischen Nehrung zeigen. Im Sternenzelt dürft ihr träumen und bei der Bernsteinsammlung staunen, was da so alles in dem alten Baumharz eingeschlossen ist. Vielfältig ist auch das Programm für euch: Es gibt Kinderführungen, Ferienprogramme und ihr könnt den Kindergeburtstag hier feiern. Nach dem Umbau wird es zudem eine ganze Reihe neuer Mitmachstationen geben.

Meyers Mühle

Mühlenstraße 36, 21357 Bardowick. ✆04131/12206, www.meyers-windmuehle.de. **Bahn/Bus:** Bus 5002, 5402, 5405 bis Bardowick, Wallstraße. **Auto:** A39 Ausfahrt 6 Lüneburg-Nord, Hamburger Straße nach Bardowick, scharf rechts auf Mühlenstraße. **Zeiten:** Mühlenladen Mo – Sa 9 – 18 Uhr. **Preise:** Führung bis 20 Pers 45 € (nach Voranmeldung).

▶ Die Holländer-Windmühle in Bardowick ist nicht nur von außen hübsch anzusehen, ihr dürft nach angemeldeter Führung auch in ihr Inneres schauen! Das Mahlwerk ist wirklich imposant, oder? Es ist voll funktionstüchtig und wird von Familie Meyer nach wie vor betrieben. Gemahlen wird hier nicht nur Getreide, sondern auch Buchweizen. Der war früher die Nahrungsgrundlage der armen Heidebauern. Heute sind Buchweizenpfannkuchen oder -torte Spezialitäten der Region. Mehl aus der Mühle und andere Naturkost gibt es im **Mühlenladen** zu kaufen. Die Mühle hat 2013 übrigens ihren 200. Geburtstag gefeiert. Wenn ihr im Sommer draußen Kuchen esst, könnt ihr den Hühnern beim Picken zuschauen.

Hunger & Durst

Meyers Café, Mühlenstraße 38, Bardowick. ✆04131/2243577. www.meyers-windmuehle.de. Di – So 14 – 18 Uhr. Kinderecken. Im Sommer auch draußen, Sandspielplatz. Torten vom Feinsten. Nikos Tipp: Zitro-Flash.

Ist schon 200 Jahre alt: Meyers Windmühle in Bardowick

© pmv, Kirsten Wagner

Woher kommt das Salz in der Suppe?

Führungen Mo – Fr 11, 12.30 und 15 Uhr, Sa, So 11.30 und 15 Uhr.

Nach Anmeldung könnt ihr sogar euer eigenes Salz sieden.

Deutsches Salzmuseum, Sülfmeisterstraße 1, 21335 Lüneburg. ✆ 04131/45065, www.salzmuseum.de. **Bahn/Bus:** Bus 5003, 5007, 5011 bis Post. **Auto:** Am Weißen Turm, Am Bargentturm, Hinter der Saline, Parkplatz Edeka für Besucher des Salzmuseums 3 Std frei. **Zeiten:** Mai – Sep Mo – Fr 9 – 17, Sa, So 10 – 17 Uhr, Okt – April Mo – So 10 – 17 Uhr. **Preise:** 6 €, Führung 2,20 €; Kinder ab 6 Jahre 4 €, Führung 1,30 €; Familien 18,50 €, Führung 5 €, Kombitickets mit ↗ Wasserturm.

▶ **Salz** wird in der Küche ganz schön viel verwendet. Schließlich schmecken Nudeln und Kartoffeln ungesalzen ja auch eher langweilig. Salz kostet heutzutage nicht viel. Das war aber viele Jahre anders: Salz war wertvoll. Und so wurde Lüneburg reich, als man entdeckte, dass die Stadt auf einem Salzstock liegt. Bis 1980 wurde hier Salz abgebaut. Im letzten noch erhaltenen Siedehaus befindet sich heute das Salz-

SALZ: DAS WEISSE GOLD VON LÜNEBURG

Im Mittelalter entwickelte sich Lüneburg zu einer reichen Stadt. Grund dafür war der Salzstock, auf dem die Altstadt erbaut wurde. Salz war ein kostbares Gut und wurde auch weißes Gold genannt. Man benötigte es damals nicht nur, um die Suppe zu salzen, sondern vor allem, um den Hering haltbar zu machen, der auf der Ostsee gefangen wurde. Kühlschränke oder gar Konservierungsmittel gab es ja noch nicht. Also baute man eine Saline, eine Anlage, um Salz zu gewinnen. Es gab einen Salzbrunnen, der von 54 Siedehütten umgeben war. In jeder Siedehütte gab es vier Siedepfannen. Darin wurde die geförderte Sole, salziges Wasser, erhitzt, bis Salzkristalle übrig blieben. Das Salz wurde zunächst auf dem Landweg nach Lübeck gebracht, damals der wichtigste Handelsplatz an der Ostsee. 1398 war man mit dem Bau eines Kanals von Lauenburg nach Lübeck fertig. Nun verlud man das Salz am Lüneburger Stintmarkt in Kähne und über die Ilmenau, die Elbe und den Stecknitzkanal ging es nach Lübeck.

museum. So könnt ihr auch noch die letzte Siedepfanne bestaunen. Und ihr erfahrt natürlich alles rund um die weißen Salzkristalle und wie man es im Mittelalter und später aus dem Boden holte und verarbeitete. Sogar in einen Stollen geht es hinein und zu einer Salzquelle. In einem Nebengebäude und einem Containerhaus zeigt das Museum wechselnde Sonderausstellungen, die ihr mit eurer Eintrittskarte auch besuchen könnt. In den Ferien werden Kinderführungen und Workshops angeboten.

Findet heraus: Welche Kleidung trugen die Sülzer? Was ist ein Raker? Wer erfand 1919 den Salzstreuer?

Stadtbesichtigungen

Lüneburg von oben: Der Wasserturm
Bei der Ratsmühle 19, 21335 Lüneburg. ℂ 04131/ 7895919, www.wasserturm.net. Zentrum. **Bahn/Bus:** ↗ Lüneburg. **Auto:** Parkhaus Stadtmitte. **Zeiten:** täglich 10 – 18 Uhr. **Preise:** 4 €; Kinder ab 6 Jahre 3 €; Familien 8 €, Kombiticket mit Salzmuseum 7 €, Familien 21 €.

▶ Die schönste Aussicht auf Lüneburg gibt es vom Wasserturm! Der ist 56 m hoch und wurde zwischen 1905 und 1907 errichtet, als Lüneburg eine moderne Wasserversorgung benötigte. Erbaut wurde der Turm aus Backsteinen im neugotischen Stil. Er besitzt Türmchen, Schmuckfriese und Zinnen. Seit 1985 ist der Turm nicht mehr in Gebrauch, dafür könnt ihr ihn aber heute besteigen und Lüneburgs rote Dächer von oben betrachten. In der Wasserwerkstatt könnt ihr euch zudem über das nasse Element informieren. Es gibt ein Wasserkunstmodell, Multimedia-Stationen und ein Wasserquiz, an dem ihr euer Wasserwissen testen könnt. Beim weiteren Weg hinab geht ihr direkt durch den alten Wasserbehälter. Jedes Jahr werden hier neue Kunstausstellungen gezeigt. Ihr könnt auch an einer **Führung durch Schüler** des 10. Jahrgangs der Hauptschule Stadtmitte teilnehmen.

Aus der Puste kommt ihr hier nicht: Bis zur Ebene 6 gibt es einen Fahrstuhl, dann sind es nur noch 20 Stufen bis nach oben.

Führung durch Schüler Sa 11 Uhr, Mi 15 Uhr, 2 €, Kinder 1 €.

Lüneburg auf eigene Faust

Am Markt, 21335 Lüneburg. Start: Rathaus. **Länge:** 2 km, Markt – An den Brodbänken – Abtsmühle – Alter Kran und Stintmarkt – Am Berge – Am Sande – Kleine und Große Bäckerstraße – Markt. **Bahn/Bus:** ↗ Zentrum.

Karl der Große ist am Lüneburger Rathaus verewigt. Wen findet ihr noch?

© pmv, Kirsten Wagner

🐌 Bei einer Führung durchs Rathaus seht ihr auch die Gerichtslaube und den Fürstensaal: April – Dez Di – Sa 11, 12.30, 14.30, 16 Uhr, So 11 und 14 Uhr, Jan – März Di – So 11 und 14 Uhr. 5 €, Schüler 4 €, Familien 12 €.

▶ Habt ihr Lust, Lüneburg auf eigene Faust zu erkunden? Lüneburg wurde im Zweiten Weltkrieg nicht zerstört wie viele andere Städte. Außerdem hat man sich bemüht, besonders viele Häuser zu restaurieren. Bei diesem Rundgang seht ihr die schönsten Gebäude und Plätze der Lüneburger Innenstadt. Los geht es am **Marktplatz**, wo das **Rathaus** gleich ins Auge fällt. 1230 begann man mit dem Bau, der im Laufe der Jahrhunderte immer weiter aus- und umgebaut wurde, bis er seine barocke Fassade erhielt. Welche Figuren erkennt ihr und wie heißen sie? Im Turm gibt es ein Glockenspiel, das um 8, 12 und 18 Uhr erklingt (Mai – Sep). Auf dem großen Marktplatz seht ihr den **Luna-Brunnen.** Die Lüneburger glaubten im 16. Jahrhundert, dass die Stadt einst von Römern gegründet worden war und ihr Name sich von der römischen Mondgöttin *Luna* ableitete. Darum wurde 1530 die Statue geschaffen. Ihr seht allerdings nicht das Original, denn das wurde 1970 gestohlen, sondern eine Nachbildung. Der Name Lüneburg leitet sich übrigens wahrscheinlich von dem Wort *Hliuni* ab, was Zuflucht bedeutet.

Vom Markt geht ihr in die Straße An den Brodbänken (an der Ecke mit der großen Buchhandlung) und immer geradeaus über Rosenstraße und Bei der Abtspferdetränke auf Bei der Abtsmühle, die euch über die Ilmenau führt. Ihr seid nun im **Wasserviertel** rund um den Alten Hafen. Links liegt die **Lüner Mühle.** In dem Fachwerkbau von 1579 wurde früher das Korn vom Amt und Kloster Lüne gemahlen. Am **Fischmarkt** geht ihr weiter und seht auch schon den **Alten Kran.** Der Drehkran von 1797 ist ein Wahrzeichen von Lüneburg, Vorgänger gab es schon im 14. Jahrhundert. Treträder im Inneren heben und senken den Kran. Mit seiner Hilfe verschiffte man das Salz, das in der Saline produziert wurde, und hob Holz, das für den Betrieb derselben herangeschafft wurde, aus den Schiffen. Das **Alte Kaufhaus,** dessen Barockfassade ihr gegenüber seht, wurde als Lagerhaus vor allem für Hering genutzt, später auch für andere Lebensmittel, die man dann auch verkaufte. Rechts an der Ecke befindet sich eine ⌐ **Bonbonmacherei**. Ihr geht nun wieder über die Ilmenau und dann links in den **Stintmarkt.** Mehrere Gaststätten laden zum Verweilen ein, außerdem seht ihr einige schöne Giebelhäuser, die für Lüneburg so typisch sind.

Bei der Abtspferdetränke kommt ihr wieder heraus, ihr geht rechts und dann wieder links in Am Berge, bis ihr an den großen **Platz Am Sande** kommt. Links seht ihr die **Johanniskirche** mit ihrem 108 m hohen, schiefen Turm. Weil der Untergrund weich ist, hat er sich geneigt. In der Woche um 9 Uhr und samstags um 10 Uhr könnt ihr den **Turmbläser** hören, der alle Langschläfer von dort oben weckt. Die Kirche stammt aus dem 14. Jahrhundert und ist ein schönes Beispiel für die Backsteingotik. Wer mag, kann von hier einen Abstecher zum nahen ⌐ **Wasserturm** machen.

Geht dann über den **Platz Am Sande.** Er ist der älteste Marktplatz Lüneburgs, an dem sich die Wege der drei Siedlungsplätze kreuzten. Auch hier gibt es viele Giebelhäuser, die meisten stammen aus dem 16. und 17. Jahrhundert. Ganz am Ende des Platzes seht ihr ein schwarz-weißes Giebelhaus von 1548, den

LÜNEBURG & UMZU

Findet ihr auf eurem Weg einen Kanaldeckel mit einem großen M in der Mitte? In dem M verstecken sich noch ein F und ein P. Die Buchstaben stehen für Mons, Fons, Pons. Das ist Latein und bedeutet Berg, Brücke, Quelle. Sie stehen für die drei ersten Siedlungsplätze von Lüneburg.

LECKERE PFANNKUCHEN BACKEN

Buchweizen ist eine der typischen Pflanzen in der Lüneburger Heide. Er gedeiht auch auf kargen Böden noch gut. Anders als sein Name vermuten lässt, ist er kein Getreide, sondern zählt zu den Knöterichgewächsen. Aus den Körnern des Buchweizens kann man dennoch Mehl mahlen und daraus Pfannkuchen backen! Dafür benötigt ihr:

250 g Buchweizenmehl, 500 ml Buttermilch, 1 Ei, 1 TL Backpulver, 1 Prise Zucker, etwas Butterschmalz zum Ausbacken. Alle Zutaten miteinander verrühren. Wer es süß mag, fügt noch 50 g Zucker hinzu. Dann den Teig mindestens 30 Minuten quellen lassen und anschließend in Butterschmalz ausbacken. Ihr könnt die Pfannkuchen mit Marmelade bestreichen oder herzhaft belegen. Man kann auch Speckstreifen anbraten und den Teig darauf geben.

Hunger & Durst

Piccanti, Am Sande 9, Lüneburg. ✆04131/776969. www.piccanti.de. Mo – Sa 8 – 24, So 10 – 24 Uhr. Pizza, Pasta, Fisch, Fleisch, Wok-Gerichte, Kinderkarte, Pfannkuchen.

10 % des Erlöses gehen an die Lüneburger Kindertafel, wo Kinder kostenlos ein warmes Mittagessen erhalten. Außerdem gibt es Spiel- und Bastelangebote.

Schütting. Dort versammelten sich einst die Kaufleute.

Ihr geht auf den Schütting zu und biegt vorher rechts ab in die Kleine Bäckerstraße, die dann zur Großen Bäckerstraße wird. Das ist die Haupteinkaufsstraße Lüneburgs. Links seht ihr an der Ecke zur Apothekenstraße die Alte Rathsapotheke, ein besonders hübsches Haus von 1598. Nur wenige Meter weiter steht ihr wieder auf dem **Marktplatz.**

Lüneburger Stadtrallye

Am Markt, 21335 Lüneburg. www.stadtrallye-lueneburg.de. **Länge:** 3 bzw. 4 km in der Innenstadt. **Bahn/Bus:** ↗ Zentrum. **Preise:** Gruppen-Set mit beiden Varianten 14,50 € plus 10 € Pfand. **Infos:** Das Set ist erhältlich in der Tourist-Info, im Wasserturm, im Salzmuseum und in der Jugendherberge. Ein Set reicht für 2 – 5 Personen.

▶ »Lüneburger Leben zu Hanse-Zeiten« heißt diese Rallye, die es in einer leichteren und einer schwereren Variante gibt. Bei dem leichten Rätsel für 5- bis 9-jährige Kinder sucht ihr den Zaubertrank der Hanse.

Ihr müsst fünf Stempel finden, die in Metallröhren versteckt sind. Nur so findet ihr das Lösungswort heraus. Bei dem schweren Rätsel für Kinder zwischen 9 und 12 Jahren sucht ihr das Gesetz der Hanse. Hier führt euch die Entdeckerkarte zu 4 Stempeln und 8 Rätselstationen in der Innenstadt. Übrigens gibt es auch etwas zu gewinnen!

 Die Rallye eignet sich auch für Kindergeburtstage und Schulklassen.

Kinderführung in Lüneburg

Am Markt, 21335 Lüneburg. www.lueneburg.info.
Bahn/Bus: ↗ Zentrum, Treffpunkt Tourist-Info. **Preise:** 8 € pro Person.
▶ Neben Stadt- und Rathausführungen, die sich vor allem an Erwachsene richten, werden in Lüneburg auch spezielle **Stadtführungen** für Kinder angeboten. Es gibt feste Termine, die ihr an der Tourist-Info erfragen könnt, oder ihr könnt die Führung für eine Gruppe, z.B. für den **Kindergeburtstag,** buchen. Wenn ihr Märchen mögt und zwischen 5 und 8 Jahre alt seid, ist das »Märchenhafte Lüneburg« eure erste Wahl. Kinder zwischen 6 und 10 Jahren können sich auch für »Ratten, Räuber und ruhelose Geister« entscheiden. Dann erkundet ihr mit *Mule Rattengriebsch* die spannenden Ecken der Stadt.

Theater & Feste

Theater Lüneburg

An den Reeperbahnen 3, 21335 Lüneburg. ℰ04131/ 752-0, 42100 (Karten). www.theater-lueneburg.de.
Bahn/Bus: Bus 5002, 5003, 5005, 5007, 5009, 5011 bis Wallstraße (Theater). **Auto:** Parkplatz Lindenstraße.
Zeiten: Spielzeit Sep – Juni, Theaterkasse Mo 10 – 13, Di – Sa 10 – 13 und 17 – 19 Uhr, Abendkasse 1 Std vor Beginn. **Preise:** Großes Haus je nach Sparte 14 – 32 €, Märchen 7 – 8,50 €, T.NT Studio 13 €, Gastspiele 15 €, T.3 11 €, Familienkonzert 6 €; Schüler T.3 6 €, Puppentheater 6,50 €, im Großen Haus 25 % Ermäßigung.

BÜHNE, LEINWAND & AKTIONEN

▶ Ein buntes Programm mit Musik, Tanz und Schauspiel bietet das Theater Lüneburg in jeder Spielzeit. Für euch besonders interessant ist die Junge Bühne T.3. Dort seht ihr Dornröschen tanzen, lauscht jungen Opern und seht Stücke wie »An der Arche um Acht« oder »Ente, Tod und Tulpe« nach dem Bilderbuch von Wolf Erlbruch. Besonderer Beliebtheit erfreut sich das Puppentheater, in dem sich Mama Muh, Frieda und Frosch oder der kleine Tiger und der kleine Bär ein Stelldichein geben. Geht doch auch einmal ins Familienkonzert. Wer selbst aktiv werden möchte, kann im Kinder- und Jugendchor singen (ab 8 Jahre) oder im TheaterJugendClub auf die Bühne treten (ab 14 Jahre).

FESTKALENDER LÜNEBURG

Juni: Lüneburg: **Stadtfest,** mit viel Musik, Spiel, Sport, Kunsthandwerk. Spielfest und Kinderflohmarkt.

Juli: Lüneburg: **Lüneburger Kinderfest:** Tolle Spiele, viel zum Ausprobieren, Kinderschminken, Kinderflohmarkt.

August: Mitte, Bleckede: **Historisches Wochenende:** Oldtimertreffen und mittelalterliches Schlossfest mit Ritterkämpfen und Spielleuten.

Letztes Wochenende, Wittorf: **Heideblütenfest** mit Wahl der Heidekönigin und Kinderfestumzug.

September/Oktober: Lüneburg: **Bayerisches Oktoberfest,** Jahrmarkt auf den Sülzwiesen.

Oktober: Lüneburg: **Sülfmeistertage,** mit Wettspielen (z.B. Fassrollen), Bühnenprogramm, Festumzug und Küren des Sülfmeisters.

November: Lüneburg: **Martinimarkt,** größter Markt der Region. Marktschreier preisen alles an.

Mi vor dem 1. Advent – 23. Dez, Lüneburg: **Weihnachtsmarkt.**

NATURPARK
LÜNEBURGER HEIDE

NORDHEIDE

LÜNEBURG & UMZU

NATURPARK LÜNEBURGER HEIDE

UELZEN & WENDLAND

ZWISCHEN SOLTAU & SCHWARMSTEDT

NATURPARK SÜDHEIDE

CELLE & UMGEBUNG

BLICK NACH SÜDEN

ORTE, INFO & VERKEHR

FERIENADRESSEN & KARTEN

Innerhalb des gesamten Gebietes der Lüneburger Heide befindet sich der Naturpark Lüneburger Heide. Er erstreckt sich zwischen Buchholz im Norden und Soltau im Süden. Schneverdingen und Amelinghausen liegen auf seinem Gebiet. Schon 1921 wurde es zum Naturpark erklärt und war damit der erste seiner Art in Deutschland. Heute gibt es mehr als 100 Naturparks bei uns.

Innerhalb des 1070 qkm großen Naturparks liegt wiederum ein Naturschutzgebiet. Sein Zentrum ist der **Wilseder Berg.** Vor allem zwischen Schneverdingen und Egestorf gibt es noch ausgedehnte Heideflächen. Aber es gibt auch viel Wald, in dem Kiefern, Buchen und Eichen wachsen. Spuren früher menschlicher Besiedlung sind die etwa 1000 Hügelgräber, die oft etwas versteckt liegen.

Frei- & Hallenbäder

Idylle pur: Waldbad Hanstedt

Waldweg zum Bad 2, 21271 Hanstedt. ✆ 04184/7131, www.waldbad-hanstedt.de. **Bahn/Bus:** Bus 4207. **Auto:** A7 Ausfahrt 39 Thieshope, über Brackel und Quarrendorf, im Ort Richtung Ollsen, Lindenallee, An der Rodelbahn. **Rad:** Waldweg ab Ollsener Straße. **Zeiten:** Mai – Mitte Sep Mo 13 – 20, Di 8 – 19, Mi, Do, So 8 – 20, Fr, Sa 8 – 21 Uhr. **Preise:** 3 €; Kinder ab 6 Jahre 1,50 €.

▶ Mit drei kleinen Becken und einem Spielbach punktet das Waldbad in Hanstedt bei den jüngsten Badegästen. Gleich nebenan liegt der Spielbereich mit Sandkiste, Schaukel und Rutsche. Seid ihr schon etwas größer, freut ihr euch sicher auf das 50 m lange Becken mit Rutsche und Sprunggrube (1- und 3-m-Brett). Während die Eltern die idyllische Lage genießen, spielt ihr schon mal eine Runde Tischtennis oder Beachvolleyball. Zum Angebot im Waldbad gehören das Schwimmtraining für Kinder und Jugend-

GANZ SCHÖN SCHNUCKE-LIG

🐛 Lüneburger Heide: Wanderkarte mit Kurzführer, Radrouten und Reitwegen. GPS-genau, 1:50000. Kompass, 9,95 €.

TIPPS FÜR WASSER-RATTEN

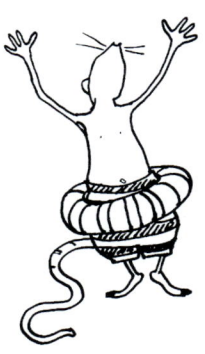

Entzückend: Genüsslich lässt sich die Schnucke kraulen

© pmv, Kirsten Wagner

liche der DLRG, Wassergewöhnung für Kinder ab 5 Jahre und die Ausbildung zum Rettungsschwimmer für alle ab 12 Jahre (Zeiten Di, Do 17 – 20 Uhr).

Ein Wassertag in Egestorf

Naturerlebnisbad Aquadies, Ahornweg 7, 21272 Egestorf. ☎04175/1423, www.naturerlebnisbad-egestorf.de. **Bahn/Bus:** Bus 4207 von Buchholz bis Dorfpark. **Auto:** A7 Ausfahrt 41 Egestorf, Lübberstedter Straße, im Ort rechts Schätzendorfer Straße, am Ortsausgang links. **Zeiten:** Mitte Mai – Mitte Sep täglich ab 9 Uhr. **Preise:** 3 €; Kinder 2 €; Kombiticket mit dem ↗ Barfußpark 7 €, Kinder 4 € (gleicher Eingang).

▶ Mit dem Namen Aquadies haben die Egestorfer ihrem schmucken **Naturbad** das passende Motto verliehen. Das Wort bedeutet Wassertag und einen solchen kann man hier wirklich mühelos verbringen. Einen ersten Überblick verschafft ihr euch vom Sonnenhügel oder von der Holzbrücke, dann geht es schon hinein ins kristallklare Wasser, zum Beispiel von der Rutsche oder dem Sprungfelsen. Im Schwimmer-, Nichtschwimmer- und Planschbecken badet und taucht es sich in jedem Fall ganz ohne brennende Augen. Gebuddelt wird am Strand oder in der Sandkiste, wo ein Spielbach zum Matschen einlädt. Pritschen und baggern könnt ihr auf dem Beachvolleyballfeld üben. Für die leibliche Verpflegung sorgt die Strandbar.

Wellenreiter im Waldbad Amelinghausen

Zum Lopautal 30, 21385 Amelinghausen. ☎04132/930088, www.amelinghausen.de. **Bahn/Bus:** Bus 5700 bis Grundschule. **Auto:** B209 im Ort Zum Lopautal abbiegen. **Zeiten:** Mai – Aug Mo 13 – 20, Di – Fr 6.30 – 20, Sa, So 9 – 20 Uhr. **Preise:** 2,50 €; Kinder 1,50 €.

▶ Wenn an schönen Wochenenden die drei Großspielgeräte zu Wasser gelassen werden, habt ihr besonders viel Spaß im Waldbad von Amelinghausen.

*In einem **Naturbad** wird das Wasser ganz natürlich gereinigt, indem es mehrere Teiche durchfließt. Der Einsatz von Chlor ist nicht nötig. Meist gibt es in einem Naturbad außerdem einen Strand, Holzstege und Sprungtürme aus Felsen. Das fühlt sich gut an unter den Füßen!*

Zur Turmrutsche und dem Doggie gesellt sich seit 2013 ein 10 m langer Wellenreiter. Doch auch sonst hat das Freibad alles, um sich dort so richtig wohl zu fühlen. Schwimmer haben ihre helle Freude an den acht 50-m-Bahnen, die reichlich Platz zum Kraulen und Brustschwimmen bieten. Gesprungen wird von 1- und 3-m-Brettern, eine Rutsche führt in den Nicht-schwimmerbereich. Zum Kinderbecken gehört ein kleiner Strand und wer es sportlich mag, kann Tisch-tennis, Tischfußball, Beachvolleyball, Fußball und Basketball spielen. Speisen und Getränke gibt es in der Strandbar.

Naturbad Kirchgellersen

Im Wiesengrund, 21394 Kirchgellersen. ✆ 04135/870100 (1. Vorsitzender Förderverein), www.naturbad-kirchgellersen.de. Westlich von Lüneburg. **Bahn/Bus:** Bus 5200. **Auto:** L216 über Reppenstedt, im Ort rechts. **Zeiten:** Mai – Sep, Badeaufsicht bei grüner Flagge, bei schönem Wetter 13 – 19 Uhr. **Preise:** 1 € ab 16 Jahre.

▶ Klein, aber fein ist das Naturbad in Kirchgellersen, das seit 2003 von einem Förderverein unterhalten wird. Das Becken besitzt einen Schwimmer- sowie ei-nen Nichtschwimmerbereich. Von einer Plattform oder den Startblöcken könnt ihr ins Wasser hüpfen. Es gibt einen Sandstrand und ihr könnt Beachvolley-ball und Tischtennis spielen.

Noch ein Naturbad: Quellenbad Schneverdingen

Inseler Straße 97, 29640 Schneverdingen. ✆ 05193/3533, www.stadtwerke-schneverdingen-neuenkir-chen.de. **Bahn/Bus:** Bus 106 von Soltau, 156 von Bis-pingen, bis Am Brink, Bus 100 bis Quellenbad. **Auto:** Rotenburger Straße, Richtung Insel, am Ortsausgang auf der linken Seite. **Rad:** Nähe Leine-Heide-Radweg. **Zeiten:** Mai – Sep täglich 11 – 19 Uhr. **Preise:** 1,80 €; Kinder 4 – 17 Jahre 1,20 €.

Die DLRG Orts-gruppe Lopautal bietet im Waldbad Schwimm- und Tauch-kurse an.

Im Winter geht's ins Hallenbad: **Hallenbad Heidjers Wohl,** Osterwaldweg 8, Schneverdingen. ✆ 05193/9888-28. www.heidjers-wohl.de. Di – Fr 6.30 – 13.30 und 15 – 21, Sa, So 8 – 17 Uhr. 3,50 €, Kinder 4 – 17 Jahre 2 €, Fami-lien 9 €, Di, Do Warm-badetage (0,50 € Zu-schlag).

▶ Wie groß sind wohl 7000 qm? Schaut euch im Quellbad in Schneverdingen die Wasserfläche an, dann könnt ihr es euch vorstellen! In dem Naturbad gibt es abgeteilte Bereiche für Schwimmer, Nichtschwimmer und Kleinkinder. Neben Wasserrutsche und Sprungbrett ist der Strand bei den jungen Wasserratten besonders beliebt. Hier gibt es sogar einen Bachlauf, an dem euch Sand und Wasser beim Matschen die reinste Freude bereiten. Auf dem Spielplatz könnt ihr euch ebenfalls austoben. Felder für Fußball und Beachvolleyball stehen bereit, wenn ihr es sportlich mögt.

Luhetalbad Bispingen

Trift 19, 29646 Bispingen. ✆05194/974239, www.ihr-stadtwerk.de. **Bahn/Bus:** Bus 154. **Auto:** A7 Ausfahrt 43 Bispingen, Behringer Straße, links Borsteler Straße. **Zeiten:** Freibad Mai – Sep Mo 10 – 20.30, Di – Fr 6.45 – 20.30, Sa, So 6.45 – 18 Uhr, So bei Schlechtwetter bis 13 Uhr, Schwimmhalle Sep – Mai Mo 6.45 – 8, Di- Fr 6.45 – 9.30, Mo – Fr auch 14.30 – 17.30, Sa 6.45 – 17.30, So 6.45 – 13 Uhr. **Preise:** 2,60 €; Kinder ab 4 Jahre 1,80 €.

Schwimmunterricht im Luhetalbad: Der 12-stündige Kurs kostet 65 €.

▶ Zu einer **Kleinschwimmhalle** gesellt sich im Luhetalbad ein hübsches **Freibad.** Das 25-m-Becken besitzt einen Sprungbereich und ist durch einen Kanal mit dem Nichtschwimmerbecken verbunden. Dort gibt es auch eine kleine Rutsche. Ihr könnt Beachvolleyball, Fußball und Tischtennis spielen. Mini-Planscher freuen sich auf ihr eigenes kleines Becken.

Auf Seen & Flüssen

Brunausee

Seestraße, 29646 Bispingen-Behringen. ✆05194/830 (Verkehrsverein), www.bispingen-touristik.de. **Bahn/Bus:** Heide-Shuttle Ring 1 bis Behringen-Süd (Mitte Juli – Mitte Okt). **Auto:** A7 Ausfahrt 43 Bispingen, Behringenstraße, Ausschilderung Seeterrasse und Quadbahn folgen. **Preise:** Eintritt frei.

▶ Die Brunau ist ein kleines Flüsschen, das man 1981 aufstaute, sodass ein neuer See entstand. Der fügt sich heute so hübsch in den umliegenden Wald ein, dass man sich gar nicht mehr vorstellen kann, dass er einmal künstlich entstand. Und er lädt euch zur Erholung in der Natur ein! An der Badeinsel könnt ihr ins Wasser gehen (es gibt allerdings keine Badeaufsicht) und am Sandstrand buddeln und bauen. In der nahen **Seeterrasse** gibt es etwas zu schmausen, außerdem könnt ihr euch hier Tretboote ausleihen. Ein kleiner Spielplatz mit Rutsche und Schaukeln ist ebenfalls vorhanden.

Kanu – Fertig – Los

Sven Hansen, Lerchenweg 8a, 21256 Handeloh. ✆04188/225477, Handy 0178/4347497. www.kanu-fertiglos.de. **Preise:** Kanu (Kanadier) für bis zu 4 Pers (2 Erw, 2 Kinder bis 11 Jahre) oder Kajak für 1 oder 2 Pers Tag 25 €, Zubehör inklusive, Hin- und Rücktransport 25 – 35 €.

▶ Viele Flüsse in der Lüneburger Heide laden zum Paddeln ein: *Seeve, Luhe, Wümme, Este, Böhme* oder *Ilmenau* stehen zur Auswahl. Kanu – Fertig – Los bringt die Boote an die gewünschte Einsatzstelle und holt sie am Ziel wieder ab.

Heide-Kanu

Susanne Heider, Marxener Straße 34, 21385 Oldendorf (Luhe). ✆04132/933933, Handy 0162/7953509. www.heide-kanu.de. **Preise:** Kanu für bis zu 3 Pers (2 Erw, 1 Kind bis 12 Jahre) Tag 23 €, bis zu 4 Pers Tag 36 €, Gepäcktonne, Schwimmweste je 2 € pro Tag, Transportkosten je nach Ein- und Ausstieg 25 – 45 €.

▶ Nach einer ausführlichen Einweisung in die Paddeltechnik dürft ihr losschippern. Heide-Kanu bringt das Boot an die gewünschte Einsatzstelle. Ihr könnt auf der Seeve, der Luhe oder der Ilmenau paddeln.

Hunger & Durst

Seeterrasse, Uhlenstieg 13, Bispingen. ✆05194/1400. www.seeterrasse.de. Mitte März – Okt tägl. ab 12, So ab 11 Uhr, Di Ruhetag (außer in den Ferien), Jan – Mitte März nur So ab 11 Uhr. Frisches und Regionales. Tretbootverleih (30 Min 6 €, 1 Std 10 €).

@ Ein Flussplan der Luhe und der Ilmenau mit Ein- und Ausstiegsstellen steht zum Download auf der Internetseite von Heide-Kanu bereit.

Auf der Seeve geht es vom Eisenbahnviadukt zwischen Jesteburg und Marxen bis zur Horster Mühle (8 km). Das Bendestorfer Wehr kann umtragen oder durchfahren werden. Auf der Luhe geht es ab Wetzen oder Luhmühlen gen Norden, maximal könnt ihr bis Winsen fahren. An der Köhlerhütte in Garstedt bietet sich eine Pause an. Für Anfänger besonders gut zu befahren ist die Ilmenau. In Uelzen gibt es gleich drei Einstiegsstellen. Ihr könnt bis Bad Bevensen paddeln, bis Bienenbüttel oder nach Lüneburg.

Mit dem Kanu auf der Luhe

Hillmer Kanu- und Zeltverleih, Hauptstraße 26, 21441 Garstedt. ☎04173/7582, www.hillmer-zeltverleih.de. **Auto:** Einsatzstelle Luhmühlen: A7 Ausfahrt 40 Garlstorf, durch Salzhausen, in Luhmühlen an der Hauptstraße (Luhebrücke), Einsatzstelle Wetzen: A7 Ausfahrt 42 Evendorf, 3 km vor Wetzen. **Preise:** 17 – 20,50 € je nach Strecke (ab 6 Pers, bei 2 – 5 Pers Aufschlag 3 €); Kinder bis 16 Jahre 11 – 13,50 €, bei 2 Erw pro Kanu ist ein Kind 4 – 11 Jahre frei.

▶ Ab **Luhmühlen** oder **Wetzen** könnt ihr auf der Luhe gen Norden paddeln. *Karl-Heinz Hillmer* bringt das Kanu zur verabredeten Einsatzstelle. Die kürzeste Strecke ist knapp 10 km lang und verläuft von Luhmühlen nach Garstedt. Die längste Tour führt von Wetzen bis Winsen (28,7 km). Die Luhe fließt in vielen Windungen durch die schöne Landschaft. Im Fluss leben Lachse, Meerforellen und Wollhandkrabben.

Wie lange braucht man zum Paddeln? Man rechnet etwa 4 km pro Stunde.

FRISCHE LUFT UND SPORT

Radeln durch die Heide

Mühlen am Seeveradweg

21256 Handeloh. www.radtour-lueneburgerheide.de. **Länge:** 22 km, Start: Bahnhof Handeloh, Ausschilderung: Blaues S, Handeloh – Wörme – Holm-Seppensen – Lüllau – Holm – Inzmühlen – Handeloh.

▶ Der Seeveradweg ist insgesamt 92 km lang. Er ist in drei Ringen von jeweils etwa 30 km zu befahren. Ring 1 beginnt eigentlich in Wehlen, die hier vorgestellte Route mit Start in Handeloh ist etwas kürzer. Der Ort ist per Bahn zu erreichen und auch wer seine Räder mit dem Auto transportiert, kann hier gut parken.

Ihr folgt in **Handeloh** von der Hauptstraße aus dem Fuhrenkamp nach Norden, immer rechts von den Gleisen – wenn der Fuhrenkamp rechts abbiegt, links bleiben! Wenn ihr die Wörmer Straße überquert, bietet sich ein Abstecher nach links an (250 m), wo ihr an ⚹ **Tommys Mini-Treff** Minigolf spielen könnt. Folgt dann weiter dem Weg nach Norden bis zum **Büsenbachtal**. An der Straße am *Büsenbach* geht es links weiter und auf der Handeloher Straße wieder rechts. Einkehr ist hier möglich im ⚹ **Schafstall.** Wieder auf dem Drahtesel seid ihr schnell in **Holm-Seppensen.** Dem Lohbergenweg folgt ihr nach rechts, überquert die Kreuzung und radelt nun auf dem Weg Zur Mühle. Nach ca. 1 km liegt links die **Seppenser Mühle.** Am Mühlenteich vorbei geht es bis nach **Thelstorf,** wo ihr den Weg links nach **Lüllau** nehmt. An der Lüllauer Dorfstraße lohnt sich ein kurzer Abstecher nach links, wo das **Bauernhofcafé am Mühlenteich** zur Einkehr einlädt. Die Lüllauer Wassermühle stammt von 1865, im dazugehörigen Teich leben Karpfen. Ansonsten fahrt ihr rechts, bis es wieder rechts abgeht auf die Seevestraße. An der *Seeve* entlang geht es weiter, bis ihr auf die Schierhorner Straße stoßt. Folgt ihr nach rechts. Auf der rechten Seite befindet sich die **Holmer Mühle** (geöffnet 2. Sa im Monat 10.30 – 13 Uhr). Ihr biegt links auf die Inzmühlener Straße ein. Am Ende geht es rechts durch **Inzmühlen** zurück nach **Handeloh.**

Auf dem Leine-Heide-Radweg

Tourismus Region Hannover e.V., Vahrenwalderstraße 7, 30165 Hannover. ℰ0511/3661-987, www.leinehei-

Hunger & Durst

Dorfkrug am Mühlenteich, Lüllauer Dorfstraße 25, Jesteburg-Lüllau. ℰ04183/2241. www.brookhoff.de. Täglich 12 – 22 Uhr, Di Ruhetag, Jan, Feb Mo, Mi, Do erst ab 17 Uhr. An der Wassermühle, mit Bauernhofcafé, Biergarten, Hofladen (Mi – Mo 9 – 18 Uhr).

🍎 **Cassenshof – Hofladen,** Im Seevegrund 2, 21256 Inzmühlen, www.cassenshof.de. ℰ04188/899640. Täglich 8 – 18 Uhr.

🐛 Radwanderkarte Leine-Heide-Radweg mit Ausflugszielen, Einkehr- & Freizeittipps, wetterfest, GPS-genau. 1:50.000. Publicpress, 8,95 €.

Hunger & Durst
Landhaus Haverbeckhof, Niederhaverbeck 2, Bispingen-Niederhaverbeck. ✆05198/9898-0. www.hotel-haverbeck.de. Täglich 11 – 22 Uhr, Nov – März Mi – Sa 11 – 20 Uhr, So bis 18 Uhr. Sommerterrasse, Spielplatz.

Originelles Hinweisschild: Da geht's lang!
© pmv, Kirsten Wagner

deradweg.de. Beispiel Schneverdingen – Undeloh **Länge:** 16 km, Symbol: Gelb über blauer und grüner Welle. **Bahn/Bus:** ↗ Schneverdingen, Rückweg mit Heideshuttle Ring 1 von Undeloh bis Overhaverbeck, dort umsteigen in Ring 1 bis Schneverdingen (Mitte Juli – Mitte Okt, kostenlos, mit Fahrradtransport).

▶ Der Leine-Heide-Radweg verläuft auf 413 km vom **Eichsfeld** südlich von Göttingen über Hannover bis nach **Hamburg.** Längere Etappen lassen sich mit einem Radurlaub verbinden. Ihr könnt aber auch an einem Tag auf diesem Weg radeln, zum Beispiel von **Schneverdingen** über Wilsede nach **Undeloh.** Los geht es im Osterwaldweg, der euch durch die Osterheide nach Osten führt. Nach Unterquerung der B3 geht es links weiter bis ins Tal der Haverbeeke. Links vom Bach strampelt ihr nach Niederhaverbeck, wo an der Ecke zur Landstraße der **Haverbeckhof** zur Einkehr lädt. Zur Weiterfahrt geht es ein paar Meter nach links, dann gleich wieder rechts. Der Weg stößt auf die Straße von Overhaverbeck, ihr fahrt links nach ↗ **Wilsede.** Auch hier gibt es Einkehrmöglichkeiten und einen Spielplatz. Schließlich folgt ihr den Schildern Richtung **Undeloh.**

Der Nase nach: Radeln durch die Kunst-Landschaft
Kunstverein & Stiftung Springhornhof, Tiefe Straße 4, 29643 Neuenkirchen. ✆05195/933963, www.springhornhof.de. **Bahn/Bus:** Bus 205 von Soltau bis Frielinger Straße. **Auto:** B71, Hauptstraße, 1. Straße rechts.

Rad: Leine-Heide-Radweg. **Zeiten:** Springhornhof Ausstellungen April – Dez Di – So 14 – 18 Uhr, Landschaftskunstwerke und Ateliergarten ganzjährig frei zugänglich. **Preise:** Springhornhof 2 €; ermäßigt 1 €, Leihfahrrad 5 €, Lageplan 3 € (auch erhältlich in der Tourist-Info und an der Raiffeisen-Tankstelle an der B71 Richtung Rotenburg).

▶ Der Springhornhof in Neuenkirchen zeigt in seinen Räumlichkeiten Kunstausstellungen, ist aber auch Ausgangspunkt für Radtouren zu einer Reihe von Landschaftskunstwerken. Dafür folgt ihr entweder den Hinweisschildern »Der Nase nach« oder »Hin & Zurück«. Beide sind etwa 20 km lang. Weil zu den derzeit 38 Kunstwerken immer wieder neue dazu kommen, ändert sich auch der Lageplan. Am besten ihr besorgt ihn euch direkt am Hof. Ihr könnt euch auch einer Führung anschließen (Mai – Okt 1. So im Monat 11 Uhr, entweder zu Fuß oder mit dem Fahrrad, kostenlos).

Wandern & spazieren

Spaziergang im Büsenbachtal

21256 Handeloh-Wörme. **Länge:** 2,8 km. **Bahn/Bus:** erixx ab Buchholz bis Büsenbachtal, 200 m Fußweg. **Auto:** Von Buchholz über Holm-Seppensen, vor Holm rechts nach Wörme. **Rad:** Seeveradweg.

▶ Der *Büsenbach* wird aus einem Quellmoor gespeist und weist das Phänomen der **Bachschwinde** auf: Er verschwindet auf Höhe des Parkplatzes im Boden und taucht erst hinter der Bahnlinie wieder auf, von wo er in die *Seeve* fließt. Vom Parkplatz oder Bahnhof aus wandert ihr die Straße am **Café Schafstall** vorbei und biegt dann rechts auf den Weg ab. Bald kommt ihr zu einer hübschen Heidefläche. Haltet euch am Ende rechts und besteigt den **Pferdekopf.** So heißt der Hügel, von dem ihr einen besonders schönen Blick habt. Vielleicht trefft ihr den

In Neuenkirchen gibt es eine derzeit 1000 m lange **Draisinenbahn.** Betriebstage: 1. Sa im Monat, 10.15 – 17 Uhr, kostenfrei, über eine Spende freut man sich. Während der Fahrt ist das Blaue Haus zu sehen, eines der Kunstwerke. www.soltau-neuenkirchener-kleinbahn.de.

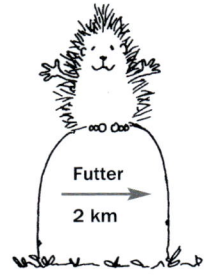

Futter
2 km

Hunger & Durst

Café Schafstall, Am Büsenbach 35, Handeloh-Wörme. ☎04187/1072. www.cafeschafstall.de. Jan – Okt Sa, So, Fei ab 10 Uhr, ab Mitte März auch Di – Fr ab 12 Uhr, ab Juli auch Mo ab 12 Uhr. Sa, So Brunch ab 10 Uhr. Kinderkarte, Spielgelände.

Schäfer mit seinen Schnucken. Ihr könnt auf dem gleichen Weg oder auf der Straße auf der anderen Bachseite zurück wandern.

Stempeln auf dem Heideköniginnenweg

21385 Amelinghausen. ©04132/9209-43 (Tourist-Info), www.amelinghausen.de. **Länge:** 11 km Rundweg, Start: Lopausee, Symbol: Weißes A auf rotem Grund. **Bahn/Bus:** ↗ Lopausee. **Infos:** Die Broschüre zum Wanderweg ist in der Tourist-Info erhältlich und steht auf der Internetseite zum Download bereit.

▶ Ein 11 km langer Wanderweg führt euch einmal um **Amelinghausen** herum. Fünf Stempelstationen liegen auf der Strecke. Wenn ihr am Lopausee startet, geht es Richtung Kronsberg, wo jedes Jahr die Heidekönigin gekrönt wird. Ihr folgt *Lopau* und *Luhe,* wandert durch Wald und Felder, bis ihr wieder am Lopausee ankommt. An dessen Ostseite geht es zurück zum Parkplatz.

Als Richtwert für die Heideblüte gilt übrigens der Zeitraum vom 8.8 bis zum 9.9.! Wann genau die Heide jedes Jahr blüht, zeigt das Heidebarometer unter www.lueneburger-heide.de.

Mit dem Lama durch die Heide

Heide-Lama-Trekking, Dietmar Preißler, Gärtnerweg 8, 21385 Amelinghausen. ©04132/932335, Handy 0160/94986282. www.heide-lama-trekking.de. **Preise:** 2-Stunden-Schnupper-Tour ohne Verpflegung 20 €, 4-Stunden-Halbtages-Tour inklusive Brotzeit 40 €; Kinder 8 – 14 Jahre die Hälfte, Kinder unter 8 Jahre frei; pro Tour min. 3 Erw oder 2 Erw und 2 Kinder (8 – 14 Jahre).

▶ Auf ganz besondere Weise lernt ihr die Heide kennen, wenn ihr mit Lamas unterwegs seid. *Dietmar Preißler* bietet solche Touren an, auch als zweistündige Schnup-

Wandern ist langweilig? Nicht, wenn ihr mit Lamas durch die Heide lauft
© Dietmar Preißler

pertour. Halbtagestouren gehen zum Beispiel ins *Marxener Paradies,* zur Oldendorfer *Totenstatt* oder zur *Schwindequelle* (je 7 – 8 km). Die Lamas tragen das Gepäck und werden von den Wanderern geführt.

Auf Bohlen durchs Pietzmoor

Heberer Str. 100, 29640 Schneverdingen. www.schneverdingen-touristik.de. **Länge:** 4,8 km. **Bahn/Bus:** Bus 106, 156 bis Pietz. **Auto:** Von Schneverdingen Richtung Heber, Parkplatz gegenüber Zufahrt Hotel Schäferhof oder für Gäste am Schäferhof. **Rad:** Nähe Leine-Heide-Radweg.

▶ Ein Rundweg führt euch auf Bohlenstegen durchs *Pietzmoor* bei Schneverdingen. Der **Moorerlebnisweg** zeigt euch eine ganz andere Landschaft als ihr sie sonst in der Heide seht. Er beginnt nur wenige Meter vom Schäferhof entfernt, der anschließend zur Einkehr einlädt. Ein Schaf heißt euch willkommen. Findet heraus, wie es heißt! Infotafeln erzählen auf dem weiteren Weg Spannendes zur Entstehung des Hochmoores und welche Tiere und Pflanzen hier leben. An den Tafeln gibt es immer etwas zu drehen oder aufzudecken. Wer im Mai da ist, sieht das Wollgras blühen. Im Sommer könnt ihr vielleicht eine Eidechse beobachten. Ihr könnt auch an einer **geführten Wanderung** teilnehmen: April – Okt, Do 18 Uhr (Okt schon 17 Uhr), Sa 14.30 Uhr, So 10 Uhr, 4 €, Kinder bis 14 Jahre frei.

Spaziergang durch das Haverbeeketal

29646 Bispingen-Niederhaverbeck. www.verein-naturschutzpark.de. **Länge:** 3,5 oder 1,4 km, kinderwagentauglich, Start: Gasthof Menke. **Bahn/Bus:** Heide-Shuttle Ring 1 und 2. **Auto:** A7 Ausfahrt 43 Bispingen, L211 über Behringen, Parkplatz Niederhaverbeck oder für Gäste direkt am Gasthof Menke. **Rad:** Leine-Heide-Radweg, Wümme-Radweg. **Infos:** Infotafel zur Strecke am Gasthof Menke, Flyer zum Download unter o.a. Internetadresse sowie unter www.bispingen-touristik.de.

Hunger & Durst

Schäferhof, Heberer Straße 100, Schneverdingen. ℭ05193/ 3547. www.hotel-schaeferhof.com. Täglich 11 – 22 Uhr, Café 14 – 18 Uhr. Kuchenbuffet. Kinderkarte: Spaghetti, Chicken Nuggets, Schnitzel, Fischfilet.

Hunger & Durst

Gasthof Menke, Niederhaverbeck 12, Niederhaverbeck. ✆05198/330. www.gasthof-menke.de. Täglich 8 – 22 Uhr. Kinderteller: Harry-Potter-Menü. Kaffeegarten mit Spielplatz. Toller Blick in die Heide.

Achtung: Für alle Kutschfahrten ist eine Anmeldung erforderlich!

April – Okt: Hits für Kids, 16 – ca. 17.30 Uhr, 6 € pro Kind.

▶ Zwei barrierefreie Rundwanderwege führen durch das hübsche **Tal der Haverbeeke.** Sie lassen sich wunderbar mit Kinderwagen oder Buggy begehen. Beim Wandern durch Heide, Moor und einen Eichenwald informieren insgesamt 15 Tafeln über Hügelgräber, Wacholder, Birken und Bienen. Der große Rundweg führt am Naturinformationshaus des Vereins *Naturschutzpark e.V.* (VNP) vorbei, in dem von Mitte Mai bis Mitte Oktober die Ausstellung **Bienenwelten** gezeigt wird (Niederhaverbeck 7, ✆05198/987030, Eintritt frei). Anschließend lädt der **Gasthof Menke** zur Einkehr ein.

Reiten & Kutsche fahren

Heidekutsche Schneverdingen

Klaus Meyer, Finteler Straße 8, 29640 Schneverdingen. ✆05193/6491, www.heidekutsche-schneverdingen.de. Start: Parkplatz Rathaus Schneverdingen. **Bahn/Bus:** ↗Schneverdingen, Zentrum. **Zeiten:** April – Okt Mo 9 Uhr nach Niederhaverbeck, Mo 14 Uhr zum Schäfer in die Heide, Di und Mi 14 Uhr Heidefahrt mit Butterkuchen und Kaffee, Di 18 Uhr Abendfahrt mit Grillteller, Di 14 Uhr (Nov – März) Punschtour, Do 10 Uhr rund um Schneverdingen, Do 14 Uhr zum Imker, Fr 14 Uhr mit Heidetörtchen to go, Sa 12 Uhr mit Schäferpfanne, So 10 Uhr Schlemmer-Schnucken-Tour zum Tütsberg. **Preise:** 12 – 19 €, So 35 €; Kinder bis 8 Jahre 9 – 15 €, So 17,50 €, alle Preise gelten für Gruppen ab 10 Pers.

▶ Rundfahrten durch die Heide bietet der Kutschbetrieb von *Klaus Meyer.* Seine Kutscher gehören zu den zertifizierten Kutschern. Sie sind zu erkennen an der Weste, dem Namensschild und dem Logo der *Qualitätskutscher Lüneburger Heide.* Die Kutscher sind geschult und haben umfangreiches Wissen zur Geschichte der Heide, zu Natur und Kultur, zur regionalen Küche oder zu typischen Veranstaltungen. Mit der Heidekutsche könnt ihr zu den oben genannten festen Terminen fahren und dann z.B. dem Schäfer oder Imker einen Besuch abstatten. Sie beginnen alle am Rathaus in **Schneverdingen.** Im Angebot sind außerdem Touren ab dem Parkplatz **Osterheide,** die durch die Osterheide oder den *Höpen* führen.

Paul und Lisa trotten brav vorweg: Kutschfahrt durch den Höpen

© pmv, Kirsten Wagner

Herbert Meyer Kutschfahrten

Wehlener Weg 9, 29640 Schneverdingen. ℘05198/707, Handy 0172/9823126. www.herbert-meyer-kutschfahrten.de. **Bahn/Bus:** ↗Schnucken streicheln in Schneverdingen. **Preise:** je nach Dauer und Personenanzahl, z.B. 60 Min Fahrt bis 6 Pers 40 €, ab 7 Pers pro Person 6 €, Butterkuchen-Tour 1,5 Std mit Kuchen und Kaffee 13 € pro Person.

▶ Vom **Kutschenparkplatz** am ↗Heide-Kiosk in Schneverdingen bringen euch die Kutschen durch die Heidelandschaft im *Naturschutzgebiet* und im *Höpen.* Wählbar sind Touren zwischen 30 Minuten und zwei Stunden. Wer lieber durch die Osterheide südöstlich des Ortes gefahren werden möchte, kann auch das buchen.

In **Niederhaverbeck** geht es eine Stunde durch das *Tal der Haverbeeke* und über Overhaverbeck zurück oder zusätzlich durch den **Steingrund** mit seiner hügeligen Wacholderlandschaft (1,5 Stunden). Wer nach ↗**Wilsede** möchte, sollte zwei Stunden einplanen. Eine halbe Stunde davon habt ihr Zeit, euch in Wilsede umzusehen.

In der Saison stehen an den Kutschenparkplätzen immer Kutschen bereit. Hier könnt ihr auch spontan mitfahren. Sind noch andere Fahrgäste da, wird es umso günstiger.

**Kutsche statt Bus: Im Lini-
enverkehr geht es im
Sommer nach Wilsede**
© pmv, Kirsten Wagner

@ Viele Infos zu Kut-
schern und
Kutschfahrten gibt es
unter www.kutsche-lue-
neburger-heide.de.

Mit der Kutsche nach Wilsede

Linienkutsche: Abfahrt ab Undeloh täglich 10, 12, 14
und 16 Uhr, Rückfahrt ab Milchhalle in Wilsede um 13,
14, 15 und 17 Uhr. Ab Oktober nur noch Sa, So nach
Wetterlage. Preise: Hin- und Rückfahrt 11 €, einfache
Fahrt 6 €.

▶ Nach Wilsede kommt ihr nur zu Fuß, mit dem Fahrrad oder mit der Kutsche. Das ist natürlich besonders gemütlich! Außerdem wissen die Kutscher so
manches über die Landschaft der Heide und ihre Geschichte zu erzählen. Kutschenparkplätze findet ihr
in den Dörfern ringsum. An schönen Tagen zwischen
Ostern und Oktober stehen sie dort bereit. Wer auf
Nummer sicher gehen möchte, meldet sich an. Außerdem stehen die Telefonnummern der Kutsch-
betriebe angeschlagen, sodass ihr bei Kutschenman-
gel auch eine herbeirufen könnt. Ab Undeloh verkehrt
von Mai bis September sogar eine Linienkutsche.
Kutschen findet ihr außerdem hier.

Ab Undeloh:

Hotel Heiderose, Wilseder Straße 13, ✆04189/
    311, www.hotel-heiderose.de
Garbers Hof, Zur Dorfeiche 4, ✆04189/452,
    www.garbershof.de
Hof Schröder, Zur Dorfeiche 21, ✆0171/1233750,
    www.hof-schroeder.de

Ab Döhle:

Britta Alpers, *Exklusive Kutschfahrten,* Dorfstraße
    30a, ✆04175/1066 oder 0160/4152548,
    www.exklusive-kutschfahrten.de, exklusive.
    kutschfahrten@yahoo.de
Dierking-Kutschfahrten, Dorfstraße 44, ✆04172/
    6717, www.derheidekutscher.de, kutscher-
    dennis@web.de

Ab Niederhaverbeck und Oberhaverbeck:

Hillmers Kutschfahrten, Niederhaverbeck 15,
    ✆05198/210, www.hillmers-kutschfahrten.de,
    info@hillmers-kutschfahrten.de

Erlebniswelten & klettern

Kinderabenteuer

Tourist-Information Schneverdingen, Rathauspassage 18, 29640 Schneverdingen. ☏ 05193/93-800, www.schneverdingen-touristik.de. **Zeiten:** April – Okt. **Preise:** 5 – 9 €; Kinder 5 – 8,50 €.

▶ Zwischen April und Oktober erlebt ihr in Schneverdingen Kinderabenteuer. Vier Wochentage sind jeweils reserviert für eines davon. So könnt ihr auf dem Pferdehof Meyer auf dem Kutschbock Platz nehmen, auf einem Bauernhof Hühner füttern und den Trecker genau in Augenschein nehmen, in ⚲ Ehrhorn mit dem Förster durch den Wald streifen oder tolle Schüsseln und Figuren töpfern.

Im **Walter-Peters-Park** an der Verdener Straße findet ihr einen **Erlebnisspielplatz.** Es gibt einen riesigen Rutschenturm, eine Kletterspinne, eine Seilbahn und eine tolle Schaukel für zwei.

Kopfüber – Das verrückte Haus

Horstfeldweg 1, 29646 Bispingen. Handy 0160/ 92192676. www.dasverrueckstehaus-bispingen.de. **Bahn/Bus:** Bus 154, Heide-Shuttle-Ring 1. **Auto:** A7, direkt an der Ausfahrt 43 Bispingen, Parkplatz frei für Besucher. **Zeiten:** täglich März – Okt 10 – 19, Nov – Feb 11 – 17 Uhr, Heiligabend und Silvester geschlossen. **Preise:** 5 €; Kinder 4 – 14 Jahre 4 €.

▶ Ja, steht denn heute alles Kopf? Das kann man meinen, wenn man in Bispingen von der Autobahn abfährt. Dort befindet sich nämlich das verrückte Haus. Drinnen kommen die Sinne ganz schön durcheinander, denn das Haus steht nicht nur auf dem Kopf, sondern ist dazu auch noch leicht geneigt. Die komplette Ausstattung ist natürlich ebenfalls kopfüber. Achtet auf die Details

Trampolin 1,50 €/10 Min oder länger, wenn kein anderes Kind wartet!

Hier steht alles Kopf: Das verrückte Haus ist lustig
© pmv, Kirsten Wagner

Hunger & Durst

Kopfüber, Horstfeldweg 1a, Bispingen. ✆ 0172/7165080. www.kopfueber-cafe.de. Geöffnet wie Das verrückte Haus. Kuchen, Softeis, Snacks, Frozen Joghurt.

Happy Birthday!

Kindergeburtstag im Schnee mit Zipflbob-Rallye oder Mini-Olympiade 199 €, mit Skikurs 220 € (für 5 Kinder, jedes weitere Kind 23 bzw. 28 €).

☀ Sonntags könnt ihr in einer Alm-hütte von 10 – 15 Uhr brunchen, wahlweise mit Skifahren oder Rodeln, das nennt sich dann Brunch'n & Brettl'n!

Hunger & Durst

Gletscherblick, Horstfeldweg 9, Bispingen. Geöffnet wie Snow Dome. Mit Pistenblick, Apfelstrudel, Kaiserschmarrn, Kindergerichten.

wie die schlafende Katze oder den Spiegel, auf dem ihr Kopf steht. Ob der Künstler, der die Bilder gemalt hat, wohl auf dem Kopf stand? Vergesst euren Fotoapparat nicht!

Ski fahren und surfen im Snow Dome

Horstfeldweg 9, 29646 Bispingen. ✆ 05194/4311-0, www.snow-dome.de. **Bahn/Bus:** Bus 154, Heide-Shuttle-Ring 1. **Auto:** A7 Ausfahrt 43 Bispingen. **Zeiten:** Snow Area April – Sep Fr 13 – 21, Sa 9 – 21, So 9 – 19, Sommerferien Nds. Mi – Sa 10 – 21, So 10 – 19 Uhr, Okt – März Mo – Fr 13 – 21, Sa 9 – 21, So 9 – 19 Uhr, Oster-, Herbst-, Weihnachtsferien Nds. Mo – Sa 9 – 21, So 9 – 19 Uhr. Nord Welle April – Sep Mo – Fr 16 – 21, Sa 10 – 21, So 10- 19 Uhr. Snowy Land täglich ab 9 Uhr. **Preise:** Snow Area 1 Std 19 €, Tag 36 €, Rodel-ticket 1 Std 19 €, Nord Welle 23,50 €, 5er Ticket 99 €, Snow Star 5 €; Kinder 6 – 12 Jahre Snow Area 1 Std 13 €, Tag 22 €, Rodelticket 1 Std 13 €, NordWelle 16 €, 5er Ticket 69 €, Snowy Land kostenlos, auch mit Betreuung (Wintersaison täglich, Sommersaison Fr – So); Ermäßigung für Schüler Snow Area 3,50 €, Familien Snow Area (2 Erw, 1 Kind) Tag 72 €, jedes weitere Kind 17 €.

▶ Ski fahren lässt sich im Flachland der Lüneburger Heide nicht so gut. Wer trotzdem über den Schnee brettern möchte, besucht den Snow Dome in Bispingen. Skikurse sind für Anfänger und Profis im Angebot, das gesamte Material vom Ski bis zum Helm ist im Verleih erhältlich. Ski- und Snowboardkurse kosten 55 €, für Kinder (6 – 12 Jahre) 43 € für 3 Std. Den zweistündigen Minikurs für 4- bis 6-Jährige gibt es für 33 €. Dreitägige Ferienkurse sind ebenfalls buchbar (149 € bis 6 Jahre, 179 € bis 12 Jahre). Auf der 300 m langen Piste gibt es auch einen Funpark für Snowboarder und eine Rodelbahn. Ein Zauberteppich bringt Ski-Neulinge wieder nach oben, Profis nehmen den Schlepplift oder den Sessellift. Die neueste Attraktion ist Snow Star, eine Ausstellung von Eisskulpturen. Wenn ihr gerade nicht Ski fahren wollt oder Mama und Papa noch im **Restaurant Gletscherblick** mit Pistenblick relaxen, vergnügt ihr euch im Snowy Land. Dort gibt es eine Rutsche, ein Bällchenbad, Bobby Cars und ganz viel Spielzeug.

Das klappt doch schon ganz gut: Surfkurs für Anfänger an der Nordwelle im Snow Dome
© Snow Dome Bispingen

In der Sommersaison könnt ihr auch auf der **Nord-Welle** schwimmen oder besser gesagt: **Surfen.** Unter freiem Himmel dürft ihr hier auf der Welle reiten. Zuschauer lassen sich in der Lounge nieder. Wer nicht stillsitzen mag, nutzt die kostenlosen Angebote: Eine Halfpipe, Slacklines, eine Torwand und häufig auch eine Hüpfburg laden zur Bewegung ein.

Seilbahn fahren und über Wellen rutschen

Abenteuerspielplatz Bispingen, Hans-Christoph-Seebohm-Ring, 29646 Bispingen. www.bispingen-touristik.de. Umgehungsstraße K39 zwischen Soltauer und Töpinger Straße. **Bahn/Bus:** Bus 154 bis Jugendherberge, Fußweg durch den Wald. **Auto:** Ab Ortsmitte Töpinger Straße folgen, Ausfahrt auf Seebohm-Ring, Schild zum Parkplatz durch den Wald (geradeaus, am Ende rechts) nach rechts. **Rad:** Radweg ab Töpinger Straße, hinter der Jugendherberge rechts (Ausschilderung). **Infos:** Anmeldung Grillplatz: Bispingen-Touristik, Borsteler Str. 6, 29646 Bispingen, ✆05194/398-50, Fax 398-53.

▶ Mitten im Wald liegt der Abenteuerspielplatz und er ist einfach riiiesig! Ihr könnt auf Reifen schaukeln, in Netzen klettern, mit der **Seilbahn** fahren oder über die **Wellenrutsche** hinabsausen. Im großen Fort gibt es unzählige Möglichkeiten zum Klettern und Austoben. Die **Grillhütte** könnt ihr mieten (1 € pro Person, Kinder 3 – 13 Jahre 0,50 €, mind. 10 €).

Für Mutige: Die HöhenwegArena

Camp Reinsehlen 20, 29640 Schneverdingen. ☏05198/987373, www.hoehenwegarena.de. **Bahn/Bus:** Heideshuttle Ring 1 bis Höpen, Fußweg 600 m (400 m parallel zu den Schienen, dann Schienen verlassen und weiter geradeaus). **Auto:** A1 Ausfahrt 44 Rade, B3 Richtung Soltau, rechts auf L171 Richtung Wintermoor, in Reinsehlen links, am Hotel vorbei. **Zeiten:** Mitte März – Anfang Nov Mo – Fr ab 14 Uhr, Sa, So, Fei, Ferien täglich ab 10 Uhr, jeweils bis zur Dämmerung. **Preise:** 3 Std 23 €, 30 weitere Min 2 €, Tageskarte mit Adrenalin-Seilbahn und Basejump 38 €, nur Seilbahn 5 €; Kinder bis 10 Jahre 3 Std 14 €, Tageskarte 25 €, 11 – 17 Jahre 3 Std 19 €, Tageskarte 32 €.

▶ Hier geht es hoch hinaus! Die HöhenwegArena unterscheidet sich aber in mancher Hinsicht von anderen Hochseilgärten. Die Anlage gibt nämlich keine festen Parcours vor, sodass Ein- und Ausstieg flexibel wählbar sind. Es gibt insgesamt sechs Ebenen, die oberste befindet sich auf 30 m Höhe. 140 Aufgaben gibt es maximal, diese sind in drei Schwierigkeitsstufen unterteilt. Da balanciert ihr dann über Fässer, Reifen, Holzteller und Baumstämme, kriecht durch Rohre oder fahrt Skateboard in luftiger Höhe. Dazu kommen der 18,5 m hohe Sky-Tower mit weiteren 40 Aufgaben, Seilrutschen, eine Riesenschaukel und der Free Fall. Natürlich seid ihr durchgängig gesichert. Sogar die Zuschauer dürfen nach oben: Von der Aussichtsplattform in 8 m Höhe können sie den Kletternden zusehen. Besonders gemütlich ist es in einem der Strandkörbe am Sandstrand. Ihr könnt außerdem ein MoBo ausleihen, ein *Motorized Board*. Das ist ein Skateboard mit Elektroantrieb (15 Min 5 €, 30 Min 8 €). Oder ihr fahrt in dem Bassin der ehemaligen Panzerwaschanlage Tretboot (30 Min 5 €, 1 Std 8 €). Verpflegung bekommt ihr direkt an

Camp Reinsehlen ist eine große baumlose Fläche mit Sand und Rasen. Jahrzehntelang wurde es militärisch genutzt. Neben dem Hochseilgarten gibt es hier ein Naturhotel und mehrere Kunstprojekte. Findet ihr die Knickpyramide von Jörg-Werner Schmidt oder die Achterbahn-Parkbank von Jeppe Hein?

Hunger & Durst

Gasthaus und Hotel Camp Reinsehlen, Schneverdingen. ☏05198/983-0. www.campreinsehlen.de. Täglich 7 – 22 Uhr.

der HöhenwegArena oder im **Hotel Camp Reinsehlen** in nur 80 m Entfernung.

Tieren ganz nah

Wildpark Lüneburger Heide

Am Wildpark, 21271 Hanstedt-Nindorf. ℰ 04184/8939-0, www.wild-park.de. **Bahn/Bus:** Bus 4207 ab Buchholz, Bus 5200 ab Lüneburg. **Auto:** A7 Ausfahrt 40 Garlstorf, 2 km Richtung Nindorf. **Zeiten:** täglich März – Okt 8 – 19 Uhr, Nov – Feb 9.30 – 16.30 Uhr. **Preise:** 10 €; Kinder 3 – 14 Jahre 8 €; Familien (2 Erw, 2 Kinder) 34 €, jedes weitere Kind 7 €.

▶ Wenn ihr mitten durch ein Damwildrudel spaziert, dann seid ihr wohl im Wildpark Lüneburger Heide! Der Rundweg durch den schönen Tierpark führt nämlich durch zwei Freigehege zu diesen hübschen Tieren. Mit den Pellets vom Futterautomaten dürft ihr sie sogar aus der Hand füttern. Aber natürlich leben hier noch viel mehr Tiere, insgesamt sind es 1200 in 140 Arten. Ihr seht Tiere, die in unseren Wäldern heimisch sind oder waren, wie Rothirsch, Dachs, Wolf, Luchs und Bär, aber auch Vierbeiner aus nördlichen oder gebirgigen Gefilden wie Steinbock und Gämse, Polarwolf, Schneeziege, Elch, Rentier, Wapiti, Schneeleopard und den Sibirischen Tiger. Zwischen März und Oktober finden täglich mehrere **Shows** statt, vom Tigervortrag über die Greifvogelvorführung bis zur Fischotterfütterung. Und dann lockt natürlich noch der **Riesenspielplatz.** Spielgeräte findet ihr auch überall am Wegesrand, genau-

UMWELT ER-FORSCHEN

@ Auf der Webseite des Wildparks könnt ihr euch Rallyes für verschiedene Altersstufen herunterladen, mit denen ihr den Tierpark mal auf eine andere Art und Weise kennen lernt. Sie sind auch an der Kasse erhältlich.

Tierische Begegnung: Im Streichelzoo
© Wildpark Lüneburger Heide

so wie Sitzplätze zum Ausruhen und Picknicken. Nicht genug zu essen dabei? Dann geht doch ins **Wildpark-Restaurant** oder in die **Elch-Lodge.**

Eulen und Adler hautnah: Greifvogel-Gehege

Frigga Steinmann-Laage, An der Bundesstraße 209, 29646 Bispingen. ℂ05194/7888, www.greifvogel-gehege.de. Bei Kilometerstein 29,1. **Auto:** B209 von Amelinghausen; von Bispingen über Hützeler Straße zur B 209, links. **Zeiten:** Mai, Juni, Okt Mi, Sa, So 15 Uhr, Juli – Sep täglich 15 Uhr. **Preise:** 7 €; Kinder 5 €; Fotoerlaubnis 2 €.

▶ Habt ihr schon einmal einem Uhu ins Gefieder gefasst, einer Schleiereule über den Kopf gestreichelt oder einem Adler die Brust gekrault? Möglich macht das Frigga Steinmann-Laage in ihrem Greifvogel-Gehege. Bei der spannenden und lustigen 90-minütigen Führung seht ihr nicht nur fast alle Eulenarten Europas und Greifvögel wie Falken, Habichte und Sperber, ihr werdet über so manches kleine Kunststück staunen und dürft einige der hübschen Vögel auch berühren. Vielleicht lässt sich sogar der Kolkrabe zu einem Schwätzchen hinreißen. Toll!

Spricht mit ihren Tieren: Frigga Steinmann-Laage mit einem Adler
© pmv, Kirsten Wagner

Natur zum Anfassen & Begreifen

Hunger & Durst

Naturium, Ahornweg 7, Egestorf. ℂ04175/2743199. www.naturium.eu. Mitte April – Mitte Sep tägl. 9 – 18 Uhr. Torten, Kuchen, Eis, auch vegan, im Bistro Pommes, Bratwurst, Chicken Nuggets. Tisch-Minigolf 3 €, Kinder bis 14 Jahre 2,50 €.

Barfußpark Egestorf

Ahornweg 9, 21272 Egestorf. ℂ04175/1516, www.barfusspark-egestorf.de. **Bahn/Bus:** Bus 4207 von Buchholz bis Dorfpark, Heide-Shuttle 2 und 3 (Mitte Juli – Mitte Okt). **Auto:** A7 Ausfahrt 41 Egestorf, Lübberstedter Straße, im Ort rechts Schätzendorfer Straße, am Ortsausgang links. **Zeiten:** Mitte April – Mitte Okt täglich 9 – 18 Uhr. **Preise:** 6 €; Kinder 4 – 15 Jahre 4 €; Familien (2 Erw, 2 Kinder) 17 €, Kombitickets mit ↗ Naturerlebnisbad (gleicher Eingang). **Infos:** Schließfächer für Schuhe vorhanden.

Im Barfußpark in Egestorf feiern eure Füße ein Fest. Zieht Schuhe und Socken aus und los geht es! Spürt genau, was sich da unter euch befindet. Ihr lauft über Korken, Kiesel, Tannenzapfen und sogar kleine Glasscherben! Es geht auch durch Lehm, Matsch und Torf. Es gibt drei Rundwege, die euch über insgesamt 2,7 km durch einen Buchenwald, aber auch über eine Wiese, durch Sand und einen Kiefern- und Fichtenforst führen. Doch damit nicht genug. Alle Sinne sind an den Mitmachstationen gefordert, die ihr überall am Wegesrand findet. Lauscht durch Hörrohre, tastet und riecht, balanciert und wippt, macht Musik am Xylophon, lasst einen Gong ertönen, spielt Windharfe, summt in einem Stein, bugsiert eine Kugel durchs Labyrinth und versetzt Pendel in Schwingungen!

Schmutzigmachen erlaubt: Barfuß durch den Matsch
© Barfußpark Egestorf

 Handtuch nicht vergessen!

Heide-Erlebniszentrum Undeloh
VNP-Naturpark GmbH, Wilseder Straße 23, 21274 Undeloh. ☎04189/8186-48, www.heide-erlebniszentrum.de. **Bahn/Bus:** Bus 4206. **Auto:** A7 Ausfahrt 41 Egestorf, über Egestorf, in Undeloh Ortsmitte links, gegenüber vom Wanderparkplatz (Tag 3 €). **Rad:** Leine-Heide-Radweg, Wümme-Radweg. **Zeiten:** April – Mitte Juli Mo – Fr 11 – 17, Sa, So 10 – 18 Uhr, Mitte Juli – Okt täglich 10 – 18 Uhr. **Preise:** Eintritt frei.

Steigt hinab in die Eiszeit und betretet ein Hügelgrab! Wo? Im Heide-Erlebniszentrum in Undeloh. Dort erfahrt ihr nicht nur, welche Tiere in der Heide leben und wie man diese Landschaft erhält, sondern auch, warum und wie drei Eiszeiten die Lüneburger Heide prägten. Das seht ihr im Untergeschoss. Dort betritt man eine eiszeitliche Welt in blauen Farben – schön, oder? Ein paar Meter weiter wird es ganz schön dun-

Hunger & Durst
Heimatliebe – im Heide-Erlebniszentrum. Im Café oder auf der Terrasse könnt ihr Kuchen und regionale Spezialitäten verspeisen oder draußen im Sand spielen, wippen und schaukeln oder im Wäldchen auf Spurensuche gehen.

 Neben dem Heide-Erlebniszentrum beginnt ein Heidelehrpfad. Ein Teil von ihm ist als Familienrallye begehbar, die kostenlosen Rallyebögen gibt es im Haus!

kel. Ein Hügelgrab wurde nachgebaut und darf betreten werden. Darin findet ihr hinter den großen Findlingen weitere Informationen!

Naturparkentdecker

Naturparkregion Lüneburger Heide e.V., Marktstraße 1, 21385 Amelinghausen. ℗ 04171/693139 (Geschäftsstelle in Winsen), www.naturpark-lueneburger-heide.de.

▶ Habt ihr Lust zum Naturparkentdecker zu werden? Der Naturpark Lüneburger Heide lädt alle Kinder zwischen 9 und 14 Jahren zu zahlreichen Veranstaltungen ein. Ihr könnt bei der Schafschur helfen, die Hei-

KEINE HEIDE OHNE HEIDSCHNUCKEN

Kennt ihr das Wort *schnökern?* Es bedeutet naschen. Weil die Heidschnucken besonders gerne Heidekraut naschen, erhielten sie diesen Namen. Die Heidschnucken gehören zu den Schafen. Ohne sie gäbe es keine Heideflächen mehr, denn sie halten die Heide kurz, sodass sie neu austreibt und im nächsten Jahr wieder blüht. Außerdem zerreißen die Schnucken im Spätsommer mit ihren Beinen die Spinnweben zwischen der Heide. Dadurch können die Bienen ungestört ihren Nektar suchen und wiederum die Heide bestäuben. In jeder Heidschnuckenherde laufen übrigens auch einige Ziegen mit. Sie fressen nämlich die jungen Sämlinge von Kiefern und Birken, die die Heide sonst überwuchern würden. Das nennt man gute Zusammenarbeit! In der Lüneburger Heide seht ihr die Graue Gehörnte Heidschnucke. Sie besitzt ein silbergraues Fell mit einer schwarzen Brust. Ihre Wolle

© Naturpark Lüneburger Heide

ist zu rau für Pullover, darum hat man sie lange Zeit einfach weggeworfen. Inzwischen verarbeitet man sie zu Sitzkissen aus Filz. Lämmer sind noch ganz schwarz. Alle Tiere haben Hörner, auch die Weibchen, doch bei den Männchen sind sie größer und zu einer Schnecke gerollt.

de **entkusseln** oder ein Insektenhotel bauen. In den Entdeckercamps habt ihr zusammen mit anderen Kindern viel Spaß beim Forschen und am Lagerfeuer.

Schnucken streicheln in Schneverdingen

29640 Schneverdingen. www.naturpark-lueneburger-heide.de. **Auto:** Von Schneverdingen über Harburger Straße Richtung Wintermoor/Hamburg, Parkplatz auf der linken Seite am Heide-Kiosk; längerer Fußweg (ca. 10 Min) ab Parkplatz Heidegarten. **Rad:** Nähe Leine-Heide-Radweg und Wümme-Radweg. **Zeiten:** Ostern – Okt Austrieb täglich 10.30 Uhr, Eintrieb zwischen 17 und 18 Uhr. **Preise:** Eintritt frei.

▶ Am unteren Schafstall in Schneverdingen zieht die **Heidschnuckenherde** von Ostern bis Herbst los, um die Heide abzuknabbern. Ihr könnt beim Austrieb oder am späten Nachmittag beim Eintrieb dabei sein. Natürlich lässt sich dann auch eine Heidschnucke streicheln und ihr könnt den Schäfer etwas fragen, zum Beispiel wie viele Schnucken zu seiner Herde gehören oder warum er immer einen Hund dabei hat. Am Schafstall beginnt auch der ↗ **Heidebauernweg.**

Walderlebnisse in Ehrhorn

Niedersächsische Landesforsten, Ehrhorn 1, 29640 Schneverdingen. ✆05198/9871-20, www.ehrhorn-heide.de. **Bahn/Bus:** Bus 101 ab Schneverdingen, Saison auch Heide-Shuttle 1 und 2. **Auto:** A7 Ausfahrt 43 Bispingen, L211 über Behringen. **Rad:** Radweg von Niederhaverbeck oder Undeloh, Wümme-Radweg. **Zeiten:** Mitte Juli – Mitte Okt Sa, So 10 – 18 Uhr, Mitte April – Mitte Okt Do 11 – 13 Uhr Walderlebnisführungen ohne Anmeldung, 14 – 16 Uhr Ehrhorner Waldabenteuer (Anmeldung erbeten). **Preise:** Waldführung 2 Std 3,50 €, 4 Std 5 €.

▶ Mitten im Wald liegt die alte Siedlung Ehrhorn. Hier lässt sich die heimische Natur wunderbar erforschen und entdecken. In einem der alten Bauernhäuser des Walderlebniszentrums dürft ihr in wechseln-

*Beim **Entkusseln** wird die Heide von jungen Bäumen befreit, damit sie nicht überwuchert wird.*

Hunger & Durst

Heidekiosk, An der L171, Schneverdingen. ✆05193/9821780. www.heide-kiosk.de. April – Okt täglich 10 – 18 Uhr. Heidjer-Erbsensupppe, Buchweizentorte, Souvenirs wie Heidehonig und kleine Heidschnucken.

300 m vom Walderlebniszentrum entfernt befindet sich ein Arboretum mit vielen Bäumen und Sträuchern.

***Ameisenlöwen** sind typische Tiere der Ehrhorner Dünen. So nennt man die Larven der Ameisenjungfer. Einige Arten der Ameisenlöwen fangen ihre Beute, indem sie im Sand Trichter graben. Auffällig sind die großen Kieferzangen. Und was essen Ameisenlöwen besonders gern? Genau: Ameisen!*

Juni – Mitte Okt Mi Grillabend ab 17 Uhr. Leckere Schnuckenburger!

Tolles Team: Der Schäfer mit seinem Hund
© pmv, Kirsten Wagner

den Ausstellungen zum Beispiel Insekten unterm Mikroskop betrachten oder Ehrhorner Geschichten lauschen. Draußen findet ihr ein Insektendorf, einen Bienenzaun und ein Formicarium. In ihm lassen sich Ameisen beobachten. Hier sowie im Gebäude liegen Flyer aus für den 3,5 km langen **Erlebnispfad,** dessen erste Station nur wenige Meter weiter beginnt. Schnappt euch eine der Broschüren und begleitet Wezi, den **Ameisenlöwen,** durch den Wald. An Station 2, der Düne, könnt ihr einen kleinen Abstecher zum **Barfußpfad** und zur **Trojaburg** machen, einem Steinlabyrinth. Auf eurem weiteren Weg dürft ihr springen wie ein Marder, heben wie eine Ameise und Schweine im Wald suchen. Ihr seht große Ameisenhügel, besteigt eine Aussichtsplattform, klopft auf Holz und pirscht wie ein Jäger. Wer findet alle zehn Tiere?

Schnucken gucken: Schäferhof Neuenkirchen

Falshorner Straße 71, 29643 Neuenkirchen. ✆ 05195/ 1067, 940-14. www.schaeferhof-neuenkirchen.de.
Bahn/Bus: Bus 205 von Soltau bis Frielinger Straße. **Auto:** B71 von Soltau, am Ortseingang links. **Rad:** Leine-Heide-Radweg. **Zeiten:** Heidschnuckeneintrieb Mai – Okt Di – Sa gegen 17.30 Uhr. **Preise:** Eintritt frei.

▶ Wenn die Heidschnucken abends zurück in den Stall getrieben werden, dürft ihr am Schäferhof Neuenkirchen zugucken. Seid am besten etwas früher da, dann könnt ihr vor dem eigentlichen Eintrieb hautnahen Kontakt auf der Weide aufnehmen. Ihr könnt auch im **Hofladen** ein-

kaufen, den Treppenspeicher besichtigen und die Ausstellung im **Heidehaus** anschauen (Mai – Okt Di – Sa 17 – 18.30 Uhr, Eintritt frei). Sie wechselt alle zwei Jahre. Am Schäferhof führt außerdem der ➚ **Heide-Erlebnispfad** vorbei. Eine Station befindet sich hinter den Hofgebäuden – der **Hörstein.** Der Künstler *Ulrich Eller* hat ihn 1995 angefertigt. Lauscht einmal!

Lehr- & Erlebnispfade

Bewegung am Lopausee

Erlebnispfad, Auf der Kalten Hude, 21385 Amelinghausen. **Länge:** 2,2 km, kinderwagentauglich. **Bahn/Bus:** ➚ Amelinghausen, Fußweg über Lerchenweg und durch den Lopaupark. **Auto:** B209 von Amelinghausen Richtung Lüneburg, Parkplatz Auf der Kalten Hude (Café Lopau-Seeblick) oder An der Lopau (Seestübchen). **Infos:** ➚ Tourist-Information Amelinghausen.

▶ Wie bewegen sich Eichhörnchen, Storch und Fledermaus? Das erfahrt ihr an den **Erlebnisstationen** am Südufer des Lopausees – und ihr dürft es selbst ausprobieren. Unter dem Motto Bewegung in der Natur laden sie zum Klettern, Schreiten oder Flattern ein. Hier findet ihr auch einen kleinen Wasserspielplatz mit Pumpe und Fitnessstationen. Am Nordufer erfahrt ihr etwas über die Bewegungen in der Eiszeit und des Wassers.

Der **Lopausee** ist ein Stausee. Am Südufer gibt es einen Badestrand. Einkehr ermöglicht das Seestübchen. Am Nordufer könnt ihr beim Café Lopau-Seeblick Tretboote ausleihen. Im August wird am Lopausee der Auftakt des Heideblütenfestes gefeiert.

Heidebauernweg im Höpen

29640 Schneverdingen. www.schneverdingen-touristik.de. Start: Unterer Schafstall, **Länge:** 2 km. **Auto:** Parkplatz L171 am Heide-Kiosk (➚ Schnucken streicheln in Schneverdingen).

🍎 **Hofladen,** Mai – Okt Di – Sa 17 – 18.30 Uhr. Schnuckenbraten und -gulasch, Mettwurst, Felle, Schafmilchseife. www.schaeferhof-neuenkirchen.de

Hunger & Durst

Café Lopau-Seeblick, Auf der Kalten Hude 4, 21385 Amelinghausen, ✆04132/932956, lopaublick@t-online.de. April – Sep tägl. 10 – 19 Uhr, Eis, Kuchen, Snacks. Spielplatz. Tretbootverleih (30 Min 6 €, 1 Std 10 €).

Hunger & Durst

Seestübchen, An der Lopau 4, Amelinghausen. ✆04132/336. www.seestuebchen.de. Mai – Okt täglich ab 11 Uhr, April ab 12 Uhr und Di Ruhetag. Kaffeegarten, Strandkörbe, Spielplatz.

NATURPARK LÜNEBURGER HEIDE

▶ Wie lebten die Heidebauern früher? Das erfahrt ihr auf einem etwa einstündigen Familienlehrpfad. Die rote Heidschnucke weist euch den Weg zum Schafstall, wo die erste Station mit Informationen zur Schnucke auf euch wartet. Ihr erfahrt, was auf den Feldern angebaut wird und geht einmal wie die Kinder früher zur Schule – barfuß nämlich!

Heide-Erlebnispfad Neuenkirchen

Soltauer Straße, 29643 Neuenkirchen. www.schaefer-hof-neuenkirchen.de. **Länge:** 6,5 km, Start: B71 Soltau – Neuenkirchen, Parkplatz kurz vor Neuenkirchen links, alternativer Startpunkt: Schäferhof. **Auto:** B71. **Rad:** Leine-Heide-Radweg. **Infos:** Flyer zum Download unter www.lueneburger-heide.de.

▶ Am alten Bahndamm von Neuenkirchen beginnt der Heide-Erlebnispfad, den ihr zu Fuß, aber auch mit dem Fahrrad erobern könnt. Tafeln erzählen euch von der Bauernwirtschaft, ihr dürft aber auch selbst aktiv werden, zum Beispiel am Baumtelefon, beim Lauschtrichter oder dem Geräuschmemory. Ihr seht auch Kunstobjekte wie »Himmel und Erde«, den riesigen Spiegel von *Valerij Bugrov,* gleich am Beginn der Tour rechts, oder ein Stück weiter den »Aufgebäumten Stamm« von Jan Meyer-Rogge. Der auf dem Kopf stehende Baumstamm wird von Drahtseilen gehalten. Immer geradeaus geht es bis zu einem **Aussichtsturm,** von dem aus ihr die Vögel an den Leverdinger Lehmteichen in Ruhe beobachten könnt. Es geht dann ein Stück zurück und am Waldrand nach links. Hier gibt es Klanghölzer und ihr könnt Tiere suchen. Ihr umrundet nun den **Schwarzen Dreck,** wie die Heide- und Moorfläche genannt wird, bis ihr den ↗**Schäferhof** erreicht. Dort gibt es einen Hörstein und einen Wohlfühlpfad zum Barfußlaufen. Abends werden hier die Schnucken eingetrieben. An der Rückseite des Hofs überquert ihr den *Hahnenbach* und kommt zurück zum Bahndamm. Links geht es wieder zum Parkplatz.

Stempel sammeln auf dem Machandel-Erlebnispfad

29646 Bispingen-Oberhaverbeck. **Länge:** gesamt 11 km, Start: Oberhaverbeck oder Döhle, Rückfahrt mit dem Heide-Shuttle (Mitte Juli – Mitte Okt, kostenlos), auch aufteilbar in Teilstrecken jeweils bis Wilsede 5,5 km, Rückweg zu Fuß oder per Kutsche. **Bahn/Bus:** Heide-Shuttle, Oberhaverbeck auch Bus 156, Döhle Bus 4207. **Auto:** Oberhaverbeck: A7 Ausfahrt 43 Bispingen, über Behringen, Wanderparkplatz links, Start auf der gegenüberliegenden Seite; Döhle: A7 Ausfahrt 42 Evendorf, Parkplatz Dorfstraße.

▶ Machandel ist nicht nur der Name, den die Heidjer dem Wacholder gegeben haben, sondern auch das Maskottchen auf dem Erlebnispfad durch die Keimzelle des Naturparks Lüneburger Heide. Wilsede und seine Umgebung gehörten nämlich zu dem ersten Land, das Pastor *Wilhelm Bode* 1906 und 1910 aufkaufte, um die Landschaft zu schützen. Insgesamt erwarten euch 23 tolle Stationen, an denen ihr etwas suchen, fühlen oder raten dürft. Außerdem findet ihr an jeder Station einen Stempel. **Tipp:** Wenn ihr in Oberhaverbeck startet, habt ihr die abwechslungsreichere Strecke vor euch, denn sie führt durch das *Tal der Haverbeeke* (von Döhle aus geht es hingegen immer geradeaus). Am Hof Bockelmann müsst ihr übrigens links abbiegen und dann dem Rundweg O3 folgen. Den **Wilseder Berg** könnt ihr links liegen lassen, ihr dürft ihn aber auch besteigen! Er ist mit 169 m die höchste Erhebung der Region und bietet tolle Fernsicht, bei besten Bedingungen angeblich sogar bis Hamburg. Vorher aber erfahrt ihr, wer der Steinschmätzer ist und was die Knöpfe an der Weste des Schäfers bedeuten. Ihr sucht ein Eichhörnchen im Baum, stellt einer Kreuzotter Fragen und dürft am eigenen Leib erfahren, was Plackerei bedeutet und woher das Wort kommt. Viel Spaß!

Die Begleitbroschüre zum Machandel-Pfad ist in den Häusern des VNP und im Heidemuseum in Wilsede für 2 € erhältlich. Unbedingt notwendig ist sie nicht.

Nehmt ein Blatt Papier für eure Stempel mit!

Hunger & Durst

Hof-Café Bockelmann, Oberhaverbeck 1 – 1a, Bispingen-Oberhaverbeck. ✆05198/773. www.hof-bockelmann.de. Ostern – Okt, bis Mitte Juli und ab Mitte Okt Mo, Di Ruhetage. Hausgebackener Kuchen.

Am Anfang war das Licht: Die Sonne markiert den Start des Planetenlehrpfads

»**M**ein **V**ater erklärt **m**ir **j**eden **S**onntag **u**nsere **n**eun **P**laneten«. Mit diesem Satz merkt ihr euch die Reihenfolge der Planeten unseres Sonnensystems: Es beginnt (von der Sonne aus) mit **M**erkur, geht weiter über **V**enus, **E**rde, **M**ars, **J**upiter, **S**aturn, **U**ranus, **N**eptun und endet mit **P**luto. Er zählt zwar seit 2006 nicht mehr zu den Planeten, darf sich aber immerhin noch Zwergplanet nennen.

Planetenlehrpfad Handeloh

Timmerloher Weg, 21256 Handeloh. Handy 0172/4176923. www.astronomie-handeloh.de. Start Wörmer Straße/Hauptstraße, **Länge:** 1,2 km, bis zum Wald kinderwagentauglich. **Bahn/Bus:** Bus 4631, 4641 bis Handeloh, Denkmal. **Auto:** A1 Ausfahrt 44 Rade, B3 an Buchholz vorbei bis Welle, links bis Handeloh, 2. Straße rechts, wenige Parkplätze direkt am Beginn des Pfads; A7 Ausfahrt 41 Egestorf, über Undeloh und Wesel. **Rad:** Wümme-Radweg.

▶ Die unendlichen Weiten des Weltraums, aber auch der Abstand der **Planeten** zueinander lassen sich am besten auf einem Planetenweg begreifen. In Handeloh sind die Abstände der Planeten unseres Sonnensystems im Maßstab von 1:5 Milliarden dargestellt. Wenn ihr hier einen Meter geht, entspricht das 5 Mio Kilometern im Weltall! Los geht es an der Sonne. Sie wird von einer Kugel mit 28 cm Durchmesser symbolisiert. Die Abstände von einem Planeten zum nächsten sind natürlich maßstabsgerecht. So steht Merkur in 11,6 m Entfernung zur Sonne, Venus folgt nach weiteren 10 m. An jedem Standort erfahrt ihr auf einer Infotafel Daten zum Planeten und seht Bilder. An zwei Stellen findet ihr Picknickplätze zum Ausruhen. Hinter Neptun seht ihr rechts die Dröge Heide, euer Weg führt in den Wald hinein. Dort bildet Pluto nach genau 1193,2 m den Abschluss.

Autofrei: Ausflug nach Wilsede

Heidemuseum Dat Ole Hus

Wilsede 10, 29646 Bispingen-Wilsede. ✆04175/8029-33, www.verein-naturschutzpark.de. **Rad:** Leine-Heide-Radweg, Wümme-Radweg. **Zeiten:** Mai – Okt täglich 10 – 16 Uhr. **Preise:** 3 €; Kinder bis 16 Jahre frei.

▶ Wilsede ist ein ganz besonders bezauberndes Örtchen. Es liegt mitten im Naturpark Lüneburger Heide und ist nicht mit dem Auto zu erreichen (außer man

wohnt dort). Es bleiben Kutsche, Fahrrad und die eigenen Füße! Mehrere schöne Anfahrtswege nach Wilsede findet ihr in diesem Kapitel. Angekommen findet ihr schnell das **Heidemuseum** mit dem Namen »Dat ole Huus«. Das ist Plattdeutsch und bedeutet »Das alte Haus«. 1742 wurde der Hof in Hanstedt erbaut und 1907 vom Gründer des Museums nach Wilsede versetzt. Drinnen erfahrt ihr seitdem, wie die Bauern früher in der Heide lebten. Das typische Hallenhaus zeigt den Aufbau des Gebäudes: Rechts und links der Diele lagen die Ställe für Kühe, Pferde und Hühner, denn Mensch und Tier lebten unter einem Dach. Im Flett, der Küche, wurde über dem offenen Feuer gekocht. Ganz schön verraucht muss das gewesen sein! Hinten liegt das Kammerfach mit den Wohnräumen, einer guten Stube und den Schlafzimmern. Wenn ihr die Treppe hochgeht, könnt ihr selbst einmal weben und ihr dürft verschiedene Wollarten anfassen. Zum Museum gehört aber nicht nur das Bauernhaus, sondern noch weitere Gebäude auf der gegenüberliegenden Straßenseite: ein Erdkeller, ein Treppenspeicher und ein Schafstall. Im Bauerngarten seht ihr, welche Blumen und Gemüsesorten man anbaute.

Nach einer Stärkung in der **Milchhalle** oder im **Gasthaus Zum Heidemuseum** könnt ihr euch noch auf dem Spielplatz austoben. Der Weg links vom Museumsladen bringt euch zum Kletterbaumstamm und zur Sandburg mit Rutsche und Tunnel. Wer noch Energie hat, besteigt den **Wilseder Berg** oder besucht den **Totengrund** (jeweils ca. 1 km). Trotz des eher gruseligen Namens, ist es hier wunderschön. Der Totengrund war 1906 der erste Landankauf von Pastor *Wilhelm Bode,* um den Bau einer Vielzahl von Wochenendhäusern für vermögende Hamburger zu verhindern. So wurde er zur Keimzelle des Naturparks. Der Name bedeutet wohl so viel wie toter Boden, also unfruchtbares Land, auf dem sich nicht viel anbauen lässt.

Hunger & Durst
Milchhalle, ✆04175/8029-32, April – Mitte Juli Mo – Fr 11 – 17, Sa, So 10 – 18 Uhr, Mitte Juli – Okt täglich 10 – 18 Uhr. Snacks und Kuchen. Selbstbedienung, Plätze auch im Garten.

Hunger & Durst
Zum Heidemuseum, Wilsede 9, Bispingen-Wilsede. ✆04175/217. www.zum-heidemuseum.eu. April – Okt täglich ab 9 Uhr, Nov – März Fr – So ab 9 Uhr, Mi, Do nach Wetterlage. Kinderkarte: Schnitzel, Balken vom Fisch. Leckerer Kuchen. Großer Garten, Schaukel, Wippe.

FESTKALENDER NATURPARK LÜNEBURGER HEIDE

Januar: Ende, Hanstedt: **Faslamumzug.**

Mai: 3. So, Hanstedt: **Feuerwehrmarsch** am Köhlerhütten-teich. Mit Hüpfburg, Feuerwehrfahrzeugen und Lauf über den See.

Ende, Nindorf: **Schafschurfest** im Wildpark Lüneburger Heide.

Juni: Mitte, Nindorf: **Mittelalter-Spektakel** im Wildpark Lüneburger Heide.

August: 1. Wochenende, Bispingen: **Brunauseefest** mit Wasserspielen und Feuerwerk.

Beginn 8 Tage vor dem vorletzten So, Amelinghausen: **Heideblütenfest.** Volksfest über 8 Tage mit Feuerwerk am Lopausee, Kinderolympiade, Wahl der Heidekönigin auf dem Kronsberg, Festumzug.

Ende, Schneverdingen: **Heideblütenfest.** Festumzug, Krönung der Heidekönigin auf der Freilichtbühne im Höpental, Theater, Lampionumzug, Feuerwerk.

September: Anfang, Schneverdingen: **Schäfertag** am Schafstall am Heidegarten mit Vorstellung von traditionellem Handwerk.

Egestorf: **Kartoffelfest.**

Mitte, Ollsen: **Heidedrachenfest** mit Drachenbau, Drachenvorführungen und Bonbonregen.

Oktober: Amelinghausen: **Herbstmarkt** mit verkaufsoffenem Sonntag, bunter Marktmeile und Flohmarkt.

Anfang, Lünzen: **Apfelmarkt** mit Wettkämpfen rund um den Apfel, Vorstellung alter Handwerkstechniken wie Korbflechten und Spinnen.

Ende, Nindorf: **Halloween-Familienfest** im Wildpark Lüneburger Heide.

Schneverdingen: **Herbstmarkt.**

Dezember: 3. oder 4. Adventswochenende, Soderdorf: **Winterzauber** auf Gut Thansen mit Schmiedevorführungen, Kinderkarussell und Schneehügel.

Wochenende 2. Advent, Schneverdingen: **Snevern Weihnachtsmarkt** rund um die Peter-und-Paul-Kirche.

UELZEN & WENDLAND

NORDHEIDE

LÜNEBURG & UMZU

NATURPARK LÜNEBURGER HEIDE

UELZEN & WENDLAND ◄

ZWISCHEN SOLTAU & SCHWARMSTEDT

NATURPARK SÜDHEIDE

CELLE & UMGEBUNG

BLICK NACH SÜDEN

ORTE, INFO & VERKEHR

FERIENADRESSEN & KARTEN

Westlich von Uelzen liegt die Lüneburger Heide, östlich das Wendland. Für Ausflüge in beide Regionen liegt Uelzen also ideal. Doch auch die Stadt selbst lohnt den Besuch. Fachwerkbauten, Gebäude im Stil der Backsteingotik und der berühmte Hundertwasser-Bahnhof geben Uelzen ein hübsches Aussehen.

An der **Ilmenau** lässt sich spazieren gehen und Rad fahren. Die beiden nahen Kurorte **Bad Bevensen** und **Bad Bodenteich** haben ebenfalls so manches familienfreundliche Angebot. Bis zur *Elbtalaue* zieht sich das Wendland hin. Es ist sehr ländlich geprägt und wenig besiedelt. Typisch für die Region sind die *Rundlingsdörfer*.

Frei- & Hallenbäder

Waldbad Bad Bodenteich

Am Waldbad 1, 29389 Bad Bodenteich. ✆ 05824/3642, www.waldbad-bodenteich.de. **Bahn/Bus:** RB, Fußweg über Lindenstraße 750 m. **Auto:** Über Schützenstraße oder Waldweg. **Rad:** Ilmenauradweg. **Zeiten:** Mai – Aug Mo – Fr 10 – 20, Sa, So 10 – 19 Uhr. **Preise:** 3 €; Kinder 3 – 15 Jahre 2 €; Mo – Fr ab 19 Uhr 1,50 €.

▶ Gleich zwei Rutschen sorgen im Waldbad von Bad Bodenteich für flotte Manöver gen Wasser. Auf der Breitwellenrutsche währt das Vergnügen über 15 m, auf der Großrutsche über 36 m. Ins große Schwimmbecken könnt ihr auch vom 3-m-Brett springen. An Land könnt ihr Beachvolleyball, Tischtennis, Großschach oder Fußball spielen. Zwei verbundene Kinderbecken und ein weiteres Planschbecken bieten den Jüngsten unter euch Badespaß, dazu gibt es zwei kleine Rutschen. Ganz in der Nähe findet ihr eine Matschecke und mehrere Spielgeräte.

BadUe – Badeland Uelzen

Veerßer Straße 77, 29525 Uelzen. ✆ 0581/960-311, www.stadtwerke-uelzen.de. **Bahn/Bus:** Bus 4, 1958,

🐛 ADFC-Regionalkarte Elbe Wendland mit Tagestouren-Vorschlägen, GPS-Tracks, 1:75.000. Bielefelder Verlag, 7,95 €.

TIPPS FÜR WASSER-RATTEN

Langsam, aber sicher geht es voran: Im TreeTrek klettert ihr in Baumhöhe

© HeideRegion Uelzen e.V.

1976 ab Rathaus. **Auto:** An der B71 Ortsdurchfahrt. **Rad:** Ilmenauradweg. **Zeiten:** Freibad Mai – Sep Mo – Fr 6.15 – 20, Sa, So 8.15 – 18.30 Uhr, Hallenbad Sep – Mai Mo 15 – 20, Di – Do 6.15 – 9.45 und 14.30 – 20, Fr 6.15 – 9.45 und 15 – 20, Sa 8.15 – 18, So 8.15 – 16.30 Uhr. **Preise:** 5 €, Mo – Fr ab 19 Uhr 4 €; Kinder bis 17 Jahre 2,50 €, Mo – Fr ab 19 Uhr 1,50 €; Familien (3 Pers) 10 €.

Kurse im BadUe: Babyschwimmen 60 €, Schwimmkurs für Kinder 75 €.

▶ Uelzens Badeland BadUe kombiniert ein Hallenbad mit einem Freibad. So ist ganzjähriger Badespaß garantiert. **Drinnen** habt ihr im 50 m langen Schwimmbecken viel Platz zum Kraulen oder Brustschwimmen. Vom Sprungbrett geht es aus 1 oder 3 m Höhe ins nasse Element. Ein Segelboot ist im Planschbecken der Renner, bei den Nichtschwimmern gibt es dafür einen Wasserpilz. Im Außenbecken geht es auch im Winter an die frische Luft. Im Mai öffnet dann das **Freibad** seine Tore. Eine 40 m lange Rutsche führt ins Nichtschwimmerbecken, das zusätzlich mit Wasserfall und Wasserzelt aufwartet. Wer sich fit halten will, findet auch hier ein 50-m-Becken vor, zu dem ein Sprungbereich gehört. Wem es in der Badepause auf der Liegewiese zu langweilig wird, der spielt Tischtennis, Beachvolleyball, Fußball, Schach oder Boccia.

Freibad Rosenbad

Eckermannstraße 6, 29549 Bad Bevensen. ✆05821/2950, www.bevensen-ebstorf.de. **Bahn/Bus:** 800 m ab Bhf über Bahnhofstraße, rechts Lüneburger Straße, links Im Hagen. **Auto:** Glockeneichenstraße, Im Ilmenautal. **Rad:** Ilmenauradweg. **Zeiten:** Mai – Anfang Sep Mo 13 – 20, Di – Fr 10 – 20, Sa, So 10 – 19 Uhr. **Preise:** 3 €; Kinder 2 – 17 Jahre 1,50 €.

▶ Auf die 50 m lange Wasserrutsche muss man euch im Rosenbad bestimmt nicht lange bitten, oder? Zur Abwechslung könnt ihr dann aber auch vom 3-m-Brett springen oder auf einer der 50-m-Bahnen eure Geschwindigkeit messen. Sprudelnd und

spritzend erlebt ihr das nasse Element an Bodensprudler, Schwallbrause und Wasserfall. Bei Riesenschach oder Bodenmühle haltet ihr euer Köpfchen
fit, eure Muskeln stärkt ihr mit Beachvolleyball, Tischtennis und Fußball. Neben dem Planschbecken findet ihr tolle Spielmöglichkeiten, wie etwa ein Kletter-
schiff.

Waldbad Bienenbüttel

Badweg 1, 29553 Bienenbüttel. ✆05823/7892,
www.bienenbuettel.de. **Bahn/Bus:** metronom von Lüneburg. **Auto:** B4 von Lüneburg oder Uelzen. **Rad:** Ilmenauradweg. **Zeiten:** Mo 13 – 20, Di – Sa 6.30 – 20, So
7.30 – 20 Uhr. **Preise:** 4 €, ab 18 Uhr 3 €; Kinder 2 –
16 Jahre 2 €, ab 18 Uhr 1 €.

▶ Viel Platz zum Schwimmen, Planschen und Tauchen habt ihr im Waldbad Bienenbüttel. Es gibt eine
40 m lange Wasserrutsche, einen Sprungbereich und
einen Wasserfall. Am Kinderbecken findet ihr eine
kleine Rutsche und Miniwasserfälle. Immer wieder
gerne geht es auf den Matschspielplatz, auf den Kletterturm oder das Karussell. Ihr könnt auch Tischtennis, Beachvolleyball und Fußball spielen.

Sommerbad Wieren

Ernst-Rust-Straße 13, 29559 Wrestedt-Wieren.
✆05825/831106, www.sommerbad-wieren.de. **Bahn/
Bus:** RB, RE ab Uelzen oder Bad Bodenteich. **Auto:**
L270, von Uelzen hinter den Gleisen rechts. **Zeiten:**
Mitte Mai – Anfang Sep Mo, Di, Do, Fr 7 – 20, Mi 10 –
20, Sa, So 10 – 19 Uhr. **Preise:** 3 €, bis 10 und ab 18
Uhr 2 €; Kinder ab 3 Jahre 2 €, bis 10 und ab 18 Uhr
1 €.

▶ Ein 50-m-Becken mit Nichtschwimmerbereich,
Sprunggrube und Wasserrutsche gehören zum Sommerbad Wieren. Am Planschbecken gibt es eine kleine Rutsche und Fontänen. Eine Matschecke, ein großer Sandspielbereich und Klettergeräte sorgen für
Spielspaß zwischendurch. Größere Kinder zieht es zu

Hunger & Durst
KiWi Kiosk Wieren,
Ernst-Rust-Straße 13,
Wieren. 0178/
5421240. Geöffnet wie
Freibad. Snacks, Süßes,
Eis.

den Tischtennisplatten, aufs Beachvolleyballfeld, zu Basketball und Boule.

Matschspiele im Naturbad Wriedel

Heinrichstraße, 29565 Wriedel. ✆05829/9885987, www.naturbad-wriedel.de. **Bahn/Bus:** Bus 1974 von Ebstorf. **Auto:** B71, zwischen Oerrel und Eimke Abfahrt nach Wriedel, im Ort rechts; von Amelinghausen im Ort links, 1. rechts. **Zeiten:** Mai – Sep Mo – Fr 14 – 20, Sa, So, Ferien täglich 11 – 20 Uhr. **Preise:** 2,50 €; Kinder 3 – 17 Jahre 1,50 €.

▶ Das ehemalige Freibad von Wriedel wurde 2005 zu einem Naturbad umgebaut. So schwimmt ihr hier in naturbelassenem Wasser, das biologisch gereinigt wird. In den Nichtschwimmerbereich mit Sandstrand führen eine Rutsche und eine Breitwellenrutsche. Neben dem Planschbecken findet ihr einen tollen Wasser-Matsch-Spielbereich. Außerdem gibt es ein Beachvolleyballfeld.

Die vier haben Spaß: Im Naturbad Wriedel
© Naturbad Wriedel e.V.

Freibad Rosche

Schulstraße 19, 29571 Rosche. ✆05803/340, www.samtgemeinde-rosche.de. **Bahn/Bus:** Bus 1949. **Auto:** B493 von Uelzen oder Lüchow, Bodenteicher Straße. **Zeiten:** Mai – Sep täglich 9 – 19.30 Uhr, Do ab 17 Uhr eingeschränkter Badebetrieb (DLRG-Training). **Preise:** 2,50 €; Kinder 4 – 17 Jahre 1,50 €.

▶ Klein, aber fein ist das Freibad in Rosche. Im Schwimmbecken könnt ihr auf einer Länge von 25 m eure Bahnen ziehen. Es ist über einen kleinen Kanal direkt mit dem Nichtschwimmerbecken verbunden. Das ist auch über eine Rutsche zu erreichen. Im Planschbecken sammeln die Minis erste Erfahrungen mit dem nassen Element. Lust auf ein Match? Beachvolleyball, Tischtennis und Kicker stehen zur Auswahl.

WaldeMar: Sprungbrett mit Bubbler

Hans-Rasch-Weg 1, 29574 Ebstorf. ✆ 05822/947529, www.bevensen-ebstorf.de. **Bahn/Bus:** Bus 1959 ab Bad Bevensen bis Weinbergstraße, Fußweg 1 km. **Auto:** B4, über Barum nach Ebstorf, Allmelingstraße, Bahnhof-straße, Lüneburger Straße, am Ortsausgang links.
Zeiten: Freibad Mitte/Ende Mai – Mitte Sep Mo 13 – 20, Di – Fr 10 – 20, Sa, So 10 – 19 Uhr, Hallenbad Mit-te Sep – Mai Di – Fr 10 – 20.30, Sa, So 9 – 17 Uhr.
Preise: 3 €; Kinder 2 – 17 Jahre 1,50 €.

▶ Den schönen Namen WaldeMar trägt das Hallen- und Freibad in Ebstorf. **Draußen** erwartet euch nicht nur ein 50 m langes Schwimmbecken, sondern auch eine ganz besondere Attraktion: der Bubbler. Wenn ihr vom 3-m-Brett springt, trägt er euch zurück zur Wasseroberfläche. Planschbecken, Spielbach und Matschbecken sorgen ebenso für Vergnügen wie ei-ne kleine Rutsche und das Beachvolleyballfeld. Das ganze Jahr über kann zudem die 73 m lange Riesen-rutsche rasant hinabgekurvt werden. **Drinnen** gibt es ein 25-m-Becken, einen Whirlpool mit Sternenhim-mel, einen Wasserpavillon und natürlich ein Planschbecken.

Das WaldeMar Ebstorf wird mit Bioenergie beheizt. Da-durch entstehen für die Herstellung der Wärme fast keine CO_2-Emissio-nen mehr. Top!

Auf Seen & Flüssen

Hardausee Hösseringen

Hellbergsweg, 29556 Suderburg. ✆ 05826/1616 (Tou-rist-Info), www.suderburg.de. **Bahn/Bus:** Bus 1976.
Auto: B4, Suderburg, Hösseringer Straße, Helddamm, am Ende rechts. **Preise:** Eintritt frei.

▶ Baden, buddeln, Boot fahren – alles ist möglich am schönen Hardausee. Am Sandstrand findet ihr ei-ne Archimedesschraube zum Experimentieren mit

Hunger & Durst

Kiosk am Hardausee,
✆ 05826/950480. April und Okt täglich 13 – 17, Mai – Sep 11 – 18 Uhr. Snacks, Süßes, Geträn-ke, Tretbootverleih.

Wasser, nah bei liegt auch der Spielplatz. Hier könnt ihr euch durch ein Rohrtelefon unterhalten, schaukeln und Karussell fahren. Es gibt auch ein Beachvolleyballfeld. Auf einer Strecke von 2 km könnt ihr den Hardausee spazierend umrunden. Frosch Hardy lädt euch an drei Tafeln zum Spielen ein! Entstanden ist der Stausee übrigens 1971 rein zur Erholung. Mit etwas Glück beobachtet ihr Kormorane oder einen Eisvogel.

Paddeln auf der Ilmenau

Kanu aktiv, Heidweg 16, 29553 Bienenbüttel. ☎05823/955339, www.kanuaktiv.de. Kanustation Bad Bevensen: am Minigolfplatz im Kurpark, Kanuanleger Bad Bevensen-Medingen: Mühlenstraße, Kanuanleger Bienenbüttel: Niendorfer Straße 1. **Zeiten:** März – Okt nach Voranmeldung. **Preise:** pro Tag und Person Kanadier 17 €; Kinder bis 14 Jahre Kanadier 12 €; 2er Kajak pro Person 17 €, 1er Kajak 22 €, 4er Familien-Kanadier 46 €, So für 2 Erw und 1 – 2 Kinder 40 €, geführte Tour 25 €, Paddel & Pedal 29 €.

▶ In **Bienenbüttel** und am ↗ Minigolfplatz in **Bad Bevensen** könnt ihr mit den Booten von *Tanja Stahl* und *Oliver Homann* losschippern. Zu anderen Anlegern werden die Boote transportiert. An der Kanustation in Bienenbüttel gibt es ein Kanu-Safe, in dem Kanuwanderer ihre Boote über Nacht sicher verwahren können. Mögliche Strecken sind zum Beispiel von Bienenbüttel nach Deutsch Evern (11 km) oder weiter bis zur Roten Schleuse in Lüneburg (15,5 km). Ihr könnt auch von Uelzen bis Bad Bevensen fahren und dort noch eine Partie Minigolf spielen. Wer nicht allein paddeln will, nimmt an einer geführten Kanuwanderung teil, zum Beispiel von Bienenbüttel bis Lüneburg. Im Angebot sind außerdem **Paddel-und-Pedal Touren:** Eine Strecke wird geradelt, der Rückweg wird gepaddelt – oder umgekehrt.

Erholsam: Paddeln auf der ruhigen Ilmenau
© HeideRegion Uelzen e.V.

 **Fahrradverleih Heiderad,** Heidweg 16, Bienenbüttel. ☎05823/955879. www.heiderad.de. April – Okt. Verleih am Minigolfplatz Bad Bevensen und in der Markthalle Bienenbüttel, auch Lieferservice. 10 €/Tag, 50 €/Woche.

Radeln

Zeitspuren – eine Radtour von Bad Bodenteich nach Wieren

29389 Bad Bodenteich. **Länge:** 15 km, Start: Burg Bodenteich, Strecke: Bodenteich – Elbe-Seitenkanal – Wieren – Kuckstorf – Häcklingen – Bodenteich. **Bahn/Bus:** ↗ Burgmuseum Bodenteich.

▶ Start dieser Radtour ist die **Burg Bodenteich.** Von hier fahrt ihr über die Aue auf die Schützenstraße und biegt dann links auf die Straße am ↗ **Waldbad** ab. Im Sommer könnt ihr euch im Freibad erfrischen. Ihr folgt von hier dem **Elbe-Seitenkanal.** Der verbindet seit 1976 die Elbe mit dem Mittellandkanal. Auf der anderen Seite des Kanals liegen die kleinen Flächen der Bodenteicher Heide und die Wierener

© Kurverwaltung Bad Bodenteich, Nowotny

Berge. Zweimal fahrt ihr unter einer Straße hindurch, bis euer Weg schließlich rechts nach **Wieren** führt. Die erste Straße nach rechts ist der Kuckstorfer Weg, dort beginnt eure Rückreise. Doch schaut zuvor einmal in den Ort hinein. Wieren besitzt ein ↗ Sommerbad, das ihr findet, wenn ihr der Hauptstraße nach links folgt und vor den Gleisen links abbiegt. Einkehren könnt ihr im **Gasthaus Alt Wieren.**
Zurück geht es dann über den schon erblickten Kuckstorfer Weg, in **Kuckstorf** weiter Richtung Bad Bodenteich, das ihr über **Häcklingen** erreicht. Lange Straße und Häcklinger Straße bringen euch wieder zur Schützenstraße und zur **Burg Bodenteich** zurück.

Schöner Picknickplatz: Burg Bad Bodenteich
© Kurverwaltung Bad Bodenteich, Nowotny

Hunger & Durst

Landgasthaus Alt Wieren, Hauptstraße 55, ✆ 05825/1206. www.altwieren.de. Di 17 – 24, Mi, Do 11.30 – 14 und 17 – 24, Fr, Sa 11.30 – 2, So 10 – 14 und 17 – 24 Uhr. Biergarten, Kinderkarte.

Radtour zum Oldenstädter See

29525 Uelzen. **Länge:** 10 km, Start: Bahnhof Uelzen. **Bahn/Bus:** ↗ Uelzen. **Auto:** Luisenstraße, Bahnhofstraße. **Rad:** Ilmenauradweg.

*Der **Oldenstädter See** entstand beim Bau des Elbe-Seitenkanals in den 1970er Jahren und wurde beim Bau der Ortsumgehung Uelzen noch einmal vergrößert.*

▶ Der **Oldenstädter See,** liebevoll auch *O-See* genannt, ist zu jeder Jahreszeit ein schönes Ausflugsziel. An warmen Sommertagen könnt ihr in ihm baden, es gibt einen Sandstrand und ein Kiosk bietet Eis und Snacks an. Rundum kann man wandern und im Winter lasst ihr euch vom Rodelberg hinabsausen. Diese Radtour bringt euch vom **Bahnhof in Uelzen** zum See. Fahrt dafür Richtung Innenstadt und biegt links auf die St-Viti-Straße, dann rechts in die Hoefftstraße. Überquert die Lüneburger Straße und fahrt weiter in die Heiligen-Geist-Straße, dann rechts auf den **Schnellenmarkt** und am Kreisel links. Die Brückenstraße bringt euch über die Ilmenau. An der Ripdorfer Straße geht es kurz nach links und gleich wieder rechts. Über die Lindenstraße geht es nun immer geradeaus, bis ihr die *Wipperau* überquert. Der Bach fließt rechts von euch weiter und ihr unterquert zunächst die B4, dann den **Elbe-Seitenkanal.** Direkt nach der Unterführung gibt es einen **Spielplatz**!

Nach einer verdienten Rast radelt ihr auf dem Meyerholzweg weiter und biegt dann links auf die Klosterstraße ein. Rechts geht es auf der Molzener Straße weiter, am Ende geradeaus und rechts um den See herum. Ihr seht hier das **Rauchhaus,** ein für diese Region typisches Bauernhaus, das an dieser Stelle 1986 wieder errichtet wurde.

Den **Rückweg** tretet ihr auf der Straße Zum See an, aber nicht nach Oldenstadt zurück, sondern über den Elbe-Seitenkanal hinweg. Am Ende geht es links auf Neu-Ripdorf zu und wieder unter der B4 hindurch. Die Birkenallee überquert ihr und folgt dann dem Weg links der Ilmenau, bis ein Weg rechts über den Fluss führt. Die Schillerstraße bringt euch zurück zur Bahnhofstraße. Wer Appetit auf Eis hat, radelt noch zur Veerßer Straße!

Hunger & Durst

Eiscafé Dolomiti, Veerßer Straße 29, Uelzen. ✆0581/78525. www.dolomiti-uelzen.de. April – Okt täglich 9 – 22.30 Uhr, Nov – März 9 – 19 Uhr. Im Sommer hat auch die Eis-Bar in der Bahnhofstraße 29 geöffnet.

Wandern & spazieren

Durch die Ellerndorfer Wacholderheide

29578 Eimke-Ellerndorf. **Länge:** Rundweg um die Heide 4,5 km, abkürzbar durch Querwege. **Auto:** B71 von Uelzen Richtung Soltau, in Eimke rechts nach Ellerndorf, weiter Richtung Brockhöfe, Parkplatz links.

▶ Die größte Heidefläche im Landkreis Uelzen ist die Ellerndorfer Wacholderheide. Hier wachsen besonders viele Wacholder, manche sind schon 100 Jahre alt. Zur Heideblüte im August und September ist hier der Schäfer unterwegs. Der Schafstall befindet sich gleich beim Parkplatz.

In der Klein Bünstorfer Heide

Klein Hesebecker Straße, 29549 Bad Bevensen. www.bad-bevensen-tourismus.de. **Länge:** Rundweg ca. 1,5 km. **Auto:** Röbbeler Straße, Klein Hesebecker Straße stadtauswärts, Schild rechts folgen, am besten bis zum Ende fahren (2. Parkplatz), Fußweg durch ein kleines Waldstück.

▶ Südlich von Bad Bevensen liegt zwischen Ilmenau und Elbe-Seitenkanal eine kleine, aber besonders hübsche Heidefläche. Hier und im angrenzenden Wald verbergen sich 59 **Hügelgräber.** Damit ist die-

Einige Beeren sind schon reif, die grünen brauchen noch: Wacholder
© pmv, Kirsten Wagner

UELZEN & WENDLAND

WACHOLDER

Wer in der Lüneburger Heide unterwegs ist, dem begegnen immer wieder Wacholderbüsche und -bäume. Bei ihnen handelt es sich um den Gemeinen Wacholder, der nur eine der mehr als 50 Arten ist, in denen Wacholder vorkommt. Auf Plattdeutsch heißt er Machandel. Wacholder ist immergrün und besitzt spitze Nadeln, die von Schafen nicht gefressen werden. Er trägt Beeren, die zunächst grün sind und dann blau werden. Sie brauchen zwei Jahre, bis sie reif sind, und so findet man immer grüne und blaue Beeren an einem Strauch. Sie werden als Gewürz verwendet, zum Beispiel im Sauerkraut.

ser Platz eines der großen Bestattungsfelder der Jungsteinzeit in der Lüneburger Heide. Die Fläche ist übersichtlich und ihr könnt euren Weg frei wählen. **Mein Tipp:** Wenn ihr aus dem Wald tretet, geht über den Querweg zum Lönsstein in der Mitte und dann weiter zu dem **Hausmodell.** Es zeigt im Maßstab 1:5 das Gerüst eines Hauses aus der Bronzezeit, dessen Fundamente man hier in der Nähe gefunden hat. Zurück wählt einen der Wege außen entlang.

Rund um den Aussichtsturm Hösseringen

Lerchenberg, 29556 Suderburg-Hösseringen. **Länge:** 4 Rundwege 3,1 – 8,4 km. **Bahn/Bus:** Bus 1976 bis Hösseringen, Fußweg über Hinter den Höfen, Meyerstraße. **Auto:** B4, in Hösseringen Räber Weg, braunem Schild folgen oder durch den Ort über Hohlweg, Lehmkamp, am Ende rechts, Parkplatz am Aussichtsturm. **Zeiten:** Turm täglich Mai – Sep 9 – 18, Okt – April 9 – 16 Uhr. **Infos:** Download der Wanderwege unter www.suderburg.de unter Tourismus, Wandern & Radeln.

▶ Vier Rundwege beginnen am Aussichtsturm bei Hösseringen. Je nach Ausdauer und Vorlieben könnt ihr einen davon auswählen. Aber zuerst geht es hoch auf den Turm! Der ist 32 m hoch und bietet von seiner Plattform herrliche Ausblicke.

Die Rundwege sind farblich gekennzeichnet. Der **Rote Weg** ist 3,1 km lang und bringt euch nach Hösseringen hinein. In der *Alten Schule* lädt ein Café zur Pause ein, ein Abstecher kann euch zum Mühlenteich bringen. Dort gibt es eine Wassertretstelle. Folgt ihr hingegen dem 5,3 km langen **Gelben Weg,** führt der euch zum ⤢ *Hardausee* mit Badestrand und Spielplatz. Der **Blaue Weg** misst 6,8 km und ist fast identisch mit dem Gelben Weg, schlägt aber noch einen nördlichen Bogen bis *Räber.* Wenn ihr euch 8,4 km zutraut, könnt ihr den **Grünen Weg** wählen. Er führt wie der Rote Weg nach Hösseringen hinein. Die Straße Im Spring bringt euch an die Hardau und schließlich zum ⤢ *Museumsdorf Hösseringen.* Ab hier

🦋 Am Haus des Gastes (Räber Weg 4) findet ihr einen Spielplatz mit Klettergerüst, Rutsche, Sandkiste und Nestschaukel.

Hunger & Durst
Dorfcafé Alte Schule, Hinter den Höfen 7, Hösseringen. ☎05826/ 8343. www.dorfcafe-hoesseringen.de. Täglich 7.30 – 18 Uhr. Kaffeegarten mit Sandkiste, Spielecke im Café, Schultafel im Tante-Emma-Laden.

verläuft der Weg ein Stück weit parallel zum ↗ *Waldgeschichtspfad Schooten*. Durch das Quellgebiet der Hardau und schließlich am Waldrand geht es wieder zurück nach Hösseringen.

Naturerlebnisweg in der Esterauniederung

29559 Wrestedt-Könau. www.nabu-uelzen.de. **Länge:** 4 km. **Auto:** L270 von Uelzen bis Wieren, links Richtung Soltendieck, Drohe, Parkplatz kurz vor Könau rechts, Start gegenüber. **Infos:** Den Flyer zum Rundweg Esterauniederung gibt es zum Download unter www.nabu-uelzen.de unter dem Stichwort Projekte.

▶ Wollt ihr wissen, wie Dexterrinder und Dülmener Pferde aussehen? Diese alten Nutztierrassen beweiden die Esterauniederung. Ein Rundweg mit einem Beobachtungsturm gibt euch die Gelegenheit nicht nur sie, sondern auch die Wiesenvögel ganz in Ruhe zu betrachten. Zwölf Tafeln informieren euch außerdem über das Projekt dieses »Erlebnisraums«. Der Weg führt euch bis Kroetzmühle, wo ihr die Esterau überquert und nun auf der anderen Seite den Rückweg antretet.

Parks, Gärten & Kutschfahrten

Spiel und Spaß im Seepark

Kurpark Bad Bodenteich, Gartenstraße 25, 29389 Bad Bodenteich. ☎05824/3539, www.samtgemeinde-aue.de. **Bahn/Bus:** ↗ Bad Bodenteich. **Auto:** Parkplätze Gartenstraße oder Hauptstraße. **Rad:** Ilmenauradweg.

▶ Ein **Teicherlebnispfad** für **Kanu- und Tretbootfahrer** ist eine der Attraktionen im Seepark. Schwimmende Infotafeln erklären euch vom Boot aus, welche Tiere im und am Wasser leben und geben zudem Paddeltipps. An Unterwasserguckkästen könnt ihr direkt in den Teich schauen! Der Kurpark am See hat aber noch mehr zu bieten: An den **Seeparkterrassen**

Die Kindergruppe des NABU Uelzen trifft sich einmal im Monat am Freitagnachmittag. Infos unter ☎0176/96918757 und www.waldwaerts.de.

Seeparkterrassen, Gartenstraße 25, Bad Bodenteich. 0160/2402341. April – Mitte Okt 10 – 20 Uhr. Tretboot oder Kanu 7,50 €/Std, Minigolf 2 €, Kinder 1,50 €, Boule 2,50 €, Crossgolf 3 €, Mehrpersonenfahrrad 5 €/Std.

**Nah ans Wasser gebaut:
Mit dem Boot durch den
Seepark**
© Kurverwaltung Bad Bodenteich,
Nowotny

könnt ihr **Minigolf** spielen und am Mehrgenerationenspielplatz auch mit Oma oder Opa zusammen eure Muskeln stärken. Der Kiosk verleiht Boulekugeln und Schläger für Crossgolf, das auf den Wiesen neben dem zweiten und dritten See gespielt wird. Sportlich geht es auch an den **HotSpots** zu. Das sind ein Sprungtrainer, ein Stelzenweg, eine Seilstrecke sowie Rücken- und Beintrainer. Insgesamt gibt es im Kurpark drei Seen, die von der Aue durchflossen werden. Zwei Rundwege führen um sie herum (2,9 oder 1,8 km).

Minigolf und Tretboot in Bad Bevensen

Eckermannstraße, 29549 Bad Bevensen. ☏ 05821/41720, 05823/955339 (Winter). Handy 0179/2178999. www.minigolf-bad-bevensen.de. **Auto:** Parkplatz am Rosenbad. **Zeiten:** April – Okt täglich 10 – 18 Uhr. **Preise:** Minigolf 3,50 €; Kinder 4 – 14 Jahre 2,50 €; Familie 9,50 €, Tretboot oder Kanadier 4 Pers 1 Std 12 €, 2 Std 22 €, Fahrrad Tag 10 €, Tandem 22 €.

▶ Direkt an der Ilmenau liegt der **Kurpark** von Bad Bevensen. 18 Bahnen laden am **Minigolfplatz** dazu ein, die kleine Kugel ins Loch zu befördern. Nach der Partie könnt ihr **Tretboot** fahren oder ein Kanu ausleihen. Nicht weit von hier gibt es einen Boule-Platz. Die Spielkugeln verleiht ebenfalls der Minigolfplatz.

Garten der Sinne und Sonnenuhr

Kurpark Bad Bevensen, Demminer Allee, 29549 Bad Bevensen. ☏ 05821/570, www.bad-bevensen-tourismus.de. **Bahn/Bus:** ↗ Bad Bevensen, Bus 1942 bis Dahlenburger Straße. **Auto:** Parkplätze Demminer Allee (1 Std 0,50 €, Tag 3 €).

▶ Der Kurpark von Bad Bevensen besitzt neben ↗**Minigolfplatz, Tretbootverleih** und ↗**Rosenbad** auch einen **Garten der Sinne.** Ihr findet ihn im nördlichen Teil des Parks. Mehrere Stationen laden zum Ausprobieren ein. Was passiert, wenn ihr die Rotationsscheibe in Bewegung versetzt? Wie seht ihr euch selbst im Spiegelkaleidoskop? Findet ihr im Summstein euren eigenen Ton? Es gibt auch eine Klangsäule, eine Wirbelspirale und Duftpflanzen zum Schnuppern. Scheint gerade die Sonne? Dann besucht doch den Sonnenuhrgarten. Dort steht eine der größten Sonnenuhren Europas. Ihr Schattenmast ist fast 16 m lang. Nicht weit von hier befindet sich Richtung Ilmenaubrücke der Neptunbrunnen. Ein paar Meter weiter geht es in die Fußgängerzone mit vielen Cafés und Restaurants, z.B. das **Café Schöne Zeiten.**

Hunger & Durst
Café Schöne Zeiten, Brückenstraße 22, Bad Bevensen. ✆05821/ 41041. www.cafe-schoene-zeiten.de. Täglich 10 – 18 Uhr. Terrasse an der Ilmenau.

Mit der Kutsche durch Bad Bevensen

Kutsch- und Planwagenfahrten Bad Bevensen, Rainer Bahlo, Dahlenburger Straße 15, 29549 Bad Bevensen. ✆05821/98980, 570. www.kutschfahrten-bevensen.de. Abfahrt Alter Wiesenweg am Wendehammer Höhe Parkhotel, Durchgang vom Kurzentrum. **Bahn/ Bus:** ↗Bad Bevensen, Dahlenburger Straße, dort parken und Fußweg durch Kurpark. **Zeiten:** April – Okt Mi, Fr, Sa 15 Uhr, So 11 und 14.30 Uhr. **Preise:** 14 € pro Person, So 11 Uhr 14,50 €; Kinder bis 12 Jahre 7 €.

▶ An mehreren Tagen in der Woche starten die Kutschen von *Rainer Bahlo* hinter dem Kurzentrum von Bad Bevensen. Mittwochs und sonntags geht es am Nachmittag in die *Klein Bünstorfer Heide,* freitags in die Umgebung von Bad Bevensen, samstags durch Innenstadt und Ilmenautal nach Medingen. An Kloster, Wassermühle und dem Hochseilgarten TreeTrek vorbei fahrt ihr zurück. Sonntagvormittags ist eine Einkehr ins **Landgasthaus Grote** vorgesehen. Darüber hinaus lassen sich natürlich auch Fahrten nach eigenen Wünschen buchen, zum Beispiel zum Kindergeburtstag.

Hunger & Durst
Grote Gasthaus, Klein Hesebeck 7, 05821/ 7577. Di – So, reichhaltiger Mittagstisch und Abendkarte.

Spielen & Schlittschuh laufen

Swingolf auf dem Mayerhof

Niendorf 1, 29591 Römstedt. ℡05807/207, Handy 0151/58862826. www.mayerhof-niendorf.de. Nordöstlich von Bad Bevensen. **Auto:** Von Bad Bevensen über Römstedt oder Altenmedingen nach Niendorf. **Zeiten:** April – Okt Mi – Sa ab 13, So ab 12 Uhr. **Preise:** 9 €; Kinder bis 16 Jahre 6 €; Familien (2 Erw, 2 Kinder) 20 €, jedes weitere Kind 3 €, Ballpfand 1 €.

▶ Einfach Drauflosspielen: Wie beim herkömmlichen Golf muss der Ball ins Loch gespielt werden, das durch eine Fahne gekennzeichnet ist. Doch für **Swingolf** braucht man keine kostspielige Ausrüstung. Schläger und Bälle leiht man einfach aus. Gespielt wird auch nicht auf gepflegten Greens, sondern auf Feldern und Wiesen. 18 Bahnen in zwei Parcours hat der Platz am Mayerhof in Niendorf. Wem nach 2 Stunden die Puste ausgeht, der hört einfach bei Bahn 9 auf. Neulinge erhalten am Start eine Einweisung in die Schlagtechnik. Wer das Ziel erreicht hat, gönnt sich gerne noch ein Stück hausgebackenen Kuchen im **Hofcafé.**

Beim **Swingolf** gelten die Regeln wie beim Golf: Wessen Ball am weitesten weg liegt, darf als nächstes wieder schlagen. Gewinner ist, wer die wenigsten Schläge benötigt. Kinder ab 9 Jahre können Swingolf spielen.

Nochmal! Spaß an der Seilbahn im TreeTrek
© HeideRegion Uelzen e.V.

TreeTrek Bad Bevensen

Alter Mühlenweg 1b, 29549 Bad Bevensen. ℡05821/99263-10, www.treetrek.de. **Auto:** Dahlenburger Straße Richtung Secklendorf, beim Ringhotel Fährhaus links. **Rad:** Ilmenauradweg. **Zeiten:** April – Okt Fr – So ab 10 Uhr, Ferien Di – So ab 10 Uhr. **Preise:** 20 €; Kinder 10 – 17 Jahre 15 €; Familien ab 4 Pers je Kletterer 2 € Nachlass.

▶ Mit einer Fläche von 64.000 qm ist der TreeTrek ein besonders großer Hochseilgarten. Die fünf Parcours sind großzügig und kreisförmig angelegt. Über Brücken, Netze, Seile und Stege sucht ihr euch euren Weg von Plattform zu Plattform. Kinder ab 1,40 m dürfen im TreeTrek klettern, müssen aber von einem Erwachsenen begleitet werden. Zurück zum Boden geht es jauchzend per Seilbahn.

Eislaufen in Uelzen: My city on ice

Stadtwerke Uelzen, Im Neuen Felde 105, 29525 Uelzen. ✆ 0581/960-0, www.mycity-on-ice.de. **Bahn/Bus:** ↗ Zentrum. **Zeiten:** Ende Nov – 2. Weihnachtstag Mo – Do 13 – 19, Fr 13 – 22, Sa 10 – 21, So 10 – 20 Uhr. **Preise:** 4 €; Kinder 3 €; Lauflernschule 4 €, Schlittschuhverleih 4 €.

▶ Auf dem Herzogenplatz mitten in Uelzen wird im Advent die Eiszeit eingeläutet. Wer sich auf den schmalen Kufen noch nicht so wohl fühlt, kann mittwochs oder donnerstags ab 15.30 Uhr die Lauflernschule besuchen.

Von Tieren und Bäumen

Wildgatter im Stadtwald Uelzen

Fichtengrund, 29525 Uelzen. www.uelzen.de. **Bahn/Bus:** Bus 2 bis Hagenskamp/Klinikum, Bus 2, 3 bis Fritz-Reuter-Straße/Zehn Eichen. **Auto:** Veerßer Straße, rechts Bohldamm, geradeaus An den Zehn Eichen, Parkplätze am Waldrand. **Rad:** Ilmenauradweg. **Zeiten:** frei zugänglich. **Infos:** Stadtforstamt Uelzen, ✆ 0581/2482, 2683 oder ↗ Touristinformation Uelzen.

▶ Wildschweine, Rot- und Damwild, Mufflons, Uhus und Fasane leben im Uelzener Stadtwald. Einige Tiere des Wildgatters lassen sich nicht nur von ebener Erde beobachten, sondern auch von einer Aussichtsplattform.

Naturum Göhrde

König-Georg-Allee 5, 29473 Göhrde. ✆ 05855/675, www.naturum-goehrde.de. **Bahn/Bus:** Bus 5304 von Lüneburg ZOB bis Göhrde, Schloss. **Auto:** B216 Dahlenburg – Dannenberg. **Zeiten:** April – Okt Do, Fr 14 –

UMWELT ERFORSCHEN

An jedem 1. Samstag im Monat könnt ihr um 13.30 Uhr an einer Waldwanderung teilnehmen.

18, Sa, So 11 – 18 Uhr, Waldlabyrinth und Naturlehrpfad ganzjährig. **Preise:** 3,50 €; Kinder 4 – 17 Jahre 2 €.

▶ Das Waldmuseum Naturum findet ihr nicht umsonst in Göhrde. Dort wächst nämlich der größte Mischwald Norddeutschlands. Die Ausstellung im ehemaligen Jagdhaus bereitet euch auf die Erkundung der Natur vor. Dioramen zeigen euch die Tiere des Waldes und an interaktiven Stationen erfahrt ihr einiges zur Geschichte des Göhrder Waldes. Draußen könnt ihr dann euren Weg durch das Waldlabyrinth suchen. Wenn ihr die Rätsel löst, findet ihr schnell wieder hinaus! Am Museum beginnt außerdem ein 5 km langer Naturlehrpfad. Auf dem Rundweg begleitet euch Luca, der Hirschkäfer. Was seht ihr, wenn ihr durch die Schaurahmen durch die Göhrder Eiche guckt?

Christas Garten: Arboretum Melzingen

Wittenwater Weg 44, 29593 Schwienau-Melzingen. ✆ 05822/2996, www.arboretum-melzingen.de. **Bahn/Bus:** Entdecker-Bus Linie 1 bis Arboretum; Bus 1973 von Uelzen bis Melzingen, Fußweg 8 Min. **Auto:** L250 Uelzen- Ebstorf, in Melzingen Barnser Straße, 2. Straße rechts. **Zeiten:** März – Okt Di – So 14 – 18 Uhr. **Preise:** 2 €; Kinder bis 14 Jahre frei.

▶ 800 Pflanzen aus aller Welt wachsen im Arboretum in Melzingen. Der große Garten ist das Werk von *Christa von Winning* (1912 – 2012). Nach dem Zweiten Weltkrieg legte sie hier zunächst einen Nutzgarten an, denn sie musste die Familie mit vier Kindern ernähren, da ihr Mann kriegsverletzt war. Als sich das Gemüse nicht mehr so gut verkaufte, verlegte sie sich auf Blumen und wurde bald bekannt für ihre schönen Sträuße und Gestecke. Der Garten vergrößerte sich immer mehr. Ab 1968 reiste Christa von Winning in die ganze Welt und brachte von überall her Samen mit. So entstand nach und nach der Sammlergarten. Hier gedeihen Götterbaum, Duftesche,

Hunger & Durst
Café im Arboretum, Wittenwater Weg 25, Schwienau-Melzingen. ✆ 05822/946168. www.cafe-im-arboretum.de. März – 1. Advent Di – So 14 – 18 Uhr.

Gold-Trompetenbaum, Flamingo-Ahorn, Gingko, Magnolie und Blaue Mädchenkiefer. Ein Rundgang ist eine Reise zu den Gehölzen Europas und Amerikas, aber auch ein bisschen eine Zeitreise in das Leben von Christa von Winning.

Lehr- & Erlebnispfade

Vierhundert-Wasser-Barfuß-Pfad

Burgstraße 2, 29389 Bad Bodenteich. ©05824/3539, www.bad-bodenteich.de. **Länge:** 400 m, Start: Burg Bodenteich. **Bahn/Bus:** ↗ Bad Bodenteich. **Auto:** Parken an der Burg. **Rad:** Ilmenauradweg. **Preise:** Eintritt frei.

▶ Ein langer Name für einen kurzen Weg – aber der hat es in sich! Der Vierhundert-Wasser-Barfuß-Pfad ist nämlich 400 m lang und führt nicht nur über unterschiedliche Bodenbeläge, sondern auch durchs Wasser. Eure Treter könnt ihr an den Schuhbaum hängen, wenn ihr sie nicht mitschleppen wollt. Insgesamt neun Stationen erzählen euch etwas über die Geschichte der Medizin. Ihr erfahrt, wie man Kranke in der Steinzeit behandelte, wer Hippokrates war und auf welche Idee Pfarrer Kneipp einst kam. Immer wieder wechselt der Untergrund und schließlich geht es an zwei Stellen sogar durchs Wasser. Im Mittelalter watete man ja auch an flachen Stellen durch den Fluss, wenn es keine Brücke gab. In den Seewiesen hilft die Schwengelpumpe beim Säubern der Füße. Der Pfad endet am **Robin-Hood-Castell,** einem mittelalterlichen Spielplatz, der aber nur bei Buchung eines betreuten Programms genutzt werden kann (Anfrage bei der Kurverwaltung). Er sieht aber auch von außen toll aus.

Kurz vor dem Robin-Hood-Castell liegt der Startpunkt eines **Naturerlebnisweges** durch die Bodenteicher Seewiesen. Die Rote Tour ist 3,5 km lang, die Gelbe 8 km. 7 Stationen und 1 Beobachtungsturm.

Da müssen alle durch: Auf dem Vierhundert-Wasser-Barfuß-Pfad durch die Aue

© Kurverwaltung Bad Bodenteich, Nowotny

Waldgeschichtspfad Schooten

Am Landtagsplatz, 29556 Suderburg-Hösseringen. **Länge:** 3,2 km, Start/Ziel: ↗ Museumsdorf Hösseringen.

▶ Auf diesem Lehrpfad zum Thema Wald begleitet euch das Wildschwein Sudl. Der Künstler *Marunde* hat es gezeichnet. An zwölf Stationen erfahrt ihr, wie die Heide entstand, wer die schwarzen Männer sind oder woher eigentlich die Findlinge kommen. Der Weg führt euch durch den *Schooten,* so nennt man dieses Waldgebiet. Er blieb als Wald erhalten, weil er als königliches Jagdrevier nicht gerodet werden durfte. Darum stehen hier noch besonders alte Buchen.

Auf dem Wassererlebnispfad von Hösseringen nach Suderburg

Am Landtagsplatz, 29556 Suderburg-Hösseringen. ✆ 05826/1616, www.suderburg.de. Länge als Rundtour: 20 km, als Zielwanderung ca. 8 km, Rückfahrt mit Entdeckerbus ab Suderburg (Juli – Sep zweistündlich bis 18:11 Uhr), Start: ↗ Museumsdorf Hösseringen, Strecke: Museumsdorf – Hösseringen – Hardausee – Suderburg – Räber – Hösseringen – Museumsdorf.

▶ Entlang der Hardau wurde ein Wassererlebnispfad angelegt, der von Hösseringen bis nach Uelzen führt und insgesamt 53 km lang ist. Das ist ziemlich lang, aber er lässt sich auch auf kürzeren Rundwegen erwandern. Überwiegend könnt ihr die Strecke auch mit dem Fahrrad zurücklegen und müsst nur an einigen Stellen schieben. Das Symbol, dem ihr folgen müsst, ist eine Welle, für den Gesamtweg ist sie rot, für die kürzeren Rundwege zweifarbig gestrichelt.

Eine schöne Teilstrecke führt vom ↗ **Museumsdorf Hösseringen** bis nach Suderburg, als Rundtour geht es über Räber zurück und am Aussichtsturm Hösseringen vorbei. Im ↗ **Hardausee** könnt ihr baden oder auf dem Spielplatz spielen. Wem die Strecke zu lang ist, der wählt den Rundwanderweg Hösseringen (WEP6) mit gleichem Startpunkt. Er ist nur 3,3 km lang und führt zum Museumsdorf zurück.

@ Download der Wegführungen unter www.suderburg.de (Gesamtstrecke WEP1, Rundtour bis Suderburg WEP4, kurzer Rundweg WEP6).

Bahnen & Betriebe

Der Hundertwasser-Bahnhof

Bahnhof 2000 Uelzen e.V., Friedensreich-Hundert-wasser-Platz 1, 29525 Uelzen. ℡ 0581/38904-89, www.hundertwasserbahnhof.de. **Bahn/Bus:** ↗ Uelzen. **Auto:** Luisenstraße, Bahnhofstraße, Parkhaus Kaiser-straße.

▶ Der Bahnhof in Uelzen rühmt sich, der schönste in Deutschland zu sein – wenn nicht gar der Welt. Urteilt selbst! Seinen Namen bekam er von dem Künstler *Friedensreich Hundertwasser* (1928 – 2000). Nach dessen Entwürfen wurde der ursprünglich 1887 erbaute Bahnhof umgebaut und im Jahr 2000 eröffnet. Fröhlich präsentiert er sich mit farbenprächtigen Mosaiken, bunten Säulen, goldenen Kugeln und abgerundeten Ecken. Wie ein Flussbett sieht der Boden in der Bahnhofshalle aus und sogar einen Märchenturm gibt es. Auf dem Dach wachsen Pflanzen. Hier befindet sich eine riesige Photovoltaikanlage, die umweltfreundlichen Strom aus Sonnenenergie erzeugt.

Die Schleuse in Esterholz

Schleuse Esterholz, 29559 Wrestedt. ℡ 05825/3539, www.samtgemeinde-aue.de. **Auto:** L270 von Uelzen, bei Esterholz rechts Ausschilderung folgen, über den Elbe-Seitenkanal, 1. Straße links. **Rad:** Ilmenauradweg. **Führungen:** April – Okt jeden 2. Sa im Monat 15 Uhr, für Gruppen auch an anderen Terminen buchbar, Infos bei der Kurverwaltung ↗ Bad Bodenteich. 2 €, für Kinder ab

Mit Schwung: Im Hundertwasser-Bahnhof sind sogar die Toiletten schön
© pmv, Kirsten Wagner

 Führungen durch den Bahnhof täglich 11 Uhr, 3,50 €.

Hunger & Durst

Lässig im Bahnhof, Friedensreich-Hundertwasser-Platz 1, Uelzen. ℡ 0581/97365521. www.laessig-im-bahnhof.de. Mo – Fr 12 – 22, Sa, So 10 – 22 Uhr. Bio-Restaurant, Brunch am Sonntag, Kinderkarte.

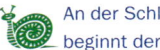 An der Schleuse beginnt der 4,5 km lange Lehrpfad »Wasser macht's möglich«. Er führt am Kanal entlang bis Wieren.

Hunger & Durst

Zur Esterholzer Schleuse, Schleuse Esterholz 1, Wrestedt. ✆05825/5169969. www.zur-esterholzer-schleuse.de. Mi – So 12 – 21 Uhr. Kinderkarte, Sommerterrasse, Spielplatz.

Das Museumsdorf liegt am **Landtagsplatz.** *Hier wurden zwischen 1532 und 1652 die Landtage des Fürstentums Lüneburg abgehalten.*

7 Jahre 1 €. **Infos:** Wasser- und Schifffahrtsamt Uelzen, Greyerstraße 12, 29525 Uelzen, ✆0581/9079-0, www.wsa-uelzen.wsv.de.

▶ 23 m Höhenunterschied überwindet die Schleuse Esterholz südlich von Uelzen. Es gibt zwei Schleusenkammern, eine von 1976, die zweite von 2006. Beide sind Sparschleusen, die neuere ist die größte der Welt. Man spart bei dieser Art Schleuse durch mehrere hintereinander gestaffelte Becken viel Wasser ein. An der Seite der Gaststätte seht ihr die Schleuse I mit seitlich terrassenförmig angeordneten Sparbecken. Schleuse II auf der gegenüberliegenden Seite besitzt zu beiden Seiten je vier übereinander liegende Sparbecken. Wenn ihr mehr erfahren wollt, könnt ihr an einer Führung teilnehmen, Treffpunkt ist die **Gaststätte Zur Esterholzer Schleuse.**
Ohne Führung könnt ihr zur **Besucherplattform** wandern. Folgt dafür den Schildern und geht rechts um die Schleuse herum, danach links die Treppe rauf.

Freilicht- & Anfassmuseen

Museumsdorf Hösseringen

Landtagsplatz 2, 29556 Suderburg-Hösseringen. ✆05826/1774, www.museumsdorf-hoesseringen.de. **Bahn/Bus:** metronom bis Suderburg, Saison: Entdeckerbus ab Uelzen. **Auto:** B191 von Eschede, links Richtung Unterlüß, rechts zum Museum oder B4 von Uelzen, über Suderburg. **Zeiten:** Mitte März – Okt Di – So 10.30 – 17.30 Uhr. **Preise:** 5 €; Kinder 6 – 17 Jahre 2 €; Familien 10 €, Kombitickets mit ↗ Otterzentrum Hankensbüttel und ↗ Wildpark Müden (je 1 € Rabatt).

▶ Eine spannende Reise in die Vergangenheit wird der Besuch im Museumsdorf bei Hösseringen. Mitten im Wald wurde ein ganzes Dorf neu errichtet. Fast 30 Gebäude hat man dafür bisher umgesetzt. Über Kopfsteinpflaster geht es zu Scheunen, Treppenspeichern, Kötnerhäusern, einer Schmiede und dem

Brümmerhof von 1644. Wie man zwischen 1600 und 1900 in der Heide lebte und arbeitete, wird nicht nur in den Ausstellungen zu Imkerei, Schafhaltung oder Landtechnik anschaulich erklärt, sondern ist auch am lebendigen Beispiel zu erleben. Da grunzen die Schweine und grasen die Heidschnucken, es wird gesponnen, geschmiedet, gebacken, gesägt und gedroschen. Auf den Feldern wachsen Buchweizen und Flachs. Besonders toll für euch: Auf dem Spielplatz könnt ihr auf Stelzen laufen, im Sand spielen, Fachwerk bauen und auf einem alten Trecker Platz nehmen.

Schmiedet, so lange das Eisen heiß ist: Schmied im Museumsdorf
© C. Kohnke-Löbert

Hinter der Ausstellung über die »Steinreiche Heide« beginnt der **Heideentdeckerpfad.** An seinen 18 Stationen erkundet ihr die Heidefläche des Museums. Jede Station besitzt eine Extra-Kindertafel, an denen euch die Tiere der Heide vorgestellt werden. Ihr erfahrt, wer der Ziegenmelker ist oder was eine Bienenkönigin macht. Ihr könnt dafür einen Audioguide an der Kasse ausleihen. Dort erhaltet ihr auch das kostenlose Zehn-wilde-Tiere-Suchspiel!

Burgmuseum Bad Bodenteich

Burgstraße 8, 29389 Bad Bodenteich. ☏05824/1350, 3539. www.museum-bodenteich.de. **Bahn/Bus:** ↗ Bad Bodenteich. **Auto:** Hauptstraße (L270) Richtung Lüder. **Zeiten:** April – Okt Sa, So 14 – 17 Uhr. **Preise:** 1 €; Kinder bis 14 Jahre frei, 14 – 18 Jahre 0,50 €.

▶ Um 1250 erbauten die *Ritter von Bodendike* eine Burg, von der heute nur noch der **Bergfried** übrig ist. Er stammt aus dem 14. bis 15. Jahrhundert und hat 3 m dicke Mauern. Von oben könnt ihr durch die glä-

Hunger & Durst

Das Haus am Landtagsplatz, Am Landtagsplatz 1, Suderburg-Hösseringen. ☏05826/7593. www.landtagsplatz.de. Di – So 10.30 – 21 Uhr, Okt – Dez Mo, Di Ruhetage, Jan, März nur Fr – So 12 – 21 Uhr, Feb geschlossen. Terrasse, regionale Spezialitäten, auch Buchweizenpfannkuchen, Kinderteller.

@ Weitere Infos unter www.samtgemeinde-aue.de und unter www.burg-bodenteich.de.

UELZEN & WENDLAND

An Burg Boden-teich beginnen eine ↗ Radtour und ein ↗ Barfußpfad.

serne Front in die Ferne schauen! Im Inneren erzählen Tafeln über Burgen und Waffen im Mittelalter. Es gibt zahlreiche Veranstaltungen und ihr könnt an Bogenbaukursen für Kinder teilnehmen. Noch mehr zu sehen gibt es im **Burgmuseum** im alten Amtshaus, z.B. ein Modell, das die Burg im Jahre 1768 zeigt, und eine komplette Schuhmacherwerkstatt.

Waldemarturm Dannenberg

Amtsberg 3, 29451 Dannenberg (Elbe). ☎05861/808117 (nur vormittags), 976767. www.waldemarturm.de. **Bahn/Bus:** Bus 5304. **Auto:** B216, B191 oder B248, im Ort über Lindenweg und Schlossgraben. **Zeiten:** April – Okt Di – So 10 – 12 und 14 – 17 Uhr. **Preise:** 2 €; Kinder 1 €.

▶ Aus dem 12. Jahrhundert stammt der Waldemarturm. Der Wehrturm ermöglicht denjenigen, die die 113 Stufen bewältigt haben, einen Blick aus seinen acht Dachluken ins grüne Umland. Seinen Namen trägt er wegen des dänischen Königs *Waldemar II.,* der hier 1224 gefangen gehalten wurde. Im Turm seht ihr mehrere Ausstellungen, in denen es um die Dannenberger Stadtgeschichte geht und auch um »100 Tage in Gummistiefeln«. Hochwasser war und ist nämlich immer wieder ein Thema an der Elbe.

Ein Rundweg führt euch 2,5 km um den nahen Thielenburger See. An der Ostseite gibt es einen Spielplatz.

Ab in die Bronzezeit!

Archäologisches Zentrum Hitzacker, Elbuferstraße 2 – 4, 29456 Hitzacker. ☎05862/6794, www.archaeo-zentrum.de. **Bahn/Bus:** ↗Hitzacker. **Zeiten:** April – Okt täglich 10 – 17 Uhr. **Preise:** 4 €, Aktionsprogramm 2,5 Std 9 €; Kinder 6 – 17 Jahre 2 €, Aktionsprogramm 2,5 Std 7 €; Familien (2 Erw, 2 Kinder) 10 €, Einbaumfahrt 1 Std 15 €, Kombitickets mit Naturum Göhrde, Rundlingsmuseum Lübeln, Altem Zollhaus Hitzacker.

Jeden 1. So im Monat findet 10 – 16 Uhr ein Alter Markt statt. Es gibt Kunsthandwerk, Kleidung, Gemüse oder Käse zu kaufen.

▶ Einmal in die Bronzezeit bitte! Vor 4000 Jahren lebten am Hitzackersee schon Menschen. Das konnte man an Fundstücken aus dieser Zeit nachweisen. Wie sie lebten, welche Werkzeuge sie benutzten, wel-

FINDLINGE

Die Landschaft der Lüneburger Heide wurde schon vor langer Zeit so geformt, wie wir sie heute sehen. In der Saale-Eiszeit vor rund 150.000 Jahren schoben sich die Gletscher von Nordeuropa bis zu einer Linie nördlich des Harzes vor. Das Eis brachte unzählige Steine in jeder Größe mit. Davon können Landwirte noch heute ein Lied singen, denn beim Pflügen und auch durch Frost kommen sie immer wieder hoch und stören beim Feldanbau. Besonders große Steine nennt man Findlinge. Die Bewohner der Lüneburger Heide haben seit der Steinzeit Verwendung für die Steine gefunden. Mit den Findlingen baute man Hügelgräber, später nutzte man sie als Trittsteine vor den Häusern, baute Mauern oder mauerte ein Fundament. Dafür konnten große Steine auch gespalten werden. Kleine Feldsteine wurden zur Pflasterung von Wegen gebraucht.

che Kleidung sie trugen und was sie aßen, könnt ihr im Archäologischen Zentrum hautnah erfahren. Drei Langhäuser, ein Grubenhaus und ein **Flechtwerklabyrinth** zur Sternenbeobachtung wurden dafür wieder aufgebaut. In der Ausstellung Zeitreise erfahrt ihr, was die Entdeckung der Bronze für die Menschen damals bedeutete. Es gibt auch eine Bogenschießbahn und einen Spielplatz. Einen zweiten Spielplatz findet ihr außerhalb des Geländes in Richtung See. Besonders viel Spaß macht es, an einem **Aktionsprogramm** oder den **Ferienaktionen** teilzunehmen. Dann könnt ihr Getreide mahlen, backen, töpfern, Einbaum auf dem See fahren oder Lehmwände bauen, ↗ Internetseite des Freilichtmuseums.

Rundlingsmuseum Wendlandhof Lübeln

Lübeln 2, 29482 Küsten-Lübeln. ☎ 05841/9629-0, www.rundlingsmuseum.de. **Bahn/Bus:** Bus 1949 ab Uelzen. **Auto:** B493 Uelzen – Lüchow, in Lübeln Parkplatz rechts, Rundling für Autos gesperrt. **Zeiten:** April – Okt täglich 10 – 18 Uhr. **Preise:** 4 €; Kinder 6 – 16 Jahre 2 €; Familien 8 €.

 Museum Altes Zollhaus, Zollstraße 2, Hitzacker. ☎ 05862/8838. www.museum-hitzacker.de. Di – So 10 – 17 Uhr. 3,50 €, Kinder ab 11 Jahre 2 €. Museum der Stadt Hitzacker mit Ausstellung GrenzenLos.

 Macht mit beim Ferienprogramm Kreativer Kindersommer! Programm und Anmeldung im Rundlingsmuseum.

▶ Runde Dörfer sind typisch für das Wendland. Aber warum eigentlich? Das erfahrt ihr im Rundlingsmuseum in Lübeln. Geschichte wird hier ganz lebendig. An 22 Erlebnisstationen in den 13 historischen Gebäuden und auf dem Museumsgelände könnt ihr Handwerkern über die Schulter schauen. Ihr seht Imker, Töpfer, Schmied oder Stellmacher. Da wird gehämmert, gesponnen, getischlert und gebacken. Es gibt viel zum Staunen: Wasser kam aus dem Ziehbrunnen, mit 2 PS war man auf dem Karren unterwegs und zur Feier des Tages trug man Tracht.

Hunger & Durst

Waldmühle, Mühlenweg 4, Suhlendorf. ✆05820/1055. www.waldmuehle-suhlendorf.de. Täglich 8 – 22 Uhr. Turmcafé, Waldterrasse, Fahrradverleih 5 €/Tag.

Handwerksmuseum Suhlendorf

Mühlenweg 15, 29562 Suhlendorf. ✆05820/370, www.handwerksmuseum-suhlendorf.de. **Bahn/Bus:** Entdeckerbus Linie 3 (Juli – Sep). **Auto:** B71 von Uelzen Richtung Salzwedel, rechts nach Suhlendorf, im Ort rechts Schulstraße, Mühlenbergstraße, links. **Zeiten:** April – Anfang Nov Di – So 10 – 17 Uhr. **Preise:** 3 €; Kinder 6 – 16 Jahre 2 €.

ULENKÖPER

Einst kam ein junger Bursche namens Peter Wulf an einem Sonntagmorgen nach Uelzen. Er trug einen Sack über der Schulter, in dem es wild zappelte. Peter ging zum Kaufmann Böning, bei dem er Tabak kaufen wollte. Der fragte sogleich, was denn da in dem Bündel drin sei. Peter antwortete: »Barftgaans«. Der Kaufmann verstand jedoch »Barkhahns« und freute sich auf einen leckeren Sonntagsbraten, als Peter ihm die vermuteten Birkhühner günstig verkaufte. Tatsächlich kamen aber drei Eulen aus dem Sack hervor, als der Kaufmann den Sack zu Hause öffnete. Der Kaufmann zeigte Peter an. Bei der Verhandlung aber sagte Peter, er habe immer nur von Barftgaans gesprochen, also »Barfußgängern«, und das seien Eulen schließlich, denn er habe noch nie Eulen mit Schuhen und Strümpfen gesehen! Seither werden die Uelzener auch spöttisch *Ulenköper* – Eulenkäufer – genannt. An der Marienkirche in Uelzen steht ein Denkmal, das den Tauschhandel zeigt.

▶ Zehn Gebäude gehören zum **Freilicht-museum**. In ihnen befinden sich die Werkstätten von Schuhmachern, Webern, Schmieden, Stellmachern und Sattlern. Schwerpunkt ist das Müllerhandwerk, denn auch die 200 Jahre alte Bockwindmühle *Auguste* steht auf dem Mühlenberg. Mehrmals im Monat erwachen die Werkstätten zum Leben und ihr seht, wie Korn gemahlen und Brot gebacken wird oder wie Möbel getischlert werden. Ihr dürft auch selbst Mehl mahlen oder Strom mit Muskelkraft erzeugen. Es gibt einen Friseursalon aus den 1950er Jahren, eine Tierarztpraxis, eine Radiosammlung und eine Ausstellung von Mühlenmodellen. Ein **Holzpfad** führt euch durch das lebendige Bienenmuseum bis zum Spielplatz. In der **Waldmühle** nebenan könnt ihr in der Turmwindmühle Kuchen essen.

Im Schatten Augustes: Grünholzschnitzen im Handwerksmuseum
© Handwerksmuseum Suhlendorf

Theater & Feste

Marionettentheater am Waldemarturm
Amtsberg, 29451 Dannenberg (Elbe). ☏05848/ 981828 (Stefanie Krull), www.marionettentheater.de. **Bahn/Bus:** Bus 5304. **Auto:** B216, B191 oder B248, im Ort über Lindenweg und Schlossgraben. **Preise:** 5 €; Kinder 3 – 14 Jahre 3 €.

▶ Früher fuhren von diesem Gebäude die Feuerwehrautos los, heute tanzen hier die Puppen! Das Marionettentheater in Dannenberg zieht etwa 50 Mal im Jahr den Vorhang auf. Dann begegnet ihr Hänsel und Gretel, Hinze und dem Zauberer oder einer verzauberten Lilie. Etwa alle zwei Jahre entsteht ein neues Stück, das aktuellste Werk ist derzeit »Der Wunschpunsch« nach Michael Ende. Alle Spieler und Techniker arbeiten ehrenamtlich. Na, da sagen wir doch: Applaus, Applaus!

BÜHNE, LEINWAND & AKTIONEN

Wer von euch kann ihn richtig aussprechen, den »satanarchäolügenialkohöllischen Wunschpunsch«? Aus wie viel Wörtern hat Michael Ende dieses Kofferwort gebildet? Erfindet selbst eins!

FESTKALENDER
UELZEN & WENDLAND

Mai: Fünf Tage um den 1., Bad Bodenteich: **Burgspektakel.** Markttreiben, Familientag, Ritterturnier.

Himmelfahrt: bis Pfingsten, Wendland: **Kulturelle Landpartie.** Kunst und Kunsthandwerk in 80 Dörfern des Wendlands, Kulturprogramm, Kindertheater.

Pfingsten: Hitzacker: **Mittelalterfest** im Archäologischen Zentrum.

Juni: Klein Süstedt und Stütensen: **Hoffeste** auf dem Bauckhof.

Juli: Bad Bodenteich: **Burgtag.**

1. So, Suhlendorf: **Bienenfest** im Handwerksmuseum. Mit Mitmachaktionen wie Honigschleudern und Kerzenziehen.

3. Wochenende, Suhlendorf: **Mühlenfest** im Handwerksmuseum.

Letztes Wochenende, Bad Bevensen: **Stadtfest.** Musik, Sport, Unterhaltung. Mit Kinderpark und Kinderflohmarkt.

August: Hitzacker: **Wikingertage** im Archäologischen Zentrum.

Mehrere Gemeinden: **Gerdautaler Bauernmarkt.**

September: 3. Wochenende, Uelzen: **Historischer Handwerkermarkt:** Vorführungen alten Handwerks rund um den Schnellenmarktbrunnen mit Mitmachaktionen für Kinder.

Letztes Wochenende, Bad Bevensen: **Heidekartoffelfest.**

Dezember: 1. Advent – 23. Dez, Uelzen: **Uelzener Weihnachtszauber.** Weihnachtsmarkt mit Adventskalender am Alten Rathaus.

2. Advent, Bad Bodenteich: **Weihnachtsmarkt** auf Burg Bodenteich.

Fr vor dem 3. Advent – 4. Advent, Bad Bevensen: **Weihnachtsmarkt.**

ZWISCHEN SOLTAU & SCHWARMSTEDT

NORDHEIDE

LÜNEBURG & UMZU

NATURPARK LÜNEBURGER HEIDE

UELZEN & WENDLAND

ZWISCHEN SOLTAU & SCHWARMSTEDT

NATURPARK SÜDHEIDE

CELLE & UMGEBUNG

BLICK NACH SÜDEN

ORTE, INFO & VERKEHR

FERIENADRESSEN & KARTEN

In der Region zwischen Soltau und Schwarmstedt liegen verkehrsgünstig an der A7 alle drei großen Freizeitparks der Lüneburger Heide: der Heide-Park Soltau, der Vogelpark Walsrode und der Serengetipark Hodenhagen.

Der Heide-Park Soltau nennt sich »Norddeutschlands größter Freizeit- und Familienpark«, allerdings ist der Hansa-Park auch nicht eben klein, ↗ »Ostseeküste Lübeck mit Kindern« (pmv 978-3-89859-445-5). Der Vogelpark Walsrode nennt sich wegen seiner »675 Vogelarten, atemberaubenden Shows und einer traumhaften Parkanlage« gar »ein wahres Erlebnisparadies«, während der Serengetipark die Kombination aus Freizeitspaß und Naturerlebnis bietet. Jetzt wisst ihr, was ein **Superlativ** ist!

Doch auch wer Ruhe und Erholung oder sportliche Betätigung sucht, wird hier fündig. Auf der Böhme bei Bad Fallingbostel lässt sich Boot fahren, in Walsrode kann man klettern und sogar einige Heideflächen haben sich erhalten.

Frei- & Hallenbäder

Stadtbad Bergen

Lange Straße 52, 29303 Bergen, ☏ 05051/8325, www.bergen-online.de. **Bahn/Bus:** Bus 1-15 bis Langestraße. **Auto:** Über Römstedtstraße. **Rad:** Lüneburger-Heide-Radweg. **Zeiten:** Mo – Fr 6.30 – 9 und Mo – Mi, Fr 14 – 20 Uhr, Sa, So, Fei 8 – 13 Uhr, Ferien Mo – Fr auch 12 – 20 Uhr. **Preise:** 3 €; Kinder 1,50 €.

▶ Auf den fünf Bahnen des 25-m-Beckens könnt ihr im Stadtbad Bergen ordentlich kraulen oder Rückenschwimmen üben. Wer noch nicht schwimmen kann, fühlt sich im lichtdurchfluteten Planschbecken bei 31 Grad pudelwohl. Wenn ihr schon etwas älter seid, freut ihr euch bestimmt auf das separate Sprungbecken, in das ihr aus 1 oder 3 m Höhe kopfüber, schraubend oder per Salto eintauchen könnt.

DAS PURE VERGNÜGEN

Rad- und Wanderkarte Aller-Leine-Tal: Mit Ausflugszielen, Einkehr- & Freizeittipps, wetterfest, GPS-genau. 1:50000. Publicpress, 4,95 €.

*Ein **Superlativ** ist der höchste Steigerungsgrad von Eigenschaftswörtern, manchmal nah an der Übertreibung.*

TIPPS FÜR WASSERRATTEN

Schwimmkurs für Kinder ab 5 Jahre: Mo, Mi, Fr 13 – 13.45 Uhr, 20 Std 50 €.

Mit großen Augen: Vorsichtige Annäherung im Vogelpark Walsrode
© Weltvogelpark Walsrode GmbH

An jedem letzten
Di im Monat fin-
det ein Spielnachmittag
statt (15 – 17.30 Uhr).

Hunger & Durst
therme~lounge, Müh-
lenweg 17, Soltau.
☎ 05191/844-89.
www.soltau-therme-
online.de. Täglich 10 –
22.30 Uhr.

Soltau-Therme

Mühlenweg 17, 29614 Soltau. ☎ 05191/844-81,
www.soltau-therme-online.de. **Bahn/Bus:** Bus 154,
205, 254 bis Reitschulweg. **Auto:** Winsener Straße,
Stubbendorffweg (Parkplätze hier, nicht Mühlenweg).
Rad: Leine-Heide-Radweg. **Zeiten:** Mo 10 – 22, Di – So
9 – 22 Uhr. **Preise:** 3 Std 5 €, Tag 7 €, mit Solebad
3 Std 11,50, Tag 14,50 €; Kinder 4 – 17 Jahre 3 Std
3 €, Tag 4 €, mit Solebad 4 – 14 Jahre 3 Std 8,40, Tag
10,50; Mo 20 % Rabatt auf alle Einzeleintritte.

▶ Zu einem Allwetterbad wurde die Soltau-Therme
umgebaut und 2014 neu eröffnet. Nun wird bei schönem Wetter einfach das Cabriodach geöffnet und
schon schwimmt ihr unter freiem Himmel. Anziehungspunkte für junge Besucher sind die 82 m lange
Riesenrutsche und das Kinder-Badeland Zauberwald.
Ihr findet dort Spielfiguren, eine Wasserkanone und
eine kleine Rutsche. Ins Springerbecken kommt ihr
aus 1, 3 oder 5 m Höhe. Wer einfach seine Bahnen
schwimmen will, kann das auf einer Länge von 25 m
im Sportschwimmbecken tun. Besonders gesund ist
das Planschen im Solebad. Es gibt in diesem Bereich
ein Innen- und ein Außenbecken, einen Whirlpool, eine Solegrotte und ein Dampfbad. Essen und Trinken
gibt es im SB Restaurant Piazza oder in der auch von
außen zugänglichen **therme~lounge.**

Allwetterbad Munster

Dr.-Hermann-Marcks-Straße 14, 29633 Munster.
☎ 05192/982370, www.ihr-stadtwerk.de. **Bahn/Bus:**
Bus 305 bis Schulzentrum, 700 m Fußweg. **Auto:** Lüneburger Straße, Am Park, 1. Straße rechts. **Zeiten:** Di –
Fr 9 – 20.30, Sa, So 10 – 19.30 Uhr, in den Ferien auch
Mo 14 – 20.30 Uhr. **Preise:** 3,50 €; Kinder 6 – 17 Jahre 1,75 €.

▶ Bei Sommerwetter öffnet sich das Allwetterbad in
Munster mit seinen Flügeltüren flugs nach draußen.
Dann könnt ihr euch auf der Liegewiese sonnen und
Beachvolleyball oder Fußball spielen. Das ganze Jahr

über ein Anziehungspunkt sind die 40 m lange Röhrenrutsche mit Zeitmessung und das Erlebnisbecken mit Gegenstromkanal und Bodensprudelbecken. Für kleine Planscher gibt es ein eigenes Becken mit Mini-Rutsche.

Südsee Badeparadies

Im Lindhorstforst, 29649 Wietzendorf. ✆05196/980-330, www.suedsee-camp.de. **Bahn/Bus:** Bus 355 ab Soltau bis Wietzendorf, Ziegenberg, 800 m Fußweg über Am Sägenberg. **Auto:** A7 Ausfahrt 45 Soltau-Süd, B3 Richtung Celle, Abfahrt Südsee-Camp. **Zeiten:** täglich 10 – 21 Uhr. **Preise:** Tageskarte Mo – Fr 10 €, Sa, So 13 €; Kinder 2 – 18 Jahre Mo – Fr 7 €, Sa, So 8,50 €; Familien (3 Pers) Mo – Fr 21,50 €, Sa, So 27,50 €, Mitte Nov – Mitte März Mi Spartarife.

▶ Einmal Südsee bitte! Im Badeparadies in Wietzendorf könnt ihr euch zumindest ein bisschen so fühlen, als wärt ihr im Urlaub in den Tropen. Palmen, Bananenpflanzen und das hohe Dach mit viel Glas sorgen für die besondere Atmosphäre. Wellenbad, Wildwasserkanal und das Piratenschiff müssen sicher nicht lange auf euch warten! Auch die Breitrutsche wird immer wieder gern geentert. Das Badeparadies gehört zum Südsee-Camp, Tagesgäste sind aber herzlich willkommen.

Lieth-Bad

Soltauer Straße 26, 29683 Bad Fallingbostel. ✆05162/2226, www.badbt.de. **Bahn/Bus:** Bus 511. **Auto:** A7 Ausfahrt 47 Bad Fallingbostel, über Deiler Weg, Scharnhorststraße, Parkplätze an der Soltauer Straße, kurzer Fußweg. **Rad:** Leine-Heide-Radweg. **Zeiten:** Mitte Mai – Anfang Sep Mo 10 – 19, Di – Fr 8 –

Hunger & Durst

Kontiki Bar, Im Lindhorstforst, Wietzendorf. ✆05196/250351. Ostern – Okt täglich 10 – 21 Uhr, Küche 11 – 20 Uhr, Nov – Ostern ab 15 Uhr, Küche bis 19 Uhr. Speisen und Snacks, auch Geburtstagsmenüs.

Wird solar beheizt: Das Lieth-Bad
© Bad Fallingbostel

19, Sa, So 10 – 19 Uhr. **Preise:** 3 €; Kinder 4 – 17 Jahre 1,50 €.

▶ Das Freibad von Bad Fallingbostel ist nach dem *Lieth* benannt, dem Stadtwald. Darin nämlich liegt das Bad. Drei Becken laden nicht nur zum Schwimmen ein. So gibt es ein eigenes Sprungbecken und einen großen Nichtschwimmerbereich. Der besitzt neben einer langen auch eine breite Wellenrutsche. Ein Spielplatz, ein Beachvolleyballfeld und eine Liegewiese gehören ebenfalls zur Ausstattung.

Hallenbad Schwarmstedt
Am Beu 4, 29690 Schwarmstedt. ✆ 05071/9687070, www.schwarmstedt.de. **Bahn/Bus:** ↗ Schwarmstedt. **Auto:** Hauptstraße, Am Markt, Schulweg. **Zeiten:** Di 8 – 20, Mi 7 – 20, Do, Fr 13 – 20, So 9 – 12 Uhr. **Preise:** 3 €; Kinder 5 – 17 Jahre 1,50 €; Familien mit 3 Kindern 7 €, Di, Mi Warmbadetage 1 € Zuschlag pro Person.

▶ Im Mehrzweckbecken im Hallenbad Schwarmstedt ziehen Schwimmer ihre Bahnen über eine Länge von 25 m, während sich im vorderen Bereich die Nichtschwimmer tummeln. Dort gibt es auch eine kleine Rutsche. Vom Sprungturm geht es aus 1 oder 3 m Höhe ins Wasser. Die Kleinsten planschen am liebsten in ihrem Babybecken. Zum Spielnachmittag am Freitag (14.30 – 17.30 Uhr) wird eine lange Rutsche aufgebaut oder der »Lobster« zu Wasser gelassen.

Badeseen

Strandbad Düshorn
Rehrweg, 29664 Walsrode-Düshorn. ✆ 05161/910680, 8854. www.strandbad.dueshorn.com. **Bahn/Bus:** Bus 502. **Auto:** Von Walsrode über Graesbecker Weg, Düshorner Landstraße, am Ende rechts, links Rehrweg. **Rad:** Leine-Heide-Radweg. **Zeiten:** Juni – Sep täglich 14 – 19 Uhr, bei sehr gutem Wetter schon ab 11 Uhr, für Vereinsmitglieder täglich 6 – 22 Uhr. **Preise:**

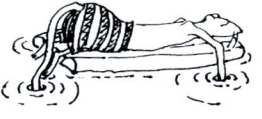

Minigolf Schwarmstedt, Am Hallenbad, Schwarmstedt. 0174/6083096. www.miniaturgolf-schwarmstedt.de. April – Okt täglich 12 – 18 Uhr. 2,50 €, Kinder bis 17 Jahre 1 €.

2,50 €; Kinder 1 €; Vereinsmitglieder jährlich 25 €, Familien jährlich 50 €.

▶ Die Attraktion im Strandbad Düshorn ist ein Eisberg! Der ist natürlich nicht echt, sondern nur aufgeblasen. So lädt er zu tollen Kletterpartien über dem Wasser ein. Als in den 1960er Jahren die A27 gebaut wurde, entstand durch den Aushub nebenan ein See. Dieser ist heute ein beliebtes Ziel an warmen Tagen. Der 200 m lange Strand aus feinstem Sand trägt dazu bei, Urlaubsgefühle aufkommen zu lassen. Für klares Wasser sorgt der *Beberbach,* dessen Quelle nicht weit entfernt sprudelt. An abgeteilten Bahnen werden sogar Wettkämpfe ausgetragen. Es gibt eine Sprunganlage und ein Planschbecken. Sogar eine Strandsauna und ein Café sind vorhanden. Was will man mehr? Da muss nur noch das Wetter mitspielen!

Strandbad Dorfmark

Becklinger Straße, 29683 Bad Fallingbostel-Dorfmark. ☏ 05163/6118, www.strandbad-dorfmark.de. **Bahn/Bus:** RB bis Dorfmark oder Bus 450, kurzer Fußweg vom Bahnhof. **Auto:** A7 Ausfahrt 46 Dorfmark, 1. Straße rechts Am Badeteich. **Rad:** Nähe Lüneburger-Heide-Radweg, dann Hauptstraße, Einzinger Straße. **Zeiten:** Juni – Aug Mo – So 13 – 18 Uhr, bei gutem Wetter erweiterte Zeiten. **Preise:** 2 €; Kinder 4 – 17 Jahre 1 €.

▶ Ein Sandstrand, ein großer Holzsteg und ein Wassertrampolin sind die großen Hits im Strandbad Dorfmark. Ganz nebenbei schwimmt man im natürlichen Moorwasser auch noch besonders gesund. Ihr könnt auch Wasserball ausprobieren, denn dafür sind eigens Tore vorhanden, oder auf dem Spielplatz toben.

Boot & Kanu fahren

Bootstour auf der Böhme

Bootsstation Fallingbostel, Soltauer Straße 6, 29683 Bad Fallingbostel. ☏ 05162/91908960, Handy

An der Bootsstation kann man auch **Minigolf** spielen. 4,50 €, Kinder bis 14 Jahre 3,50 €.

Die Kleinen sitzen vorn:
Paddeln auf der Böhme
© Bad Fallingbostel

Hunger & Durst

**Café an der Boots-
station,** Soltauer Straße
6, Bad Fallingbostel.
☏ 05162/91908960.
www.bootsstation-fal-
lingbostel.de. März –
Okt täglich 9.30 – 22
Uhr.

01522/8665642. www.bootsstation-
fallingbostel.de. **Bahn/Bus:** ↗ Bad
Fallingbostel, Bus 450, 511 bis Kreis-
verwaltung. **Auto:** Richtung Dorfmark,
Parkplätze am Waldrand. **Rad:** Leine-
Heide-Radweg. **Zeiten:** März – Okt
täglich 9.30 – 22 Uhr. **Preise:** Paddel-
boot (2 Pers) 30 Min 7 €, 1 Std 9 €,
Kanadier oder Tretboot (4 Pers) 30
Min 8,50 €, 1 Std 11,50/12 €.

▸ Die *Böhme* ist ein Fluss, der zwischen Dorfmark und Walsrode
durch ein enges Tal fließt und so besonders spektakuläre Paddeltouren
verspricht. Bis zu 40 m ragen die
Steilufer im Liethwald auf. Im Kurpark von Bad Fallingbostel könnt ihr
an der Bootsstation mehrere Boots-
typen ausleihen und losschippern. Ganzjährig ist es
erlaubt, **flussaufwärts** bis zur Brücke bei Untergrün-
hagen zu fahren. Vom 16. Juli bis 28. Februar dürft
ihr auch **flussabwärts** paddeln oder treten, sofern
der Wasserstand es zulässt. Außerdem sind geführte Touren im Programm, zum Beispiel von Dorfmark
zur Bootsstation im Kanadier (pro Boot 46 €).
Im **Café** direkt am Wasser könnt ihr anschließend
müde Arme und Beine wieder munter werden lassen.

Kanutour ab Dorfmark

Westendorfer Straße 46a, 29683 Bad Fallingbostel-
Dorfmark. ☏ 05163/1405, Handy 0171/9884082,
Nachsaison 0152/39516563. www.kanuvermietung-
dorfmark.de. **Bahn/Bus:** erixx bis Dorfmark. **Auto:** A7
Ausfahrt 46 Dorfmark, B440, im Ort rechte Seite.
Zeiten: täglich 10 – 19 Uhr, Böhme nicht befahrbar
1.3. – 15.7. **Preise:** 16 €; Kinder bis 10 Jahre 8 €.

▸ Knapp 11 km paddelt ihr von der Einsatzstelle in
Dorfmark durch die Böhmeschlucht bis nach Fallingbostel. Dort werden die Boote an der Kneippanlage

TIPPS FÜR DIE PADDELEI

Als **Kanu** bezeichnet man alle Boote, die man paddelnd vorwärts bewegt. Für Familien eignet sich am besten der Kanadier. Hier haben je nach Bootsgröße drei bis vier Personen Platz. **Kajaks** sind flacher und man sitzt näher am Wasser. Es gibt sie offen oder mit Sitzluken versehen, in denen sich viele Anfänger nicht so wohl fühlen. In einem 2er-Kajak kann man gut zu zweit unterwegs sein.

Beim Paddeln solltet ihr einiges bedenken:

▶ Nehmt euch nicht zu viel vor. Lieber kürzere Etappen genießen als völlig erschöpft ankommen. Für 4 km paddelt ihr etwa 1 Std.

▶ Schwimmwesten sind Pflicht! Sie müssen gut passen.

▶ Für Kinder gibt es Kinderpaddel.

▶ Nicht vergessen: Ersatzkleidung, Sonnencreme, Kopfschutz, Proviant und Getränke.

▶ Alles, was nicht nass werden soll, kommt in eine wasserdichte Tonne.

▶ Wie auf der Straße gilt auch auf dem Wasser: Rechts fahren!

aus dem Wasser gehoben und wieder abgeholt. Der oder die Autofahrer werden ebenfalls abgeholt und holen dann wiederum die übrigen Paddler ab. Die können ja solange ins Eiscafé gehen. Wenn ihr lieber den Fluss oberhalb von Dorfmark befahren wollt, startet ihr in Jettebruch-Fuhrhop und paddelt dann 9 km bis Dorfmark.

Spazieren durch Au & Park

Von Grindau nach Schwarmstedt durch die Leineaue

29690 Schwarmstedt-Grindau. **Länge:** 2,5 km, Start: Grindau, Marschweg/Stöckener Weg. **Bahn/Bus:** Bus 652. **Auto:** A7 Ausfahrt 50 Schwarmstedt, über Schwarmstedt nach Grindau, im Ort rechts. **Rad:** Leine-Heide-Radweg.

▶ Von Grindau nach Schwarmstedt lässt sich die Leineaue auch erwandern, wenn ihr nicht so lauffreu-

FRISCHE LUFT UND SPORT

Hunger & Durst
Eiscafé Dal Cin, Moorstraße 9, Schwarmstedt. ✆05071/ 912766. www.dalcin.de. Feb – Nov Mo – Sa 9 – 22 Uhr, So 10 – 22 Uhr.

dig seid – vor allem, da ein **Eiscafé** das Ziel ist. An der Ecke zum Stöckener Weg in Grindau geht es auf dem Marschweg auf die Leine zu. Zweimal rechts abbiegen und ihr kommt an der Maschstraße in Schwarmstedt an. Wenn ihr dieser bis zum Ende folgt, dann rechts geht und gleich wieder links, seid ihr in der Moorstraße mit dem Eiscafé.

Der Böhmepark: Paradies für Familien
Bornemannstraße, 29614 Soltau. Zugänge über Mühlenstraße/Quergasse, Wilhelmstraße und Bornemannstraße. **Bahn/Bus:** Bus 106, 205, 254, 305, 355 bis Wilhelmstraße. **Auto:** Zentrum, parken an Bornemannstraße oder Mühlenstraße. **Rad:** Leine-Heide-Radweg.

▶ Der Böhmepark in Soltau hat den Titel Familienpark redlich verdient. Verteilt im gesamten Park rechts und links der *Böhme* finden sich nämlich eine ganze Reihe von Spielplätzen. Da könnt ihr mit Wasser und Sand matschen, hangeln und klettern, rutschen, schaukeln oder auf einer Scheibe drehen. Tischtennis lässt sich nicht nur auf einer normalen Platte spielen, sondern auch auf einer runden! Spezielle Sportgeräte machen Kindern genauso viel Spaß wie Senioren. Mo – Fr 15 – 17.30 Uhr öffnet zudem die **Spielbox,** in der ihr zahlreiche Spielgeräte für Sand und Rasen findet (Ansprechpartner: Minerva Werkstattprodukte, ✆05191/9671-0). Zu einer Pause geht es ins **Café Chocolat.**

Hunger & Durst
Café Chocolat, Bornemannstraße 7, Soltau. ✆05191/975313. www.cafe-chocolat-soltau.de. Di – So 9 – 18 Uhr.

Als Pirat im Kurpark von Bad Fallingbostel
Soltauer Straße, 29683 Bad Fallingbostel. www.tourismus-badfallingbostel.de. **Bahn/Bus:** ↗Bad Fallingbostel, Bus 450, 511 bis Kreisverwaltung. **Auto:** Parkplätze Soltauer Straße am Liethwald.

▶ Im Kurpark von Bad Fallingbostel macht das Spielen besonders viel Spaß. Auf dem **Spielplatz** gibt es ein Klettergerüst mit Rutsche, Schaukeln, eine Sandkiste, eine Wippe und einen Spielbagger. Am Bach lädt euch ein Spielschiff ein. Werdet doch einmal zu Piraten! An einer Archimedischen Schraube könnt ihr das Wasser wundersam nach oben transportieren. Hinter dem Spielplatz dürft ihr dann eure Füße befreien, um auf dem **Barfußpfad** verschiedene Bodenbeläge zu ertasten. Im Kurpark findet ihr auch einen ↗ **Bootsverleih** und Minigolfplatz sowie Fitnessgeräte. In Richtung Rathaus könnt ihr an der Mühleninsel Wasser treten, in Richtung Liethwald liegt das ↗ **Freibad.** Am Zugang zum **Liethwald** an der Soltauer Straße zeigt eine Infotafel verschiedene Rundwege. Folgt zum Beispiel dem Fuchs oder dem Eichhörnchen (8 km).

Hof der Heidmark, Soltauer Straße 24 (im Liethwald), Bad Fallingbostel. ℡ 05162/3600. März – Okt Do 15.30 – 18 Uhr. Der Hof von 1642 erinnert an die 21 Orte, die in den 1930er Jahren für den Truppenübungsplatz Bergen geräumt werden mussten.

Erlebnis- & Freizeitparks

Adrenalin im Heide-Park

Heide Park 1, 29614 Soltau. ℡ 01805/919101, www.heide-park.de. **Bahn/Bus:** Bus 6920 (Heide-Park Shuttle ab Hamburg über Bispingen), Omnibusbetrieb Prüser und Bus 154 ab Soltau (Mai – Sep, nicht So). **Auto:** A7 Ausfahrt 44 Soltau-Ost, B3 Richtung Soltau, Ausschilderung folgen. **Zeiten:** April – Okt täglich 9 – 17 Uhr. **Preise:** 44 €; Kinder 4 – 11 Jahre 36 €; Parkplatz 6 €, Online-Ermäßigungen.

Füße frei: Limit, die Hängeloopingbahn im Heide-Park, bringt euch an eure Grenzen
© Heide-Park Soltau GmbH

▶ Colossos, Limit, Scream, Flug der Dämonen oder Krake heißen die spektakulären Fahrgeschäfte, in denen es im Heide-Park wahrlich rund geht. Wer den Nervenkitzel nicht scheut, wagt sich in die größte Holzachterbahn Europas, die Hängeloopingbahn und den Dive-Coaster. Spritzig wird

Zum Heide Park Resort gehören das Abenteuerhotel und das Holiday Camp für alle, die länger bleiben wollen. 2014 wurde neben dem Holiday Camp ein **Indianer-Kletterpfad** eröffnet. Er kann unabhängig vom Freizeitpark genutzt werden.

Achtung! Kinder zwischen 6 und 8 Jahre müssen von einem mitkletternden Erwachsenen begleitet werden, ab 9 Jahre dürft ihr selbstständig in die Lüfte.

Soltau ist Modellkommune für das Projekt „Spiel! Platz ist überall!« – und seit 2006 Spielraum Soltau.

es im Aqua Spin, beim Mountain Rafting und in der Wildwasserbahn. Doch in einem der größten Freizeitparks Deutschlands gibt es natürlich auch für ruhigere Gemüter reichlich Auswahl unter den rund 40 Fahrgeschäften. Das ist neu: Die **Kinder-Fahrschule** Wüstenflitzer ist ein rasanter Spaß für 4- bis -10-Jährige – denn kleine Wüstenfüchse lernen hier auf kindgerechte Weise das kleine 1x1 des Straßenverkehrs.

Kletterwald Forest4Fun in Walsrode

Am Vogelpark 2b, 29664 Walsrode. ✆ 05161/889611, Handy 0171/4166754. www.kletterwald-walsrode.de. **Bahn/Bus:** ↗ Vogelpark Walsrode. **Zeiten:** April, Okt, Nov Sa 13 – 18, So 10 – 18 Uhr, Mai und Mitte – Ende Sep auch Fr 14 – 19 Uhr und Sa, So bis 19 Uhr, Juni, Juli auch Mi, Do, Aug – Mitte Sep Mo – Sa 11 – 19 Uhr, So 10 – 19 Uhr. **Preise:** 19 €; Kinder 6 – 11 Jahre 12 €, 12 – 13 Jahre 14 €, 14 – 17 Jahre 17 €; Familien ab 5 Pers je 4 € Ermäßigung.

▶ Wie wäre es mit einer Gondelfahrt über den Teich oder einem Kanonenkugelsprung? Der Kletterwald am Vogelpark Walsrode lädt genau dazu ein. Drei der fünf Parcours sind für Kinder ab 6 Jahre geeignet. Da gilt es, Netze, Kriechgänge, Seilbahnen und andere spannende Hindernisse zu überwinden. Wer 12 ist, darf weiter in den Roten Parcours, ab 14 Jahre kann auch der Schwarze genutzt werden.

Heidewitzka

Gottfried-von-Cramm-Straße 1, 29614 Soltau. ✆ 05191/13056, www.heidewitzka.com. **Bahn/Bus:** Bus 254, 305, 355 bis Vogelbeerweg, 800 m Fußweg. **Auto:** Lüneburger Straße, Pestalozzistraße, Habichtsweg, scharf links und gleich wieder rechts. **Rad:** Leine-Heide-Radweg. **Zeiten:** Mo – Fr 14 – 19, Sa, So, Ferien Nds. 10 – 19 Uhr. **Preise:** 4,90 €; Kinder ab 2 Jahre 6,90 €; freier Eintritt ab 65 Jahre, Mo ab 50 Jahre.

▶ Toben bis die Heide wackelt! Das ist das Motto im Heidewitzka, Soltaus Indoorspielplatz. Ihr findet in

der 2000 qm großen Halle einen Klettervulkan, Tret-
karts, ein Hüpfkissen, Trampoline, eine Riesenwellen-
rutsche und ein riesiges Kletterlabyrinth. Tolle Kon-
struktionen lassen sich mit den großen Bausteinen
errichten. Zu einem sportlichen Wettstreit laden Kicker, Tischtennisplatte und ein Fußballfeld ein.

Der Natur auf der Spur

Vogelpark Walsrode – der Weltvogelpark
Am Vogelpark, 29664 Walsrode. ℗ 05161/6044-0,
www.weltvogelpark.de. **Bahn/Bus:** RB bis Walsrode,
2 km Fußweg oder Bus 511. **Auto:** A7 Ausfahrt 47 Bad

WAS WÄCHST DENN DA?

Als **Heide** bezeichnet man eine Landschaft mit besonders nährstoff-
armen Böden. Hier wachsen Wacholder, Kiefern, Birken und vor
allem Heidekraut. Wenn es blüht, verwandelt sich die Heide in ein
lila Blütenmeer. Wie entstand die Lüneburger Heide? In der Jungsteinzeit rodeten die Menschen die Wälder, weil sie auf dem Land
Ackerbau betreiben wollten. Damit auf dem kargen Boden überhaupt
Getreide wachsen konnte, wurde das Heidekraut immer wieder abge-
tragen. Das nennt man »Plaggen« und daher kommt das Wort Plackerei, denn es war eine sehr anstrengende Arbeit. Der abgetragene Boden wurde als Streu in die Ställe gebracht und dann wieder als Dünger auf die Felder zurücktransportiert. Trotzdem breitete sich die
Besenheide immer weiter aus. Die Bauern gingen zur Haltung von
Heidschnucken über, denen die Heide als Nahrung ausreicht. Während im 18. Jahrhundert noch große Flächen Norddeutschlands Heideflächen waren, verschwanden sie als man im 19. Jahrhundert begann, Kiefern zu pflanzen. Um die Heide weiter
zu erhalten, werden heute wieder Heidschnucken gehalten. Wo ihre Arbeit nicht ausreicht,
wird die Heide per Hand »entkusselt«. So nennt
man das Entfernen von jungen Bäumen, die die
Heide irgendwann überwuchern würden.

Alle sind neugierig: Der Pinguin darf sogar in den Eimer reingucken

🦉 *Der Vogelpark Walsrode ist der größte der Welt! 4000 Vögel leben hier in 675 Arten auf 24 Hektar Fläche.*

Hunger & Durst

Restaurant Rosencafé, Am Vogelpark, Walsrode. ✆05161/6044-52. www.weltvogelpark.de. 10 – 18 Uhr. Regionale Küche, Kaffee und Kuchen.

Fallingbostel oder A27 Ausfahrt 27 Walsrode-West. **Rad:** Hohe-Heide-Radweg. **Zeiten:** Mitte März – Ende Okt täglich 10 – 18 Uhr. **Preise:** 19 €; Kinder 4 – 12 Jahre 14 €; Familien (2 Erw, 2 Kinder) 59 €.

▶ Vögel findet ihr langweilig? Nicht mehr, wenn ihr in Walsrode wart! Im größten Vogelpark der Welt könnt ihr zuschauen, wie Pinguine und Pelikane gefüttert werden, wie Papageien und Kondore bei der Flugshow (täglich 11.30 und 15 Uhr) ihr Können zeigen und wie in der Tropenwaldhalle Pirole und Elfenblauvögel zwischen exotischen Pflanzen fliegen. Wer von Vangas, Kurolen und Tokkos noch nie gehört hat, weiß spätestens jetzt, dass es sich hier ebenfalls um Gefiedertes handelt. Während die Großen noch die herrliche Landschaft mit ihren unzähligen blühenden Blumen bewundern oder im **Rosencafé** sitzen, tobt ihr schon mal auf dem großen Spielplatz herum. Aber nicht die **Indoorshow** verpassen (täglich um 12.30 und 16.30 Uhr)! Und täglich um 13.30 Uhr werden die Vogelbabys gefüttert!

Serengeti-Park Hodenhagen

Am Safaripark 1, 29693 Hodenhagen. ✆05164/97990, www.serengeti-park.de. **Bahn/Bus:** RB aus Hannover bis Hodenhagen, weiter mit Taxi oder zu Fuß (4 km), Mitte Juli – Mitte Okt auch Erlebnisbus (Infos unter www.vnn.de). **Auto:** A7 Ausfahrt 49 Westenholz, Ausschilderung folgen. **Rad:** Nähe Leine-Heide-Radweg. **Zeiten:** März/April – Okt täglich 10 – 18 Uhr, Fei, Ferien Nds. 9.30 – 18.30 Uhr, Vor- und Nachsaison teils nur bis 17 Uhr. **Preise:** 28 €; Kinder 3 – 12 Jahre 23 €; Busführung 5 €.

▶ Löwen dösen in der Sonne, Giraffen stolzieren umher, Affen springen wild herum. Wenn ihr das erleben wollt, müsst ihr nicht nach Afrika fliegen, die Anreise nach Hodenhagen ist garantiert kürzer! Im Serengetipark geht es mit dem Bus oder dem eigenen Auto durch verschiedene Sektionen.

Ganz ohne Gitterstäbe lassen sich so Tiger, Elefanten und Nashörner beobachten. Bei den Rehen, Eseln und Ziegen dürft ihr aussteigen und die Tiere streicheln. Auf einer Sonderstrecke fahren die Safari-Jeeps bei ihrer abenteuerlichen **Dschungeltour** mit Spezial-Effekten. Sie ist genauso im Eintrittspreis enthalten wie die **Aqua-Safari.** Dort erwartet euch ein Trip über den Fluss mit einem Florida-Airboat. Im **Affenland** lassen sich mehrere Arten der flinken Kletterer in begehbaren Gehegen hautnah beobachten. Doch damit nicht genug: Der Serengetipark ist auch ein riesiger **Freizeitpark** mit Achterbahnen, Karussells und Riesenrad. Insgesamt solltet ihr für den Besuch einen ganzen Tag einplanen, denn auch die **Vorführungen** wollt ihr bestimmt nicht versäumen, etwa die spektakuläre Wasserspringer-Show.

Bahnen & Museen

Fahren mit dem Ameisenbär

Am Bahnhof, 29614 Soltau. ✆05191/828283 (Soltau-Touristik), www.soltau.de. **Bahn/Bus:** ↗ Soltau. **Zeiten:** Mitte Juli – Mitte Sep So 10 Uhr ab Soltau, Rückfahrt 14 Uhr ab Döhle. **Preise:** Rückfahrkarte 15 €; Kinder 4 – 11 Jahre 7,50 €; Familien (2 Erw, 2 Kinder) 35 €.

Hunger & Durst

Restaurant Zanzibar, ✆05164/97990. Geöffnet wie Park. Am Victoria-See zwischen Freizeit- und Affenwelt.

HANDWERK UND GESCHICHTE

ZWISCHEN SOLTAU & SCHWARMSTEDT

▶ *Ameisenbär* heißt der historische Eisenbahn-Trieb-wagen, mit dem ihr im Sommer jeden Sonntag vom Hauptbahnhof in **Soltau** losfahren könnt. Seinen Namen erhielt er, weil die langen Motorhauben an beiden Seiten – für die Fahrt in beide Richtungen – an den Rüssel eines Ameisenbären erinnerten. Über **Luhegrund** und **Bispingen** bis nach **Döhle** geht es mit rund 50 km/h. Nach rund 60 Minuten ist der Endbahnhof erreicht. Dort habt ihr drei Stunden Aufenthalt und könnt zum Beispiel eine Kutschfahrt unternehmen.

Gedenkstätte Bergen-Belsen

Anne-Frank-Platz, 29303 Bergen. ☎ 05051/4759-0, www.bergen-belsen.de. **Bahn/Bus:** Bus 0-11 aus Bergen. **Auto:** A7 Ausfahrt 52 Mellendorf oder 45 Soltau-Süd, Ausschilderung folgen. **Rad:** Lüneburger-Heide-Radweg zwischen Bergen und Winsen. **Zeiten:** April – Sep 10 – 18 Uhr, Okt – März 10 – 17 Uhr (geschlossen 24. – 26., 31. Dez, 1. Jan). **Preise:** Eintritt frei.

▶ Birken, Kiefern und Wacholder wachsen in der idyllischen Heidelandschaft. Doch die Idylle trügt, denn in Bergen-Belsen lebten zwischen 1939 und 1945 tausende von Menschen unter schlimmsten Bedingungen. Sie starben an Unterernährung, Erschöpfung und sich ausbreitenden Seuchen.

Ab 1939 wurde das Gelände zunächst als **Kriegsge-fangenenlager** genutzt. Vor allem sowjetische Gefangene wurden in dem alten Bauarbeiterlager untergebracht. 20.000 Menschen starben in dieser Zeit. Ab 1943 diente das Lager vornehmlich als **Lazarett,** parallel entstand ein **Konzentrationslager.** Es erhielt zusätzlich die Funktion eines Austauschlagers: Die gefangen gehaltenen Juden sollten gegen im Ausland internierte Deutsche ausgetauscht werden. Sie lebten in Bergen-Belsen im »Sternlager«, so genannt, weil ihre Kleidung mit dem **Judenstern** gekennzeichnet war. Von den 14.700 jüdischen Häftlingen wurden etwa 2500 tatsächlich ausgetauscht. Ab August

🦉 *Die National-sozialisten zwangen alle Juden, sich einen gelben* **Stern** *nach Art des Davidsterns auf die Kleidung zu nähen. Der Davidstern gilt als das Symbol des Judentums. Mehr erfahrt ihr unter www.zeitklicks.de!*

1944 kamen vermehrt Frauen, vor allem aus Auschwitz, in das Lager, um dort zur Zwangsarbeit in der Rüstungsproduktion eingesetzt zu werden. Unter ihnen waren auch **Anne Frank** und ihre Schwester **Margot.** Beide starben, wie so viele andere, an Typhus. Insgesamt starben im KZ Bergen-Belsen mindestens 52.000 Menschen. Als die britische Armee das Lager am 15. April 1945 befreite, fand sie neben den abgemagerten und ausgehungerten Überlebenden zu Bergen aufgetürmte Leichen vor. Die englischen Soldaten sorgten dafür, dass sie bestattet wurden.

Über die Geschichte von Bergen-Belsen sowie die Strafverfolgung nach 1945 informiert die Ausstellung in dem dafür 2007 errichteten Gebäude. Vor allem historische Zeugnisse werden als Quellen eingesetzt: Fotos, Gegenstände, Zeichnungen und Ausschnitte aus Interviews mit Zeitzeugen dokumentieren die Geschichte und einzelne Aspekte des Lebens im Lager, darunter die Themen »Kinder im Austauschlager« und »Anne Frank«.

Vom Ausstellungsgebäude führt der steinerne Weg auf das **Außengelände.** In internationalen Workcamps haben Jugendliche alte Fundamente von Baracken freigelegt. Mehrere Mahnmale wurden errichtet: ein Holzkreuz, ein Obelisk mit einer Inschriftenwand und das jüdische Mahnmal. Die hier befindlichen Grabsteine sind symbolischer Natur und wurden von Angehörigen aufgestellt, unter ihnen auch ein Stein für Anne und Margot Frank. Auffallend sind die vielen kleinen Steine, die auf die Grabsteine gelegt werden. Dies ist eine alte jüdische Tradition zum Gedenken der Toten. Im Gegensatz zu Blumen bleiben diese Steine erhalten und so liegt mancher Kieselstein hier schon Jahre und legt Zeugnis davon ab, dass jemand der Toten hier gedenkt.

Anne Frank (1929 – 1945) floh mit ihren Eltern aus Frankfurt am Main nach Amsterdam, wo Freunde die Familie im Hinterhaus 2 Jahre lang versteckten. Sie wurden verraten und gefangen genommen. Von der Familie überlebte nur Annes Vater das KZ. Ihre Gedanken und Gefühle aus der Zeit im Hinterhaus schrieb die 13-jährige Anne in ihrem später weltberühmt gewordenen Tagebuch nieder.

Spiel mit im Spielmuseum

Poststraße 7 + 15, 29614 Soltau. ℗05191/82182, www.spielmuseum-soltau.de. **Bahn/Bus:** Bus 253,

Mit Rechenschieber und Schiefertafel: So war das also früher in der Schule!
© Spielmuseum Soltau

🦉 *Ein **Myriorama** ist ein großes Landschaftsbild, das in viele Streifen zerschnitten ist. Egal, wie man die Streifen anordnet, die Teile passen immer aneinander. Probiert es aus!*

4701 bis Wilhelmstraße. **Auto:** B71 oder B3 bis Zentrum, am Rathaus, Parkmöglichkeiten Am Alten Stadtgraben, Mühlenstraße, Wilhelmstraße, Friedensstraße. **Rad:** Leine-Heide-Radweg. **Zeiten:** täglich 10 – 18 Uhr. **Preise:** 5 €; Kinder ab 6 Jahre 2,50 €; Familien zahlen maximal für ein Kind, alle weiteren Kinder sind frei.

▶ Spielt ihr gern? Na klar, welche Frage! Im Spielmuseum in Soltau erfahrt ihr, womit Kinder früher gespielt haben, aber vor allem könnt ihr hier ganz viel Spielzeug ausprobieren. Es gilt: Alles, was nicht hinter Glas ist, dürft ihr in die Hand nehmen. Ihr findet vor den Vitrinen kleine Spielstationen, dazu ist im gesamten Museum weiteres Spielzeug verteilt, ja es gibt sogar einen ganzen Raum, in dem ihr einen Heide-Kaufladen findet. Ihr könnt Shuffleboard spielen, an einem Lichttisch tolle Muster legen, eine Landschaft an einem **Myriorama** bauen, mit Schatten und Kasperlepuppen spielen, euch verkleiden und und und! Zu sehen gibt es nicht nur Puppen, Kaufläden, Eisenbahnen, Modellautos, Papiertheater und Reifentiere, sondern auch einige ganz besondere Höhepunkte. Dazu gehört das große Puppenhaus Dingley Hall von 1875, das zwei Jungen gebaut haben, aber auch die Schule mit Steiff-Puppen, die 1,30 m große Puppe (messt mal, wer größer ist!) oder das winzige Bergwerk in einer Nussschale. Ein Karussell, einen Heißluftballon oder Minizüge könnt ihr per Knopfdruck in Bewegung versetzen.

Seit 2013 gehört zum Spielmuseum noch ein zweiter Standort schräg gegenüber an der gleichen Kreuzung. Wo ihr euren Rundgang beginnt, könnt ihr euch aussuchen. Seit 2014 ist das Museum barrierefrei. Über dem neuen Fahrstuhlturm thront das fliegende Klassenzimmer, habt ihr es schon entdeckt?

Heidemuseum Rischmannshof

Hermann-Löns-Straße 8, 29664 Walsrode. ☏05161/977-270, 4810887. www.heidemuseum-walsrode.de. **Bahn/Bus:** RB. **Auto:** A27 Ausfahrt 27 Walsrode-West, Verdener Straße, in Walsrode, links Oskar-Wolff-Straße, 1. Straße links. **Rad:** Hohe-Heide-Radweg. **Zeiten:** März – Nov Mi – Sa 10 – 12.30 und Mi – So 13 – 17 Uhr, Backtage Mitte April – Mitte Okt Do 10 – 16 Uhr. **Preise:** 2,50 €; Kinder 6 – 17 Jahre 1 €; Familien 5 €.

▶ Wie haben die Menschen in der Heide früher gelebt? Das erfahrt ihr auf dem Rischmannshof, einem der ältesten Freilichtmuseen in Deutschland. Schon 1912 wurde es gegründet. Typische Gebäude eines Heidebauernhofs hat man an den Rand des Stadtwaldes, der Eckernworth, versetzt. So könnt ihr hier ein **Häuslingshaus,** ein Backhaus, eine Remise und verschiedene Werkstätten besichtigen. Im Treppenspeicher befindet sich ein Bienenmuseum. Im Hauptgebäude, einem niederdeutschen Hallenhaus von 1798, seht ihr die typischen Zimmer eines Heidehofes wie die große Diele, Flett (Küche) und Dönz (Vorzeigestube). Es gibt außerdem eine Sammlung zur Walsroder Stadtgeschichte und eine Ausstellung über Hermann Löns (1866 – 1914), der als Heidedichter bekannt wurde. Wenn ihr an einem der Backtage kommt, könnt ihr frisch gebackenes Brot, Kuchen oder Pizza schlemmen.

Schulmuseum Alte Dorfschule in Bothmer

Vor dem Felde, 29690 Schwarmstedt-Bothmer. ☏05071/8688 (Tourist-Info), www.schwarmstedt.de.

Hunger & Durst
Eiscafé Dolomiti, Marktstraße 4, Soltau. ☏05191/978699. Täglich 9 – 21 Uhr.

Hunger & Durst
Waldgaststätte Eckernworth, Hermann-Löns-Straße 19, Walsrode. ☏05161/5761. www.eckernworth.de. Di – So ab 10 Uhr. Regionale Küche, aber auch Schnitzel und Currywurst.

🦉 *In einem **Häuslingshaus** wohnten Landarbeiter (Häuslinge), die auf dem Hof arbeiteten. Im Treppenspeicher wurden Waren gelagert, zum Beispiel Buchweizen oder Leinen. Eine Außentreppe führte ins Dachgeschoss, daher der Name.*

Einmal im Jahr findet am Alten Backhaus (Dorfstraße 12) in Bothmer das Backofenfest statt. Den Termin erfahrt ihr unter www.landbaeckerei-marquardt.de.

Bahn/Bus: RB bis Schwarmstedt, weiter mit Bus 651 bis Bothmer-Schule. **Auto:** A7 Ausfahrt Schwarmstedt, B214, in Schwarmstedt rechts Bothmersche Straße, Alte Dorfstraße. **Rad:** Leine-Heide-Radweg. **Zeiten:** Mai – Sep So 15 – 17 Uhr. **Preise:** 2 €.

▶ Von 1909 bis 1972 fand in der Dorfschule von Bothmer Unterricht statt. Wie das aussah, könnt ihr im Schulmuseum erfahren. Wie sahen die Tornister damals aus und wie schrieb man auf Schiefertafeln? Gruppen können sich für eine Schulstunde wie zu Kaisers Zeiten anmelden.

FESTKALENDER SOLTAU – SCHWARMSTEDT

Mai: Himmelfahrt, Bockhorn: **Ginsengfest und mittelalterlicher Markt** auf der Florafarm. Mit Ponyreiten, Kinderschminken und Baumzirkus.

Juli: Bad Fallingbostel: **Entenrennen** auf der Böhme. Mit buntem Rahmenprogramm im Kurpark wie Glücksrad, Kinderschminken, Spieleparcours, Hüpfburg.

Juli/August: Soltau: **Soltauer Sommer,** Kinderprogramm im Soltauer Hagen, jeden Do.

September: Letztes Wochenende, Wietzendorf: **Honigfest** mit Kinderprogramm und Laternenumzug.

Oktober: 1. Mi, 1 Woche, Kirchboitzen: **Boitzer Markt,** früher Schlachtfest »Sülzenmarkt«, heute Jahrmarkt mit Kinderkarussell, Kettenflieger, Los- und Wurfbuden.

Dezember: Wochenende 1. Advent, Bad Fallingbostel: **Weihnachtsmarkt** mit Hüttenzauber auf dem Bürgerhof.

Wochenende 1. Advent, Soltau: **Weihnachtsmarkt** rund um den Hagen. Mit Besuch des Weihnachtsmanns.

3. Advent, Bockhorn: **Bockhorner Weihnachtsmarkt** auf der Florafarm. Mit Puppentheater, Kinderprogramm, Rodelberg und Besuch des Weihnachtsmanns.

NATURPARK SÜDHEIDE

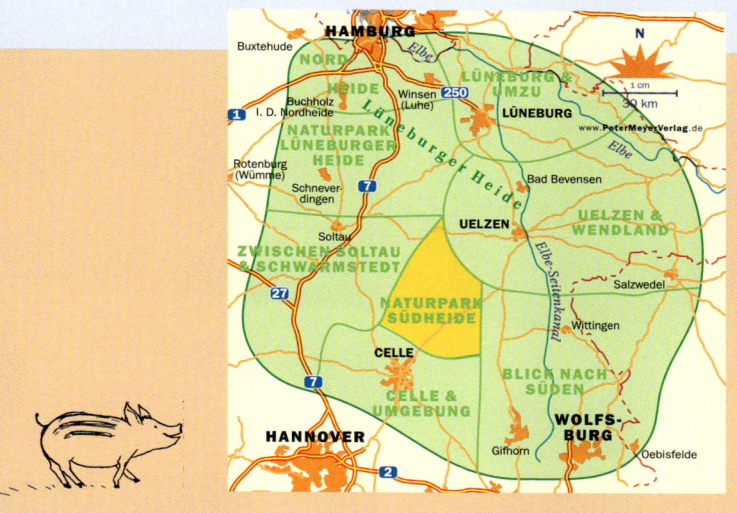

NORDHEIDE

LÜNEBURG & UMZU

NATURPARK LÜNEBURGER HEIDE

UELZEN & WENDLAND

ZWISCHEN SOLTAU & SCHWARMSTEDT

NATURPARK SÜDHEIDE

CELLE & UMGEBUNG

BLICK NACH SÜDEN

ORTE, INFO & VERKEHR

FERIENADRESSEN & KARTEN

Schon 1964 wurde der Naturpark Südheide gegründet. Seine Fläche umfasst rund 480 qkm. Davon sind 440 qkm als Landschaftsschutzgebiet ausgewiesen. Die Landschaft ist geprägt von Heide, Wald, Moor und Bächen. Es gibt nur wenige Verkehrswege für Autos und Züge, dafür umso mehr Rad-, Wander- und Reitwege. Kraniche, Seeadler, Fischotter und Schwarzstörche fühlen sich darum äußerst wohl hier.

Ihr werdet euch ebenfalls wohl fühlen: beim Paddeln auf *Örtze* und *Aller,* Radeln durch Wald und Heide oder Spazieren durch duftenden Walcholderwald. Im **Wild- und Abenteuerpark Müden** könnt ihr klettern und Elche sehen, in **Faßberg** auf Kieselgur-Suche und in **Hermannsburg** auf Geocaching-Tour gehen.

Frei- & Hallenbäder

Waldschwimmbad Herrenbrücke

Müdener Weg 28, 29328 Faßberg. ℂ05053/461 (Betriebsleiter Jörg Deutsch), www.fassberg.de. **Bahn/ Bus:** Bus 0-26 bis Herrenbrücke. **Auto:** Straße von Müden, links Müdener Weg Richtung Faßberg. **Rad:** Radweg von Poitzen und Unterlüß. **Zeiten:** Mai – Sep Mo 14 – 20 Uhr (Ferien ab 9 Uhr), Di – Fr 9 – 20 Uhr, Sa, So, Fei 10 – 20 Uhr. **Preise:** 3 €; Kinder ab 3 Jahre 1,50 €.

▶ Zwischen Müden und Faßberg liegt das Waldschwimmbad Herrenbrücke. Dem 50-m-Schwimmbecken ist ein Sprungbereich angegliedert, der Bretter in 1 und 3 m Höhe besitzt. Direkt daneben befindet sich das Nichtschwimmerbecken, in dem gelegentlich Laufmatten für besonderen Spaß im Wasser sorgen. Für die kleinsten Badenixen und Wassermänner ist ein Planschbecken vorhanden. Ihr könnt aber auch Tischtennis, Beachvolleyball, Boule und Basketball spielen oder ein Match am Kicker austragen. Die Wärmehalle kann für Kindergeburtstage angemietet werden.

WO ES SUMMT UND BRUMMT

𝓘 Naturpark Südheide. LGLN, Topographische Sonderkarten Niedersachsen, mit Begleitheft. 8,90 €.

TIPPS FÜR WASSER-RATTEN

NATURPARK SÜDHEIDE

Honigfabrik: In den Bienenstöcken entsteht der kräftige Heidehonig
© pmv, Kirsten Wagner

frEsch: Das Freibad Eschede

Im Brunshagen 1, 29348 Eschede. ✆ 05142/410316, www.freibad-eschede.de. **Bahn/Bus:** Bus 8-35 bis Süd-straße. **Auto:** B191, Albert-König-Straße, Osterstraße. **Rad:** Radweg von Habighorst oder Scharnhorst. **Zeiten:** Mai – Sep Mo – Fr 13 – 19 Uhr, Sa, So, Sommerferien 10 – 19 Uhr. **Preise:** 3,50 €, ab 17 Uhr 2 €; Kinder 4 – 18 Jahre 2 €.

▶ Kurz gesagt ist das Freibad Eschede einfach frEsch! Für erfrischende Abkühlung sorgt das kombinierte Becken für Schwimmer und Nichtschwimmer. Das Schwimmerbecken ist 25 m lang und mit Sprungbrettern in 1 und 3 m Höhe ausgestattet. In der flacheren Nichtschwimmerzone ist die breite Steilrutsche die Attraktion Nummer 1. Neben dem separaten Planschbecken mit Rutsche und Sprudelpilz liegt der Spielplatz. Beachvolleyball und -soccer, Tischtennis, Basketball und Badminton stehen in den Badepausen zur Auswahl. Ein Kiosk mit Terrasse und Biergarten sorgt für das leibliche Wohl.

Heideschwimmbad Höfer

Am Schwimmbad 12, 29361 Eschede-Höfer. ✆ 05145/280705, 8389 (Vorsitzender Rainer Quandt). www.hoe-fer-celle.de. **Bahn/Bus:** Bus 8-35 bis Ortsmitte. **Auto:** B191 Celle – Eschede, über Habighorst nach Höfer, rechts Oherweg, 2. rechts. **Rad:** Von Celle über Bostel, Garßen, an der Ratsziegelei vorbei und über Höfer-schen Weg. **Zeiten:** Mai – Sep Mo – Fr 14 – 18 Uhr, Sa, So, Sommerferien 11 – 18 Uhr (erweitert täglich bis 20 Uhr). **Preise:** 3 €, ab 18 Uhr 2 €; Kinder bis 17 Jahre 2 €.

▶ Direkt in Höfer und doch besonders idyllisch von Wiesen und Wald umgeben liegt das Heideschwimm-bad. Dem 25-m-Becken ist ein Sprungbereich mit 1- und 3-m-Brett angeschlossen. Das ovale Nicht-schwimmerbecken besitzt eine Rutsche. Wie ein Stoppschild sieht das Planschbecken aus, es ist nämlich achteckig. Nicht zu stoppen sind jedoch die

Kleinen unter dem Wasserpilz oder auf ihrer kleinen Rutsche. Einfach riesig ist die Sandfläche für Beachvolleyball, Beachsoccer und Beachhandball. Ein Spielplatz mit Abenteuerberg und Tischtennisplatten sorgt für weitere Abwechslung an Land.

Kanu fahren & paddeln

Kanu-Feeling auf Örtze und Aller

Irmhild Siemering, Celler Straße 21, 29320 Hermannsburg. ✆05052/912929, Handy 0162/9607047. www.kanu-feeling.de. Einsatzstellen Örtzetour: Baven, Hermannsburg, Eversen oder Wolthausen, Einsatzstelle Allertour: Celle Nähe Bahnhof. **Zeiten:** nach Absprache, Örtze nur 16. Mai – 14. Okt. **Preise:** Örtze: 18 – 25 € pro Person je nach Länge der Strecke; Aller: Celle – Winsen 20 €; Kinder bis 12 Jahre die Hälfte; Rücktransfer nach Absprache.

▶ Verschiedene Touren auf *Örtze* und *Aller* hat man bei Kanu-Feeling im Programm. Auf der **Aller** eignet sich für Familien am besten die Tour von Celle bis nach Winsen (18 km, auch kürzere Strecken möglich, z.B. bis Oldau). Nur 100 m vom Bahnhof in Celle entfernt befindet sich die Einstiegsstelle. Die Wiese dort bietet sich auch für ein Picknick an.
Auf der **Örtze** stehen zur Auswahl die Strecken von Baven nach Eversen oder von Eversen bis Wolthausen (beide 3,5 Std, 18 €). Über Örtze und Aller geht es bei der Tour von Wolthausen nach Winsen (4 Std, 18 €).

Paddelfahrt ab Müden

Gabys Bootsverleih Örtze, Gaby Glagla, Fuchsbau 9, 29328 Faßberg. ✆05055/987045, Handy 0175/1839691. www.bootsverleih-gaby.de. Start ab Müden, aber auch ab Hermannsburg, Oldendorf oder Eversen möglich. **Zeiten:** 16. Mai – 14. Okt 9 – 18 Uhr nach Absprache.

Achtung! Schulklassen mit Kindern unter 11 Jahren paddeln besser auf dem Heidesee statt auf der Örtze.

Wie Winnetou: Paddeln auf der Örtze
© Tourismus Marketing Niedersachsen (TMN)

▶ Im 2er Kajak oder 3er Kanadier könnt ihr ab Müden lospaddeln, wenn ihr euch bei Gabys Bootsverleih anmeldet. In etwa 1,5 Stunden erreicht ihr Hermannsburg (Kajak 25 €, Kanadier 30 €). Etwas weiter ist es von Müden bis Oldendorf (2,5 – 3,5 Stunden, 35 bzw. 40 €). Eine kleine Tagesfahrt ist die Tour von Müden bis Eversen (4,5 bis 6 Stunden, 45 – 50 €). Das Paddeldiplom habt ihr verdient, wenn ihr eure Armmuskeln sieben Stunden lang von Müden bis Wolthausen beansprucht (50 bzw. 60 €). Alle Fahrten beinhalten den Rücktransport. Schwimmwesten und Sicherheitstonnen werden kostenlos zur Verfügung gestellt. Wer das Paddeln mit einer Fahrradtour verbinden möchte, kann sich zusätzlich die Drahtesel dafür ausleihen (8 €, Kinder 5 €).

FRISCHE LUFT UND SPORT

Radeln & wandern

Radtour durch Wald und Heide

Gerdehaus, 29328 Faßberg. www.region-celle-navigator.de. **Länge:** 26 km, Start: Parkplatz Gerdehaus, Gerdehaus – Niederohe – Oberohe – Schmarbeck – Faßberg – Müden (Örtze). **Bahn/Bus:** Bus 0-26 bis Gerdehaus, Ortsmitte. **Auto:** L280 Müden – Unterlüß, Parkplatz rechts.

▶ Diese Rundtour bringt euch zu mehreren interessanten Punkten im Naturpark Südheide. Am **Parkplatz Gerdehaus** geht es los. Eine Tafel erzählt euch etwas über die Langobarden, ein germanischer Stamm, der hier einst lebte. Nur 500 m von hier fand

Am Parkplatz Gerdehaus gibt es einen Wasserspielplatz und einen Grillplatz.

man das Grab eines langobardischen Reiterkriegers. Auf dem Radweg neben der Landstraße fahrt ihr Richtung Oberohe, wo ihr links zum **Ferienpark Heidesee** abbiegt. Über den Abbau der Kieselgur informiert ein ⌁ *Lehrpfad.* Auf der linken Seite umfahrt ihr den Heidesee und radelt nun immer geradeaus durch die Dübelsheide zum ⌁ *Wacholderwald.* Links geht es nach **Schmarbeck,** ein kleines Heidedorf mit mehreren schönen Höfen. Im Ort biegt ihr rechts ab, hinter dem kleinen Teich geht es weiter nach links bis zum Waldweg in Faßberg. Dort könnt ihr die ⌁ *Erinnerungsstätte Luftbrücke* besuchen. Anschließend geht es auf die Große Horststraße, kurz vor dem Ortsende biegt ihr rechts ab Zum Poitzer Bahnhof. In **Poitzen** fahrt ihr auf einem Abschnitt des ⌁ *FlussWaldErlebnispfades* Richtung Müden. In **Müden** tretet ihr über den Wiesenweg und Haußelbergweg den Rückweg an.

Im Tiefental

29320 Hermannsburg. www.region-celle-navigator.de.
Länge: 2 km, Start: Wanderparkplatz Am Eicksberg,
Symbol: Heidschnucke, Grüner Kreis, W10. **Auto:** L281
Oldendorf – Eschede, 2 km hinter Oldendorf Zufahrt gegenüber Abzweig Dehnigshof, geradeaus, dann rechts
durch den Wald.

▶ Diese kurze Wanderung führt euch um eine besonders hübsche Heidefläche und in das *Tiefental.* Es ist tatsächlich ein tiefes Tal, das die Eiszeit hier hinterlassen hat. In den Jahren um 1860 wanderte der Pastor *Ludwig Harms* während der **Missionsfeste** im Juni durch das Tal und hielt hier seine Predigten, zu denen bis zu 6000 Menschen kamen. Er wollte, dass seinen Zuhörern die Sonne auf den Kopf scheint, »damit die Brüder in Afrika es nicht allein heiß hätten.«
Ihr startet am **Parkplatz Am Eicksberg** und folgt dem ausgeschilderten Weg am Waldrand entlang und dann in den Wald hinein. Linker Hand verbergen sich einige Gruben im Wald: Hier hat man nach dem Zwei-

Eine Broschüre mit weiteren Radtouren ist in der Tourist-Info Müden erhältlich (3 €).

Hunger & Durst
Gasthaus Heidesee, Schulstraße 11a, Müden. ☎ 05053/1310. www.gasthaus-heidesee.de. Di – So ab 11 Uhr. Terrasse.

Ludwig Harms (1808 – 1865) war Gründer der Hermannsburger Mission. Die christliche Bekehrung war sein Lebensinhalt. Seit 1851 wurde einmal jährlich um den 24. Juni (Johannistag) das **Missionsfest** *gefeiert.*

ten Weltkrieg Munitionsreste gesprengt. Es geht bald nach links und schließlich in das Tiefental hinein. Stellt euch vor, wie hier tausende Menschen an den Missionsfesten gemeinsam sangen. Das muss sich schon beeindruckend angehört haben. Ihr folgt dem Weg nach links, der ab hier Teil des Heidepanoramawegs ist, an der Infotafel zu Ludwig Harms vorbei, bis ihr an einen breiteren Weg kommt, der euch nach links wieder zum Parkplatz bringt.

Rundweg am Angelbecksteich

29320 Hermannsburg-Oldendorf. **Länge:** 1,4 km, kinderwagentauglich. **Auto:** L281 Oldendorf – Eschede, 2 km hinter Oldendorf rechts Richtung Dehnigshof, Parkplatz Angelbecksteich auf der linken Seite.

▶ Im Sommer 1975 brannten große Gebiete in der Lüneburger Heide ab. Es war eine der größten Brandkatastrophen in der Bundesrepublik, die mehr als 7000 ha Wald und Heide vernichtete. Der Angelbecksteich entstand als Folge davon: Er soll als Feuerlöschteich dienen, wenn die Heide brennt. Rund um den Teich wurde ein barrierefreier Weg angelegt, der auch mit Kinderwagen gut zu befahren ist. Der ausgeschilderte Rundweg bringt euch zu einem Pavillon auf dem Teich, von dem ihr die Wasservögel beobachten könnt. Auf einer Anhöhe seht ihr einen Gedenkstein an die Brandkatastrophe. Info- und Artentafeln erzählen etwas über Raubwürger, Heuschrecken und Heidepflege. Vielleicht nehmt ihr einen Picknickkorb mit oder ihr kehrt in die **Alte Fuhrmannsschänke** ein (800 m weiter).

Spaziergang im Wacholderwald

29328 Faßberg-Schmarbeck. **Länge:** 4,4 km, Start: Wanderparkplatz Wacholderheide, Symbol: Grüner Kreis, W1, Wacholder mit Teufelshörnern. **Auto:** L280 Müden (Örtze) Richtung Unterlüß, links nach Schmarbeck, oder von Faßberg über Waldweg nach Schmarbeck, immer geradeaus zum Parkplatz.

Hunger & Durst
Alte Fuhrmannsschänke, Dehnigshof 1, Hermannsburg-Dehnigshof. ✆05054/9897-0. www.fuhrmanns-schaenke.de. April – Okt täglich 12 – 20.30 Uhr, Nov – April Mo Ruhetag und So ab 17 Uhr geschlossen. Mit Terrasse und Spielplatz.

Besonders viele und besonders knorrige Wacholder wachsen in der **Teufelsheide** bei Schmarbeck. Die hügelige Landschaft hält zudem schöne Ausblicke bereit. Folgt dem ausgeschilderten Weg, der euch zwischen Heideflächen der **Schlichternheide** (links) und der *Dübelsheide* (rechts) führt. Dübel ist Plattdeutsch und bedeutet Teufel. Warum die Heide hier so heißt, weiß man nicht genau. Möglicherweise erhielt sie diesen Namen, weil hier der **Teufelszwirn** wächst. Nachdem ihr ein kleines Kiefernwäldchen durchquert habt, kommt ihr zum Wacholderwald.

Teufelszwirn wächst auf anderen Pflanzen und bildet sich windende, gelbe oder rötliche Stängel, die wie ein Zwirn aussehen. Er hat keine Wurzel und ernährt sich nur von seiner Wirtspflanze. In der Dübelsheide ist das Besenheide und Thymian.

Der Heidschnuckenweg

Unterlüßer Straße 5, 29328 Müden (Örtze). www.heidschnuckenweg.de. **Länge:** 7 km, Start: Tourist-Info Müden, Müden – Poitzen – Faßberg (Wander-Etappe 9), Symbol: Großes H. **Bahn/Bus:** ↗ Müden, Rückweg mit Bus 1-15 ab Faßberg, Lindenstraße.

Insgesamt misst der Heidschnuckenweg zwischen Hamburg und Celle stolze 223 km. 2012 wurde er eingeweiht, 2014 zum schönsten Wanderweg Deutschlands gekürt. Das könnt ihr selbst überprüfen! Insgesamt sind 13 Abschnitte zwischen 7 und 27 km Länge ausgewiesen. Da auch 7 km erst einmal erwandert werden wollen, soll dieser kürzeste Abschnitt euch hier empfohlen werden. Los geht es an der **Tourist-Information** in **Müden**, die sich in der hübschen Wassermühle befindet (dort könnt ihr einen Stempel abholen). Bis Poitzen verläuft der Weg parallel zum ↗ **FlussWaldErlebnispfad,** sodass ihr interessante Informationen an den dazugehörigen Tafeln lesen könnt. Es geht an der Ostseite des **Heidesees** entlang, dann durch Wiesen, rechts am Bach entlang und über die Örtze. Nun geht es über einen kleinen Pfad nach links, mal näher, mal etwas weiter weg vom Ufer. Vielleicht seht ihr einen Fischotter, einen Eisvogel oder sogar einen Biber? In **Poitzen** überquert ihr die *Radau,* folgt dann der Straße nach rechts und noch einmal nach rechts. Über die alten

Wegweiser: Zum Tiefental folgt ihr der Heidschnucke
© pmv, Kirsten Wagner

An 14 Stationen auf dem Heidschnuckenweg könnt ihr euch Stempel in einen Wanderpass drücken lassen. Für 6, 10 und 14 Stempel gibt es den Heidschnuckenweg-Pin in Bronze, Silber oder Gold.

Gleise geht es, ehe ihr den Weg links wählt. Der bringt euch direkt nach **Faßberg.**

In Faßberg angekommen könnt ihr euch im ⤢ Waldschwimmbad Herrenbrücke erfrischen oder etwas über die ⤢ Luftbrücke erfahren.

Schon vor dem Kochen blau: An den Aschauteichen begrüßt euch ein großer Karpfen
© pmv, Kirsten Wagner

Spaziergang an den Aschauteichen

Aschauteiche 1, 29348 Eschede. **Länge:** 3,6 oder 9,6 km, ausgeschildert als Wanderung W14. **Bahn/Bus:** ⤢ Eschede, Fußweg vom Bahnhof über Mühlenstraße, Schneebruch, Uelzener Straße, 3 km. **Auto:** B191.

▶ An den Aschauteichen spaziert ihr durch eine herrliche Wasserlandschaft, in der sich gut Vögel, Libellen und Frösche beobachten lassen. Am Parkplatz beginnen zwei Wanderungen, die kürzere ist 3,6 km lang, die lange 9,6 km. Beide verlaufen zunächst um den hübschen Seerosenteich der Teichwirtschaft Heese. Anschließend wird ein Fischteich umrundet. Mit etwas Geduld und am besten mit einem Fernglas ausgestattet, seht ihr vom Aussichtsturm verschiedene Wasservögel. Wer die lange Tour wählt, biegt am Loher Weg nach rechts ab zu den Loher Teichen. Ihr kommt durch Kiefernwälder und kleine Moorgebiete. Findet ihr einen Gagelstrauch? Er ist typisch für moorige Randgebiete. Schließlich erreicht ihr auch auf dieser Tour den Beobachtungsturm. Ihr könnt Ausschau halten nach Graureihern und den seltenen Schwarzstörchen, Eisvögeln und Fischadlern. Mit etwas Glück lässt sich sogar ein Rothalstaucher blicken – erkennbar an seinem roten Hals.

Hunger & Durst
Teichwirtschaft Heese, Aschauteiche 1, Eschede. ☎ 05142/2211. www.aschauteiche.de. Mo – Sa 8 – 18, So 10 – 18 Uhr. Im Hofladen gibt es Forelle, Karpfen und Aal, geräuchert oder küchenfertig, und Fischbrötchen.

Mit Kutsche & Planwagen

Kutschfahrten im Naturpark Südheide

▶ Kutschen stehen an den Kutschenparkplätzen, meist sind das die ausgewiesenen Wanderparkplätze, zum Beispiel an der Misselhorner Heide oder in Oberohe. Dort könnt ihr spontan zusteigen. Wenn ihr sicher gehen wollt oder mit einer Gruppe anreist, könnt ihr bei diesen Anbietern eine Kutschfahrt buchen:

Heidefahrten Krüger, Neu-Lutterloh 3, 29345 Unterlüß, ✆05827/1569, www.heidefahrten-krueger.de, Rundfahrt 2 Std 9 € pro Person, Kaffeefahrt 3 Std 16 €, Ermäßigung für Kinder.

Kutschbetrieb Hinrich Tewes, Am Gasthaus Heidesee, Schulstraße 11, 29328 Müden (Örtze), ✆0173/9839088, hinrich.tewes@gmx.de.

Heidefahrten Adams, Paul Adams, Oberohe 6, 29328 Faßberg-Oberohe, ✆05827/5345, Handy 0172/ 8486431.

Heidekutscher Braun, Winsener Straße 10, 29303 Bergen, ✆05051/3626, www.heidekutscher.de, mail@heidekutscher.de, Rundtour Misselhorner Heide 1,5 Std 8 €, Kinder 6 €.

Tiere hautnah erleben

Wild- und Abenteuerpark Müden: Klettern und Elche sehen

Heuweg 23, 29328 Müden (Örtze). ✆05053/903031, www.wildparkmueden.de. **Bahn/Bus:** Bus 1-15. **Auto:** Hermannsburger Straße. **Rad:** Lüneburger-Heide-Radweg. **Zeiten:** täglich 9 – 18 Uhr, Nov – Feb 10 – 16 Uhr. **Preise:** 6 €; Kinder 3 – 15 Jahre 4,50 €; Familien (2 Erw, 2 Kinder) 18 €.

▶ *Snorre* und *Steffi* sind die beiden Stars im Wildpark Müden. Zweimal täglich lassen sich die Elche bei der Fütterung besonders gut beobachten (März –

UMWELT ER-FORSCHEN

Okt). Wer auf eigene Faust über das schöne Gelände an der Örtze wandert, kann mit dem an der Kasse erhältlichen Futter auch die Waschbären, die Heidschnucken und die Ziegen füttern. Wollt ihr noch *Renate* und *Thelma* kennen lernen? Dann solltet ihr die Flugschau (April – Okt täglich 12 und 15 Uhr) nicht verpassen. Neben dem Kolkraben und der Schleiereule zeigen dort auch ein Wüstenbussard und ein Falke ihre Luftkünste. Zwischenzeitliches Austoben ermöglichen das Riesenkissen, der Niedrigseilgarten und der Spielplatz. Ein weiterer fester Termin von Frühling bis Herbst ist die zweite Elchfütterung um 16.15 Uhr, ganzjährig werden um 14 Uhr die Waschbären gefüttert.

Filmtierpark Joe Bodemann

Am Aschenberg 27, 29361 Eschede-Höfer. ✆ 05142/987229, www.filmtierpark.de. **Bahn/Bus:** Bus 8-35 von Celle oder Eschede bis Aschenberg. **Auto:** B191 Celle – Eschede, über Habighorst nach Höfer, Munastraße.

Sie treten zusammen auf, singen aber nicht: Joe Bodemann mit seinem weißen Tiger Elvis
© Joe Bodemann Filmtierzentrum

Zeiten: März – Okt täglich 9 – 18 Uhr, Nov – Feb ab 10 Uhr bis zur Dämmerung, Tiertraining April – Okt ab 10 Uhr. **Preise:** 11 €; Kinder 3 – 13 Jahre 9 €; Familien (2 Erw, 2 Kinder) 36 €, Abendkarte ab 16.30 Uhr 7 € pro Person.

▶ Tierisch sind die Stars, die in dem Filmtierpark des bekannten Tiertrainers *Joe Bodemann* leben. Viele der Vierbeiner in 70 Arten sind aus Film und Fernsehen bekannt. Bei ihrem Training lässt sich täglich zuschauen. Dabei wird vorgeführt, wie die Tiere für Filmaufnahmen fit gemacht werden. Hautnaher Kontakt zum Publikum nicht ausgeschlossen! Da darf man auf einem Kamel Platz nehmen, eine Schlange streicheln oder beim Bären-Training zuschauen. Bei einem Rundgang zu den

Gehegen lassen sich Luchs, Yak, Vogelspinne, Löwe, Leopard und die anderen tierischen Bewohner des Parks beobachten. Kuchen und Eis könnt ihr euch im **Dschungel-Café** schmecken lassen.

Begegnung mit Heidschnucken

Heidschnuckenhof Niederohe, Niederohe 5, 29328 Faßberg-Niederohe. ✆05827/7449, www.heidschnuckenhof-niederohe.de. **Bahn/Bus:** Bus 0-26 von Faßberg, Unterlüß oder Hermannsburg. **Auto:** Landstraße 280 von Unterlüß Richtung Müden und Faßberg, Hof ca. 1 km hinter Abzweig Ferienpark Heidesee, links.

▶ Der Heidschnuckenhof in Niederohe gehört zu den letzten Höfen, die Schnucken ganz traditionell halten. Täglich zieht der Schäfer *Carl W. Kuhlmann* mit der Herde hinaus auf die Heideflächen. Zum Hof gehören außerdem Felder, auf denen Kartoffeln, Getreide und Zuckerrüben angebaut werden. Nach Anmeldung lassen sich die Schnucken jeden Tag besuchen, zudem bietet der Hof im Sommer **Wanderungen** zur Herde an (10 € pro Person, Anmeldung über Tourist-Info Müden, ✆05053/989222). Gruppen ab 15 Personen können beim nachmittäglichen **Eintrieb** dabei sein (3 € pro Person). Die Zuchtböcke vom Hof sind auch auf der alljährlichen Heidschnuckenbockauktion in Müden zu sehen.

Der Natur auf der Spur

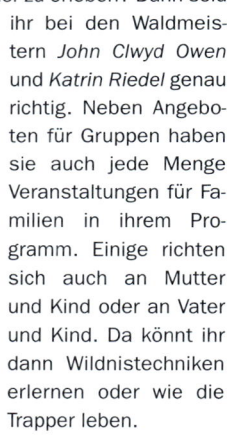

Ritsche Ratsche: Bei den Waldmeistern wird tüchtig gesägt

© Katrin Riedel

Waldabenteuer

Unter den Eichen 16, 29320 Hermannsburg. ☏ 05052/5429411, www.wir-sind-waldmeister.de. **Infos:** Flyer zum Download auf der Internetseite, Angebote für Familien unter John the Hunter für Privatpersonen.

▶ Habt ihr Lust mit dem Bogen zu schießen, zu schnitzen oder Waldabenteuer zu erleben? Dann seid ihr bei den Waldmeistern *John Clwyd Owen* und *Katrin Riedel* genau richtig. Neben Angeboten für Gruppen haben sie auch jede Menge Veranstaltungen für Familien in ihrem Programm. Einige richten sich auch an Mutter und Kind oder an Vater und Kind. Da könnt ihr dann Wildnistechniken erlernen oder wie die Trapper leben.

Der Heidepanoramaweg

Misselhorn, 29320 Hermannsburg. **Länge:** 7,5 km, Start: Parkplatz Misselhorner Heide, Symbol: Gelber Ring, W10, Heidschnucke. **Bahn/Bus:** Bus 0-26 Sa als Anruflinienfahrt. **Auto:** Straße Hermannsburg – Unterlüß, von Hermannsburg Lotharstraße ortsauswärts.

▶ Durch die *Misselhorner Heide* führt euch der Heidepanoramaweg. Dabei erzählen euch zehn Stationen etwas über die Geschichte der Landschaft und die Tiere und Pflanzen der Heide. Ihr erfahrt, was *Heidkieker* sind, warum es so viele Bienenzäune gibt oder ob der Wolf in die Heide zurückkehrt. Vielleicht begegnet euch auch die Heidschnuckenherde, die die Misselhorner Heide kurz hält.

Los geht es am Wanderparkplatz. Folgt zunächst der Baumallee und geht dann links auf den Weg, der mitten durch die Heide führt. Irgendwann verengt sich die Heide und es geht ein paar Meter durch den Wald. Diese Verengung heißt *Stiefelbusch*. Nun liegt rechts der Wald, links die Heide. Weiter geht es bis ins *Tiefental*. Dieser Teil des Weges verläuft parallel zur ↗ Wanderung im Tiefental. Wenn ihr auf den breiten Weg stoßt, könnt ihr links zum Parkplatz Am Eickberg abbiegen, aber auch die Abkürzung geradeaus nehmen. Sie führt euch wieder auf euren Wanderweg. Diese **Trift** wird auch von den Heidschnucken genutzt. Bald seid ihr wieder am Ausgangspunkt.

*Eine **Trift** ist der Weg, den Vieh vom Stall zum Weideland und umgekehrt nimmt.*

Auf der Spur von Kieselgur

Kieselgur-Lehrpfad, Oberohe, 29328 Faßberg-Oberohe. **Länge:** 2 km. **Auto:** Landstraße 280 von Faßberg Richtung Unterlüß, Abzweig zum Ferienpark Heidesee, Parkplätze vor dem Eingang. **Preise:** Eintritt zum Lehrpfad und zur Gastronomie frei.

▶ In den Seen der Lüneburger Heide lebten vor mehreren hunderttausend Jahren unzählige kleine Kieselalgen. Diese sanken nach ihrem Absterben zu Boden und bildeten Ablagerungen – die Kieselgur. 1837 entdeckte man den Rohstoff und fand heraus, wie man ihn einsetzen kann, zum Beispiel als Filterstoff. In Neuohe wurde Kieselgur zwischen 1863 und 1994

KIESELGUR

Kieselgur ist ein Rohstoff, der in großem Maß in der Lüneburger Heide abgebaut wurde. Hier befanden sich die ersten und größten Kieselgurgruben. Der Abbau von Kieselgur war ab 1863 ein bedeutender Wirtschaftszweig. Kieselgur ist porös und kann deshalb vielfältig verwendet werden, zum Beispiel als Filter, als Schleifmittel oder als Füllstoff. Man findet sie in Autoreifen, Kosmetik und Reinigungsmitteln. 1994 wurde ihr Abbau in Norddeutschland eingestellt. Sie wird heute aus den USA importiert.

 Noch mehr über Kieselgur erfahrt ihr im **Albert-König-Museum.** Albert-König-Straße 10, Unterlüß. ✆05827/369. www.albertkoenigmuseum.de. Mai – Okt Di – So 14.30 – 17.30, Nov – April Sa, So 14.30 – 17.30 Uhr. 3 €, Schüler bis 16 Jahre 1 €, Fr Eintritt frei. Das Kunstmuseum zeigt neben wechselnden Gemälde-Ausstellungen auch eine Kieselgur-Ausstellung.

abgebaut, in Oberohe von 1884 bis 1970. Noch viel mehr über diesen wertvollen Bodenschatz erfahrt ihr auf dem **Kieselgur-Lehrpfad.** Er befindet sich am Ferienpark Heidesee und führt teilweise direkt über das Gelände. Es gibt viele Schautafeln, die zeigen, wie es hier einst aussah. Auch der Heidesee war früher eine Abbaugrube. Es wird erklärt, wie die Kieselgur entstand, wie sie abgebaut, getrocknet und gebrannt wurde. Ihr seht auch Objekte aus der Zeit des Abbaus, wie Loren und den einstigen Brennschuppen.

FlussWaldErlebnispfad

29328 Müden (Örtze). www.mueden-oertze.de.
Länge: 20 km, Großer und Kleiner Flusspfad (7,5 und 3 km), Großer und Kleiner Waldpfad (6,5 und 3,5 km), der Kleine Flusspfad ist kinderwagentauglich.
Bahn/Bus: ↗ Müden. **Infos:** ↗ Tourist-Info Müden.

▶ Der FlussWaldErlebnispfad besteht eigentlich aus vier Lehrpfaden. Wer genug Puste hat, kann natürlich alle vier erwandern oder erradeln. Ansonsten habt ihr die Wahl: lieber Wald oder Wasser, lieber kurz oder lang? Die beiden **Flusspfade** entlang der *Örtze* haben ihren Ausgangspunkt an der Tourist-Info in Müden. Der längere Pfad führt nach Norden bis Poitzen, der kürzere nach Süden. Ihr lernt den Papagei des Nordens kennen, seht mit Libellenaugen oder erfahrt die Geschichte des Otterbocks.
Die **Waldpfade** haben ihren Ausgangspunkt bei der Jugendherberge von Müden am südlichen Ortsrand. Entlang der Örtze geht es nach Süden. An Station 7 biegt ihr in den Rückweg ein oder fahrt geradeaus für die große Runde, die euch über Baven zurück nach Müden bringt. Ihr entdeckt die Geheimnisse des Baumes und erfahrt, was der Löwe im Wald macht!
Übersichtstafeln helfen, die Orientierung zu behalten, außerdem ist eine Begleitbroschüre erhältlich. Sie steht auch im Internet zum Herunterladen bereit.

Der Urwald im Lüß

29345 Unterlüß. **Länge:** 8,4 km, Start: Parkplatz Lüß-wald, Symbol: Bäume, W8, gelber Ring. **Auto:** L280 von Unterlüß Richtung B191, 1 km nach Bahnbrücke Parkplatz links.

▶ Auf diesem Weg geht es um den Wald und seine Bedeutung für den Menschen. Der Walderlebnispfad entspricht der gelben Wandertour W8. Er führt euch sowohl zu forstlich genutztem Wald als auch entlang eines Naturwaldreservates, in dem der Wald sich seit 1973 zu einem Urwald entwickeln darf.

Vom Parkplatz aus geht es zu Station 1, einem **Holz-ernteplatz.** Von dort geht es scharf rechts zurück zur Straße und an ihr entlang zu einem Denkmal, das an den Reichsarbeitsdienst erinnert, für den ab 1931 freiwillig, ab 1935 verpflichtend, junge Männer zur Pflege des Waldes herangezogen wurden. Der weitere Weg führt auf den 130 m hohen **Lüßberg** hinauf. Ihr erfahrt etwas über das Reich der röhrenden Hirsche und könnt euch auf einer Bank ausruhen. Ein Stein erinnert an den Orkan, der im November 1972 auch hier große Schäden hinterließ. Bald darauf kommt ihr zum **Naturwaldreservat.** Hier wachsen vor allem Buchen. Weiter geht es zu einem geradezu märchenhaften Waldstück und zu einer **Ertragsver-suchsfläche,** wo man den Holzertrag erforscht. Nach Station 9 geht es über die breite Stromschneise. An einer Lichtung liegt die letzte Station, die euch den Wald als Spiegel menschlicher Nutzung erklärt. Der Rundweg führt euch noch zum **Forstamt,** wo ihr die Straße überquert, und durch den Windloh zurück zum Ausgangspunkt geht.

*Der **Lüßwald** bei Unterlüß ist mit 7500 Hektar eines der größten Waldgebiete in Deutschland. Hier wachsen Kiefern, Buchen, Fichten, Eichen und Birken.*

HeideErlebnispfad Schillohsberg

Hermannsburger Landstraße, 29345 Unterlüß-Lutterloh. **Länge:** 2,2 km, Symbol: Mistkäfer. **Auto:** Kreisstraße 17 (Hermannsburg – Unterlüß), von Hermannsburg kommend 1 km hinter Lutterloh, Parkplatz Schillohsberg, Pfadbeginn gegenüber.

Heideblüte: Die kleinen glockenartigen Blüten verwandeln die Heide in ein lila Meer

© pmv, Kirsten Wagner

DER MISTKÄFER

Wenn ihr durch die Heide wandert, seht ihr bestimmt schwarz-glänzende Käfer auf dem Weg. Das ist der Gemeine Mistkäfer. Er erhielt seinen Namen, weil er die Hinterlassenschaften anderer Tiere wegräumt. In der Heide stürzt er sich auf den Kot der Heidschnucken. Er rollt die Schafsköttel in sein Bodenloch, wo sie als Nahrung für die Larven dienen. Dank dem Mistkäfer gelangt so der wertvolle Dünger in den Heideboden.

Macht keinen Mist: Der Mistkäfer räumt ihn weg!
© pmv, Kirsten Wagner

▶ Das Symbol des Mistkäfers begleitet euch auf dem Heide-Erlebnispfad. Wer die Augen aufhält und nach unten guckt, wird mit Sicherheit auch einige ganz lebendige Exemplare des schwarz glänzenden Käfers entdecken. Bevor ihr an der letzten Station des Weges herausfindet, warum es so viele von ihnen hier gibt, erfahrt ihr, wie die Heidelandschaft entstand, warum Heidschnucken so wichtig sind und was Plaggen bedeutet. Ihr seht außerdem ein Bodenprofil und könnt durch ein Landschaftsfenster schauen. Der Weg am **Schillohsberg** bringt euch durch eine wunderschöne Heidelandschaft und durch den Wald.

Geocaching in Hermannsburg

Am Markt 3, 29320 Hermannsburg. ✆05052/6547, www.hermannsburg-urlaub.de. **Länge:** 3,7 km, Start: Rathaus Hermannsburg. **Bahn/Bus:** ↗ Hermannsburg. **Zeiten:** Ausleihe zu Öffnungszeiten der Tourist-Information. **Preise:** 8 € für 2 GPS-Geräte.

▶ Mit Hilfe von GPS-Geräten könnt ihr in Hermannsburg auf Schatzsuche gehen. An der Tourist-Info erhaltet ihr sie und ein dazugehöriges Faltblatt. Mit den GPS-Koordinaten sucht ihr dann den Weg von einem Cache zum nächsten.

Museen

Erinnerungsstätte Luftbrücke

Waldweg, 29328 Faßberg. ✆05055/1721015, www.luftbrueckenmuseum.de. **Bahn/Bus:** Bus 0-26 bis Fliegerhorst. **Auto:** L280 Müden – Unterlüß, Abzweig nach Faßberg, Müdener Weg, geradeaus Große Horststraße, vor dem Fliegerhorst rechts, Parkplatz am Waldweg. **Zeiten:** April – Nov Sa – Do 13 – 17 Uhr. **Preise:** 2 €.

▶ Nach dem Zweiten Weltkrieg war Berlin genau wie ganz Deutschland unter den Siegermächten in Sektoren aufgeteilt worden. Nun lag Berlin aber mitten in der Sowjetischen Besatzungszone. Wegen Unstimmigkeiten über eine neue Währung begann die Sowjetunion am 24. Juni 1948 West-Berlin zu blockieren. Die Versorgung mit Lebensmitteln war plötzlich abgeschnitten – zumindest auf dem Land- und Wasserweg. Es blieb also nur der Luftweg. So richtete man schon am nächsten Tag eine Luftbrücke ein. Dabei spielte auch der Fliegerhorst in **Faßberg** eine große Rolle, denn von hier aus startete eine ganze Reihe der Rosinenbomber. So nannte man die Flugzeuge, die nach Berlin flogen. Eines von ihnen, den Faßberg-Flyer, könnt ihr in der Erinnerungsstätte ansehen. In mehreren Nissenhütten und Bahnwaggons wird außerdem von der Luftbrücke erzählt. Die dauerte übrigens bis zum Mai 1949. Erst dann gab die Sowjetunion die Blockade auf.

Puppenwelt: Markmanns Spielzeugstuben

Bahnhofstraße 1, 29348 Eschede. ✆05142/831, www.spielzeugstuben.de. **Bahn/Bus:** ↗ Eschede. **Auto:** Zentrum. **Zeiten:** Di – Fr 9 – 12 und 15 – 18 Uhr. **Preise:** 2 €; 1 €; Familien 4,50 €.

▶ Wer Puppen liebt, wird sich in den Spielzeugstuben in Eschede nicht satt sehen können. Die Sammlung von Hildegard Markmann, die seit 2000 in der

HANDWERK UND GESCHICHTE

🦉 *Faßberg entstand erst in den 1930er Jahren als Siedlung für den gleichnamigen Fliegerhorst. Am Grundriss der Straßen kann man gut erkennen, dass es sich um eine Plansiedlung handelt. Insgesamt wurden von Faßberg aus 450.000 Tonnen Kohle nach Berlin transportiert, damit die Bevölkerung heizen und kochen konnte.*

NATURPARK SÜDHEIDE

alten Apotheke auch der Öffentlichkeit zugänglich ist, umfasst neben unzähligen Puppen und Puppenstuben auch Teddys, Dampfmaschinen, Blechspielzeug und Eisenbahnen, eben alles, mit dem Kinder früher spielten.

FESTKALENDER NATURPARK SÜDHEIDE

Mai: Hermannsburg: **Hermannsburger Frühling** mit Kinderprogramm.

Juni: Hermannsburg: **Hei(de)-Land-Games:** Schottische Wettkämpfe im Baumstammwurf, Steinstoßen und Fassrollen im Örtzepark, mit Kids-Games-Area. Mehr unter www.heideland-games.de.

Juli: 1. Wochenende Fr, Sa, Müden (Örtze): **Seefest.** Mit buntem Programm und Feuerwerk.
Müden (Örtze): **Heidschnuckentag.** Prämierung und Versteigerung der besten Jungböcke: Der beste Bock wird Mr Müden. Am Gasthaus Heidesee.
Hermannsburg: **Back- und Aktionsfest** im Heimatmuseum.

August: Neuohe: **Hoffest** auf dem Heidschnuckenhof. Mit Eintrieb, Schervorführungen, Schnuckeligem Spaß für Kids und Kutschfahrten.
Alle 3 Jahre (nächster Termin 2017), 3. Wochenende, Hermannsburg: **Internationales Trachtenfest.** Örtzepark. Musik, buntes Programm, Festumzug.
Letztes Wochenende, Hermannsburg: **Kunst-Werk-Tage** auf dem Hofgut Beckedorf. Mit Kinderprogramm.

August/September: Müden (Örtze): **Kartoffelfest,** am Wanderparkplatz Wietzer Berg (Willighausen).

September: Mitte, Müden (Örtze): **Mühlenfest,** an der historischen Wassermühle.

CELLE & UMGEBUNG

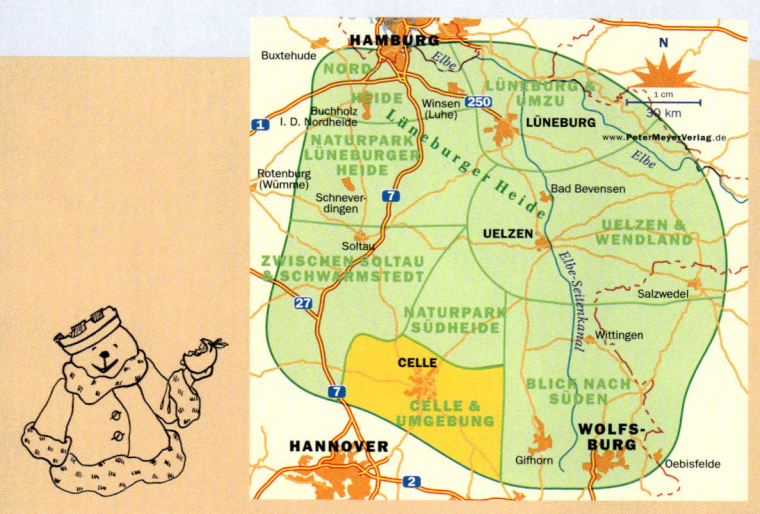

NORDHEIDE

LÜNEBURG & UMZU

NATURPARK LÜNEBURGER HEIDE

UELZEN & WENDLAND

ZWISCHEN SOLTAU & SCHWARMSTEDT

NATURPARK SÜDHEIDE

CELLE & UMGEBUNG

BLICK NACH SÜDEN

ORTE, INFO & VERKEHR

FERIENADRESSEN & KARTEN

Celle wird auch das südliche Tor zur Lüneburger Heide genannt. Die Stadt zählt 70.000 Einwohner und besitzt eine hübsche Altstadt mit vielen Fachwerkhäusern und einem Schloss. Einst residierten hier die Herzöge zu Braunschweig-Lüneburg.

Celle wird von der Aller durchflossen, in die die Lachte und die Fuhse münden. Hier lässt sich nicht nur wunderbar Boot fahren, sondern auch wandern und radeln. Ein Ausflug nach Wietze offenbart Erstaunliches zum Thema Erdöl, in Winsen an der Aller zeigt der Museumshof, wie man früher hier lebte, und in Meißendorf gibt es Natur pur.

Frei- & Hallenbäder

Badeland Celle

77er Straße 2, 29221 Celle. ✆05141/95193-50, www.celler-badeland.de. **Bahn/Bus:** Bus 5-55 bis Hallenbad. **Auto:** B3, Sägemühlenstraße, Parkhaus direkt gegenüber. **Rad:** Aller-Radweg, Lüneburger-Heide-Radweg. **Zeiten:** Hallenbad Mo 9.30 – 18.30, Di, Do, Fr 6 – 22, Mi 6 – 17.30 (Ferien bis 22), Sa 8 – 19 Uhr, So 8 – 18 Uhr, Freibad Mai – Mitte Sep Mo – Fr 6 – 20 Uhr, Sa 8 – 20 Uhr, So 8 – 19 Uhr. **Preise:** 1 Std 2,70 €, 3 Std 5,50 €, Tag 10 €, Freibad 3,50 €; Kinder 3 – 15 Jahre 1 Std 2 €, 3 Std 3,50 €, Tag 5,50 €, Freibad 2 €; Familien 3 Std (1 Erw, 3 Kinder) 14,50 €, (2 Erw, 3 Kinder) 20 €.

▶ Im Celler Badeland kommen kleine und große Wasserratten zu jeder Jahreszeit auf ihre Kosten. Gleich sieben Becken können im **Hallenbad** erobert werden. Sprungturm, Wildwasserbach und eine 60 m lange Rutsche bringen Abwechslung in den Badetag. Das **Freibad** wartet mit einem 1300 qm großen Mehrzweckbecken und einer 90 m langen Wasserrutsche auf. An Land geht es sportlich weiter beim Beachvolleyball, Beachsoccer, Tischtennis oder Basketball. Ein Spielplatz zum Matschen, Planschen und Toben ist ebenfalls vorhanden.

DAS TOR ZUR HEIDE

Celler Land und Oberes Örtzetal: 1:60.000. Freizeitkarte inkl. Rad- und Wanderrouten mit 13 Ortsplänen in 1:25.000. Kommunalverlag Tacken, 7,95 €.

TIPPS FÜR WASSER-RATTEN

Nebenan könnt ihr **Minigolf** spielen. 77er Straße 38, 29221 Celle, ✆0162/8743909, www.bgc-celle.de. April – Okt Mo – Sa 15 – 19, So 11 – 19 Uhr. 3 €, Kinder 2 €.

Vorsichtig um die Heuballen herum! Im Kloster Wienhausen findet alljährlich die Osterhasenolympiade statt

© pmv, Kirsten Wagner

CELLE & UMGEBUNG

Ganz in ihrem Element:
Mutter und Kind baden
fröhlich

© Stadtwerke Celle GmbH

Neben Schwimmkursen und Babyschwimmen hat das Badeland einmal im Monat auch Schnuppertauchen im Angebot. Wer 12 Jahre alt ist, darf für 7 € teilnehmen.

Freibad Westercelle

Wilhelm-Hasselmann-Straße, 29227 Celle-Westercelle. ☏05141/977369, www.freibad-westercelle.de. **Bahn/Bus:** Bus 6-65 bis Nordweg. **Auto:** B3, über Westerceller Straße. **Rad:** Von Süden über Bennebosteler Straße. **Zeiten:** Mai – Sep Mo – Fr 6 – 20 Uhr, Sa, So, Fei 8 – 19 Uhr. **Preise:** 3,50 €, Mo – Fr ab 18 Uhr 2,50 €; Kinder 3 – 17 Jahre 2 €, Schwimmkurs 70 €.

▶ Das Freibad in Westercelle wird von einem Förderverein betrieben. In den Sommermonaten wird hier gerne geplanscht und geschwommen. Dafür stehen ein 50-m-Becken mit angeschlossenem Nichtschwimmerbereich und ein Babybecken bereit. Eine kurze steilere und eine längere gewundene Rutsche führen spritzend ins erfrischende Nass. Sprungbretter gibt es in 1 und 3 m Höhe. Ebenfalls im Angebot: Beachvolleyball, Großschach und Spielplatz.

Hungar & Durst

Bistro im Celler Badeland, 77er Straße, Celle. ☏05141/95193-82. Di, Do, Fr 12 – 21, Sa 11 – 18.30, So 11 – 17.30 Uhr.

Hallen- und Freibad in Winsen a.d. Aller

Bannetzer Straße 34, 29308 Winsen (Aller). ☏05143/988-834, 1029. www.schwimmbad-winsen.de. **Bahn/Bus:** Bus 2-95 von Celle. **Auto:** Von Celle über Petersburgstraße, Bremer Weg, Kirchstraße. **Rad:** Aller-Radweg, Lüneburger-Heide-Radweg. **Zeiten:** Hallenbad Sep – Mai Di, Mi 6.30 – 12, Do bis 11, Fr bis 8, Di – Fr 15 – 20.30, Sa 14 – 18.30, So 8 – 13.30 Uhr, in den Ferien länger. Freibad Mai – Sep Mo 13 – 19.30, Di – Sa 6.30 – 19.30, So 8 – 19.30 Uhr. **Preise:** 3,50 €; Kinder 5 – 17 Jahre 2 €; Di Warmbadetag Zuschlag 2 €.

▶ Das 25-m-Becken im **Hallenbad** Winsen kombiniert einen Schwimmer- und einen Nichtschwimmerbereich. Über den weißen Elefanten kommt ihr auch rutschend ins Wasser. Das Planschbecken mit mobiler Minirutsche ist in einem separaten Raum, sodass die jüngsten Badegäste sicher aufgehoben sind. Mitte Mai schließt das Hallenbad und das **Freibad** öffnet seine Tore. Neben einem Schwimmerbecken von 25 m Länge gibt es ein Nichtschwimmer- und ein Planschbecken. Wie wäre es zwischendurch mit einem Beachvolleyballmatch?

In der Hallenbad-Saison werden Schwimmkurse (45 €) und Babyschwimmen (75 €) angeboten.

Hallen- und Freibad Wietze in Wieckenberg

Wieckenberger Straße 59, 29323 Wietze-Wieckenberg. ℘05146/2696, www.schwimmbadverein-wietze.de. **Bahn/Bus:** Bus 3-85 bis Schwimmbad. **Auto:** B214, in Wietze Richtung Wieckenberg. **Rad:** Radweg von Elze über die historische Waldschmiede, Fuhrberger Straße. **Zeiten:** Hallenbad Di – Fr 6 – 8, Di 15 – 20.30, Mi 15 – 16, Fr 15.30 – 20, Sa 8 – 12 und 15 – 18, So 9 – 13 Uhr, Freibad Mai – Sep Di – Fr 6 – 8, Mo – Sa 13 – 19.30, So 10 – 19.30 Uhr, Ferien Di – Sa 10 – 19.30 Uhr. **Preise:** 2,50 €; Kinder 3 – 17 Jahre und Schüler 1,50 €, Nichtmitglieder Förderverein 0,50 € Aufschlag.
▶ Im Winter schwimmt man in Wietze in der **Halle,** im Sommer im **Freibad.** Drinnen gibt es am Nichtschwimmerbereich eine kleine Rutsche, draußen einen großen Sprungturm. Ein Planschbecken und ein Beachvolleyballfeld gehören ebenfalls zur Ausstattung.

Waldbad Hohne-Spechtshorn

Am Schwimmbad 23, 29362 Hohne-Spechtshorn. ℘05083/912927, 311. www.waldbad-hohne-spechtshorn.de. **Bahn/Bus:** Bus 0-58 bis Spechtshorn. **Auto:** Von Celle über Lachtehausen und Lachendorf nach Hohne, Dorfstraße, links. **Rad:** Gifhorner Südheide-Rundweg. **Zeiten:** Mai – Mitte Sep Mo – Fr 8 – 11 und

14 – 20 Uhr, Sa, So, Sommerferien 8 – 20 Uhr. **Preise:** 3 €; Kinder 1,50 €; ab 18 Uhr 1,50 €, Kinder 1 €.

▶ Zwischen den beiden Orten Hohne und Spechtshorn liegt das Waldbad der Samtgemeinde Lachendorf. Zum 25-m-Schwimmbecken gehört eine Ausbuchtung, die als Sprungbereich dient. Ein zweites Becken erfreut nicht nur die Nichtschwimmer, sondern auch alle, die gern rutschen. 47 m weit währt das Vergnügen, eine zweite Rutsche ist für die Kleineren da. Für die Jüngsten gibt es einen separaten Bereich mit Planschbecken, Minirutsche und Sandkiste, die Älteren unter euch können auch das Beachvolleyballfeld erobern. An der **Futterkrippe** erhaltet ihr Getränke, Eis und Snacks.

Freibad Papenhorst

Nienhagener Straße 33, 29339 Wathlingen. ✆05144/4590, www.wathlingen.de. **Bahn/Bus:** Bus 6-65. **Auto:** B3 von Celle Ri. Hannover, über Nienhagen, vor Wathlingen rechts. **Zeiten:** Mai – Sep Mo – Fr 6 – 20, Sa, So 9 – 19 Uhr. **Preise:** 3 €; Kinder 3 – 17 Jahre 1,50 €.

▶ 1964 wurde es eingeweiht, 2010 komplett neu gestaltet. Dem 50-m-Becken, über das schwungvoll eine Brücke führt, schließt sich ein Nichtschwimmerbereich an. Dort gibt es nicht nur Schwallduschen und einen Wasserpilz, sondern auch eine Breitwellenrutsche. Entspannen lässt sich im Whirlpool, während der 5-m-Turm im Sprungbereich von mutigen Wasserratten erklommen wird. Die Jüngsten zieht es hingegen ins Planschbecken mit eigener kleiner Rutsche und Schiffchengraben. Ebenfalls vorhanden ist ein Beachvolleyballfeld.

Badeseen & Schiffsfahrten

Hüttensee Meißendorf

Hüttenseepark, 29308 Winsen (Aller)-Meißendorf. ✆05056/941880, www.campingpark-huettensee.de.

Bahn/Bus: Bürgerbus 3 von Winsen oder CeBus 0-96 von Winsen bis Meißendorf-Bruchstraße, 1 km Fußweg. **Auto:** A7 Ausfahrt 50 Allertal, Richtung Celle, in Winsen Richtung Meißendorf. **Rad:** Ab Winsen über Meißendorfer Straße. **Zeiten:** See frei zugänglich, Campingplatz Mai – Sep. **Preise:** Tagesgäste 2,50 €; Kinder 1,50 €; Tretboot 1 Std 6 €, Kettcar 1 Std 3,50 €, Minigolf 2 € pro Pers.

Da geht die Post ab: Mit dem Katamaran auf den Meißendorfer Teichen
© pmv, Kirsten Wagner

▶ Zu den **Meißendorfer Teichen,** die einst in 50 Fischteichen die größte Karpfenzucht Norddeutschlands beherbergten, gehört auch der Hüttensee. Er ist als einziger der Teiche von dem Naturschutzgebiet ausgenommen. So darf man hier baden, Tretboot fahren, surfen und segeln. Der **Campingplatz** steht auch Tagesgästen offen. Ihr könnt Minigolf spielen, Kettcar fahren und auf dem Spielplatz am Strand toben.

Strandbad Ovelgönne

Oldauer Straße, 29313 Hambühren. ✆05084/601-227 (Gemeinde), www.hambuehren.de. Direkt an der Kreuzung B214/L298. **Bahn/Bus:** Bus 3-95 von Celle bis Strandbad. **Auto:** B214 von Celle, in Ovelgönne rechts auf Oldauer Straße, Strandbad gleich links. **Zeiten:** Mitte Mai – Aug Mo – Fr 14 – 19, Sa, So, Sommerferien täglich 12 – 19 Uhr. **Preise:** Eintritt frei.

▶ Einst gab es in Ovelgönne ein Kalksandsteinwerk. Durch den Abbau des Sands für Bauziegel entstand ein Teich, der dann in den 1960er Jahren zum Strandbad wurde. Das Baden ist hier nicht nur kostenlos, ihr habt auch noch einen 200 m langen Sandstrand

5 km lang ist der Rundweg um den Hüttensee. Am Südufer lassen sich die Vögel besonders gut vom Aussichtsturm beobachten. Entdeckt ihr Kormorane? Nützliches Utensil: ein Fernglas!

 Besucht doch auch ↗ Gut Sunder.

Hunger & Durst

Landgasthof Allerparadies, Schleusenweg 1, Langlingen. ✆05082/218. www.landgasthof-allerparadies.de. April – Okt Mi – Fr ab 17, Sa, So ab 10 Uhr, Nov – März Fr ab 17, Sa ab 15, So ab 10 Uhr. Alle Gerichte auch als Kinderteller. Sonnenterrasse. Kanuverleih 1 Std 10 €, Tag 25 €. Kettcarverleih 1 Std 1,50 €, halber Tag 6 €, Tag 12 €.

zu eurer Verfügung! Es gibt einen abgeteilten Nichtschwimmerbereich, einen Holzsteg und eine Badeplattform. Das Ufer ist flach und somit besonders kinderfreundlich. Es gibt auch Spielgeräte und einen Kiosk.

Badespaß zum Nulltarif

Strandfreibad Langlingen, Lütersweg, 29364 Langlingen. ✆05082/439, www.flotwedel.de. **Bahn/Bus:** Bus 0-58. **Auto:** Straße Langlingen – Wienhausen, Lütersweg Richtung Schleuse. **Rad:** Aller-Radweg, Lüneburger Heide-Radweg. **Zeiten:** Mitte Mai – Mitte Sep täglich 10 – 19 Uhr. **Preise:** Eintritt frei.

▶ Das Baden in einem See ist immer ein besonderes Vergnügen. Das gilt im Strandfreibad bei Langlingen ganz besonders, denn hier gibt es neben einem feinen Sandstrand viele Spiel- und Sportmöglichkeiten. So könnt ihr euch mit Beachvolleyball, Tischtennis, Basketball und Fußball die Zeit vertreiben. Spielgeräte laden zum Klettern, Rutschen und Schaukeln ein. Der Strandkiosk sorgt für das leibliche Wohl.

Mit der MS Wappen auf der Aller

Fuhrberger Landstraße 42, 29225 Celle. ✆05141/94-1212, Handy 0171/7727026. www.celler-schifffahrt.de. **Anleger:** Hafen Celle. **Bahn/Bus:** Bus 1 – 5 und 8 bis Schlossplatz. **Auto:** B3 bis Zentrum, Hafenstraße. **Rad:** Aller-Radweg, Lüneburger-Heide-Radweg. **Zeiten:** Mitte April – Mitte Okt Di, Do, So ab Celle 13 Uhr über Boye, Stedden (je 1 Zone), Oldau, Winsen (je 2 Zonen) bis Bannetze (3 Zonen), Mi 13 Uhr ab Celle bis Winsen, Vor- und Nachsaison auch Di, Do, So. **Preise:** Hin- und Rückfahrt 1 – 3 Zonen 11 €, 16 €, 19 €; Kinder bis 10 Jahre 8 €, 10 €, 13 €; Fahrrad 3 €.

▶ Vom Hafen in Celle aus könnt ihr auf der *Aller* schippern. Die »MS Wappen von Celle« befährt die Unteraller zwischen Celle und Bannetze. Gemütlich sitzt ihr auf dem Schiff und lasst die Ufer vorüberziehen. Die Schiffstour lässt sich gut mit einem Ausflug verbinden. So könnt ihr bis **Oldau** mit 3,5 Stunden Aufenthalt fahren und ins **Technische Museum** im Haus für Kunst und Kultur gehen. Dort könnt ihr alte Rechenmaschinen und Telefone ausprobieren oder Blindenschrift erlernen. In **Winsen** habt ihr 2 Stunden Aufenthalt; dort könnt ihr den ↗ *Museumshof* besuchen oder ins ↗ *Schwimmbad* gehen.

Technisches Museum Oldau, Schwarzer Weg 1. ✆0152/53810424. www.tech-museum-oldau.de. 2. So im Monat 14.30 – 17 Uhr.

Radeln & wandern

Auf dem Aller-Radweg nach Oldau

Celle. www.allerradweg.de. **Länge:** 22 km Rundtour, Celle Bhf – Hambühren – Oldau – Ovelgönne – Hambühren – Celle. **Bahn/Bus:** ↗ Celle.

▶ Die Schleuse in Oldau ist das Ziel dieser Radtour. Immer an der Aller entlang radelt es sich besonders schön. Vom **Celler Bahnhof** aus geht es zunächst über Neustadt und Nienburger Straße stadtauswärts. Hinter dem CeBus-Gelände führt rechts ein Weg in den Wald. Er bringt euch bis **Hambühren,** wo **Lüßmanns Hof** direkt an der Strecke zu einer Pause einlädt. Der Winser Weg geht dann in **Oldau** direkt in den Schwarzen Weg über, der wiederum zur Schleuse und zum *Wasserkraftwerk* von 1910 führt (geöffnet Mai – Sep Sa, So 14 – 18 Uhr). Am Schwarzen Weg 1 könnt ihr an jedem 2. Sonntag im Monat das ↗ *Technische Museum* besuchen. Ihr erfahrt dort, wie Telefon, Fernrohr oder Mikroskop funktionieren.

Der Rückweg erfolgt über **Ovelgönne,** wo ein ↗ **Strandbad** lockt. Ihr kommt dorthin, wenn ihr in Oldau die Hauptstraße nehmt

FRISCHE LUFT UND SPORT

Weitere Touren unter www.radelnaller-leine-tal.de.

Alle zusammen: Auf Tour auf dem Aller-Radweg
© Celle Tourismus und Marketing GmbH

CELLE & UMGEBUNG

Lüßmanns Hof, Im Dorfe 9, Hambühren. ✆05084/5343. www.luessmanns-hof.de. Mi – Fr 14 – 18, Sa 14 – 20, So 12 – 20 Uhr, Nov – April nur Sa, So bis 18 Uhr. Kaffeegarten unter Linden, selbst gebackene Torten, So ab 12 Uhr auch Mittagstisch.

Kloster Wienhausen, An der Kirche 1, Wienhausen. ✆05149/1866-0. www.kloster-wienhausen.de. Führungen (5 €, Schüler 2 €) April – Mitte Okt Mo – Sa 10, 11 Uhr und 14 – 17 Uhr stündlich, ab Mitte Juni ab 5 Pers auch 12.30 Uhr, So und kirchliche Feiertage 12 – 17 Uhr stündlich, ab 1. Okt keine Führung um 10 und 17 Uhr, Führung für Kinder nach Anmeldung.

und südwärts nach Ovelgönne radelt. Im Ort seht ihr rechts den See. Parallel zur B214 geht es weiter nach **Hambühren,** wo ihr wieder auf den Aller-Radweg stoßt, der euch zurück nach Celle bringt.

Fahrradtour von Celle nach Wienhausen

Celle. **Länge:** 20 km, Celle (Dammaschwiesen) – Altencelle – Osterloh – Bockelskamp – Wienhausen.

▶ Wienhausen ist bekannt für sein **Kloster.** Früher lebten hinter seinen Mauern katholische Zisterzienserinnen, heute gehören dem Konvent evangelische Frauen an. Führungen finden in der Saison täglich statt. Ihr könnt aber auch einfach die Radtour an der Aller genießen und in einem der Cafés oder Restaurants beim Kloster einkehren.

Hin kommt ihr auf dem **Aller-Radweg.** In **Celle** startet ihr an den **Dammaschwiesen** und folgt dem Fluss immer weiter, bis zur Straße nach **Altencelle.** Dort geht es ein Stück rechts und noch vor der Allerbrücke wieder links. In **Osterloh** bleibt ihr auf dem Weg, der euch schließlich über den Fluss führt. In **Bockelskamp** folgt ihr links der Alten Poststraße. An der Hauptstraße geht es auf dem Radweg nach links bis **Wienhausen.** Der Rückweg kann auf der gleichen Strecke erfolgen oder aber hier: In Wienhausen fahrt ihr über Schlossgarten Richtung Oppershausen, hinter der Aller links in die Osterloher Straße und auf diesem Weg bis **Osterloh.** Dort radelt ihr ein kurzes Stück auf dem gleichen Weg. An der Straße geht es dann aber links nach **Altencelle.** An der Gertrudenkirche kommt ihr wieder an die Aller, an deren Ufer ihr zurück nach **Celle** gelangt.

Radtour entlang der Aller

Celle. **Länge:** 9 km Rundtour, Celle (Dammaschwiesen) – Altencelle – Celle.

▶ Eine schöne Tour entlang der *Aller* beginnt in **Celle** an der Pfennigbrücke, wo einst ein Wegezoll zu entrichten war. Heute kostet es keinen Cent und euer

Geldbeutel bleibt verschont. Von der Brücke blickt ihr auf den Fluss, aber auch auf den Biergarten des Restaurants **La Buca.** Nach der Rundtour könnt ihr hier einkehren. Nun aber erstmal los! Hinter der Brücke fahrt ihr gleich nach rechts an den **Dammaschwiesen** entlang. Im Winter werden hier die Kufen geschwungen, im Sommer könnt ihr im vorderen Bereich den Bolzplatz und das Beachvolleyballfeld nutzen. Wer den Drahtesel nicht gleich wieder stehen lassen will, bleibt auf dem Weg und radelt einfach immer weiter. Rechts fließt die Aller, links liegen Wiesen und Felder, ein Schlenker bringt euch über die *Lachte.* Habt ihr die Straße erreicht, müsst ihr vorsichtig die Seite wechseln, um zum Radweg zu gelangen. Nach rechts bringt er euch in einem Bogen nach **Altencelle.** Gleich hinter dem Ortsschild biegt ihr rechts ab in die Alte Dorfstraße, dann links in den Oehlmannsweg und rechts An der Gertrudenkirche. Wenn ihr an Kirche und Friedhof vorbei kommt, seid ihr richtig. Nun fließt die Aller rechts von euch und ihr seid auf dem Rückweg nach Celle. Am Fischerdeich bei der ersten Bebauung fahrt ihr rechts durch die Kastanienallee und schließlich über die Brücke zum Steintor. Über **Fritzenwiese** geht es zum **Ausgangspunkt** zurück.

Spazieren & Kutsche fahren

Bienen im Französischen Garten

29227 Celle. **Bahn/Bus:** ↗ Celle. Bienengarten: Mo – Fr 9 – 12, Mo – Do auch 14 – 15.30 Uhr.
▶ Ein Schiff ist gestrandet und ihr dürft darauf klettern, rutschen und balancieren. Zu finden ist das Wrack im Französischen Garten in Celle. Sogar eine Hängematte ist vorhanden und bietet Platz für ein bis zwei Piraten. Ganz in der Nähe des tollen Spielplatzes liegt das **Bieneninstitut,** das einen eigenen Bienengarten besitzt.

 Bootsverleih Allerleih, Fritzenwiese 49, Celle. ✆ 05141/9939216. www.allerleih-celle.de. Mai – Sep täglich 10 – 19 Uhr, April, Okt nach Wetterlage. Paddelboote und Kanus: 2er je 6 €, Tretboot 8 €, Ruderboot 10 € (pro Stunde).

CELLE & UMGEBUNG

167

SUMM SUMM SUMM, BIENCHEN SUMM HERUM

Die **Imkerei,** also die Haltung von Bienen, war vom Mittelalter bis ins 19. Jahrhundert ein zweites Standbein der Heidebauern. Honig war das einzige Süßungsmittel, das man kannte, und auch den Bienenwachs konnte man für Kerzen gut gebrauchen. Fast jeder Hof besaß einen eigenen *Bienenzaun.* So nennt man die Unterstände für die Bienenkörbe. Von dort flogen die Bienen aus, um Nektar für den leckeren Heidehonig zu sammeln. Als es immer weniger Heideflächen gab und die typische Heidebauernschaft immer weniger gepflegt wurde, nahm auch die Anzahl der Bienen stark ab. Darum gründete man 1927 das *Bieneninstitut* in Celle. Heute forscht man dort rund um die Biene und bildet Imker aus. Man versucht vielerorts, die alte Tradition wieder aufleben zu lassen. Wenn ihr durch die Heide wandert, werdet ihr immer wieder Bienenzäune sehen und sogar auf dem Wasserturm in Lüneburg wird ein Bienenvolk gehalten.

Hunger & Durst

Café Müller, Südwall 33, Celle. ✆05141/24402. www.cafe-mueller-celle.de. Mo – Sa 9 – 18, So 9.30 – 18 Uhr.

Eingetopft: Der große Topf lässt alles klein wirken
© pmv, Kirsten Wagner

Benannt ist der Französische Garten nach zwei französischen Gärtnern namens *Perronet* und *Dahuron.* Sie legten im 17. Jahrhundert eine erste Gartenanlage an. Im 19. Jahrhundert wurde der Park zu einem englischen Landschaftsgarten umgestaltet, d.h. alles sieht jetzt wie natürlich gewachsen aus.

Durch die Lindenallee kommt ihr zum Teich. Findet ihr den riesigen Blumentopf? Er stammt von dem Künstler *Timm Ulrichs,* von dem auch einige Werke im Celler Kunstmuseum ausgestellt sind. Die ungewohnten Proportionen machen stutzig! Am kleinen Rosengarten vorbei kommt ihr zum Südwall und zum **Café Müller.** Eis und Kuchen lassen sich im Café oder auf der großen Terrasse genießen.

Mit der Kutsche durch Celle

Pferdefuhrbetrieb Schubotz, Westerceller Straße 34, 29227 Celle. ✆05141/98790, www.schubotz-muehle.de. **Bahn/Bus:** ➚ Celle, Zentrum. **Zeiten:** April – Okt täglich ab Bergstraße/Großer Plan (City). **Preise:** 3 €; Kinder bis 12 Jahre 2 €.

▶ Wie Majestäten rollt ihr bei einer Stadtrundfahrt per Kutsche durch die Straßen von Celle. Während vorne die Hufe klappern, seht ihr hübsche Fachwerkhäuser, das Schloss und andere sehenswerte Bauten. Dazu erfahrt ihr einiges über die Gebäude und die Geschichte von Celle. Etwa 40 Minuten dauert die Fahrt, die standesgemäß auch durch die Prinzengasse führt.

Wie wäre es, wenn überall nur noch Kutschen führen? Kutsche vor der Stadtkirche
© Celle Tourismus und Marketing GmbH

Erlebnisparks

10-Elfenland
Heineckes Feld 11, 29227 Celle. ℗05141/2080835, www.10-elfenland.de. **Bahn/Bus:** Bus 7-75 bis Maschweg. **Auto:** Hannoversche Heerstraße (B3), Maschweg, Winkelmanns Graft. **Zeiten:** Di – Fr 14.30 – 19, Sa, So, Fei, Ferien 10.30 – 19 Uhr. **Preise:** 4,50 €, Sa, So, Fei 5,50 €; Kinder 2 – 12 Jahre 7,90 €, Sa, So, Fei 8,50 €, Krabbelkinder unter 2 Jahre 3,50 €.

▶ Dass das 10-Elfenland ein fabelhaftes Ziel im wahrsten Sinne des Wortes ist, verrät ja schon der Name des Celler Indoorspielplatzes. Elfen sind nämlich kleine Wesen mit Flügeln, die man aus Fabeln kennt. So schauen Nachtelf und Luftelf von den Wänden aus zu, während ihr die Kletterburg, den Spinnenturm, den Hüpfberg und die Trampoline erobert. Rasant hinab geht es wahlweise auf der Wellenrutsche oder auf der Schlittenbahn. Schaut auch in der Tanzhöhle vorbei, spielt Minigolf, klettert beim Wasserelf die Wand rauf oder fahrt auf Elektroautos um die Kur-

Happy Birthday!
Vier Geburtstagsfeiern von »Elf« bis »Angeberelf« stehen zur Auswahl. Sie kosten zwischen 10 und 19,90 € pro Kind, am Wochenende jeweils plus 1 €.

ven. In der Krabbelzone rutschen, bauen und wippen die kleineren Besucher. Die Eltern schauen entspannt aus der Lounge zu oder spielen gleich mit Tischtennis, Billard oder Kicker.

Viva Arena Bröckel

Zum Bolz 12, 29356 Bröckel. ✆05144/93661, www.viva-arena.de. **Bahn/Bus:** Bus 0-56. **Auto:** B214 Uetze – Eicklingen, Hauptstraße, Bahnhofstraße. **Zeiten:** Di – Fr 14 – 19 Uhr, Sa, So, Fei, Ferien 11 – 19 Uhr. **Preise:** 5 €; Kinder ab 3 Jahre 5,50 €, unter 3 Jahre 2,50 €, Kinder-Kartbahn 0,50 €; Soccer-Court Kinder 1 Std 20 €, Erw 40 €.

▶ Spiel, Sport und sogar Wellness lassen sich in der Viva Arena in Bröckel, 15 km südöstlich von Celle, wunderbar verbinden. Neben Badminton, Tischtennis und Basketball direkt in der Arena kann auch ein ganzer Soccer-Court stundenweise gemietet werden. Ansonsten wird gerutscht, gehüpft, geklettert und gekickert. Auch eine Kartbahn, eine Torwand, Trampoline, lustige Fahrzeuge und ein Spielturm sorgen für Abwechslung. Viele Bälle und ein Spielhaus sind der Hit für die Jüngsten im Kleinkindbereich. Für Eltern, die Entspannung suchen, ist der Sauna- und Wellnessbereich genau das Richtige.

Happy Birthday!
Zum Preis ab 9 € je Kind kann der Kindergeburtstag in die Viva Arena verlegt werden. Kuchen oder ein warmes Essen und ein Getränk sind im Paket enthalten.

UMWELT ERFORSCHEN

Der Natur auf der Spur

Wildtiernis auf Gut Sunder

Sunder 1, 29308 Winsen (Aller)-Meißendorf. ✆05056/9701-11, www.nabu-gutsunder.de. **Bahn/Bus:** Bürgerbus 3 von Winsen oder CeBus 0-96 von Winsen bis Meißendorf-Bruchstraße, 1 km Fußweg. **Auto:** A7 Ausfahrt 50 Allertal, Richtung Celle, in Winsen Richtung Meißendorf. **Rad:** Von Winsen über Meißendorfer Straße. **Zeiten:** NABU-Wildtiernis April – Okt Mi – Fr 14 – 18, Sa, So 11 – 17 Uhr. **Preise:** 6 €; Kinder bis 16 Jahre 4 €; Familien 15 €, NABU-Mitglieder halber Preis.

Zu einem Spaziergang lädt der 600 m lange Rundweg um den Herrenhausteich ein. Von einer Plattform lässt sich das Leben am Wasser besonders gut beobachten.

▶ Wildtiernis – das klingt nicht nur spannend, das ist es auch! In dem Tierfilmzentrum blickt ihr direkt in die Kinderstube von Kohlmeisen, beobachtet den Eisvogel am Teich oder schaut dem Fischotter über die Schulter. Ermöglicht wird das durch ein Kamerasystem, deren Aufnahmen direkt zu den interaktiven Monitoren geleitet werden. Weil natürlich nicht immer gerade ein Reh durchs Bild läuft, stehen zusätzlich archivierte Videofilme zur Auswahl. So lässt sogar der nachtaktive Dachs Einblicke in sein sonst dem Menschen verborgenes Leben zu. Nebenbei gibt es einiges zu entdecken und auszuprobieren. Wer findet die Tiere in den Suchspielen und wo sind die Naturwunder verborgen? Findet ihr euch als Fledermaus zurecht? Wie klingen Igel, Kiebitz und Steinmarder?

Gut Sunder gehört zum **Naturschutzgebiet Meißendorfer Teiche.** Der Hof wurde »gesondert« von Meißendorf erbaut. Ab 1881 baute *Ernst von Schrader* eine Karpfenzucht auf. Dafür wurden mehr als 50 Teiche angelegt, die von der kanalisierten *Meiße* gespeist wurden. Der Fluss wurde inzwischen in Teilen renaturiert, ihm wurde also sein alter Lauf zurückgegeben. Das Gut gehört heute dem NABU, der jedes Jahr ein umfangreiches Programm herausgibt. Dort findet ihr auch Angebote für Familien, meist sind diese als Wochenendseminare konzipiert. Da könnt ihr Tierspuren bestimmen, euch auf die Fährte von Indianern begeben oder auf den Spuren von Robin Hood wandeln.

Was da alles los ist unter der Erde! Das Erddiorama ist äußerst interessant
© Petra Schlaugat, NABU-Wildtiernis

Hunger & Durst
Herrenhaus Café, Sunder 1, Meißendorf. ✆05056/9710057. www.nabu-gutsunder.de. Mi – So 13 – 18 Uhr. Kuchen, Torten, Eis.

CELLE & UMGEBUNG

HANDWERK UND GESCHICHTE

Im **Schlosspark** gibt es einen schönen, modernen Spielplatz, den ihr bei der Rundtour seht und hinterher aufsuchen könnt.

An der Ecke Zöllner- und Poststraße könnt ihr täglich um 11, 13 und 17 Uhr ein **Glockenspiel** hören. Dabei zu sehen sind 5 Figuren aus der Celler Geschichte.

Hunger & Durst

Primavera, Mauernstraße 22, Celle. ✆05141/908410. www.primaveracelle.de. April – Sep Mo – Sa 11.30 – 23, So 12 – 22 Uhr, Okt – März Mo – Sa 11.30 – 15 und 17 – 23 Uhr. Pizza & Pasta, Kinderkarte.

Bahnen & Stadtbesichtigungen

Mit dem City Express durch Celle

Müller Bus Touristik, Unter den Eichen 14, 29229 Celle. ✆05086/2464, www.mueller-bus-touristik.de. **Bahn/Bus:** ↗ Celle, Schloss. **Zeiten:** Mai – Okt täglich 10 – 17 Uhr jeweils zur vollen Stunde. **Preise:** 3,50 €; Kinder 4 – 12 Jahre 2 €.

▶ Ganz bequem lässt sich Celle in nur 40 Minuten kennen lernen. Dafür steigt ihr vor dem Schloss in den City Express. Die Bahn fährt zu den Sehenswürdigkeiten der Stadt. So seht ihr Celles ältestes Haus, den Französischen Garten und den Stadtpark, das Neue Rathaus, Fachwerkhäuser und natürlich das **Schloss** und seinen **Park.** Nebenbei erfahrt ihr einiges über die Geschichte der alten Residenzstadt.

Celle entdecken: Von Hufeisen und sprechenden Laternen

29221 Celle. **Länge:** 1 km, Start: Schloss. **Bahn/Bus:** ↗ Celle.

▶ Die Celler Innenstadt ist überschaubar und so müsst ihr für eine Stadtbesichtigung nicht weit laufen. Ein guter Startpunkt ist das **Schloss.** Direkt gegenüber seht ihr das Bomann- und das Kunstmuseum, die beide einen Besuch wert sind. Doch nun soll es zunächst die Stechbahn hinunter gehen. So heißt die Straße, die Richtung Rathaus führt. Im Sommer bieten die Wasserspiele schöne Erfrischung. Links kommt sogleich die Löwenapotheke in Sicht. Wer findet das **Hufeisen** im Pflaster? Früher gab es hier einen Turnierplatz. An der Stelle mit dem Hufeisen soll 1471 Herzog *Otto der Großmütige* tödlich verunglückt sein. Nur einen Katzensprung entfernt ragt die **Stadtkirche** in die Höhe. Strahlt sie nicht etwas Leuchtendes aus? Täglich um 16.45 Uhr (Sa, So auch 9.45 Uhr) erschallen Trompetenklänge vom Kirchturm. Das ist der Turmbläser, der einen Choral in alle vier Himmelsrichtungen hinausschickt.

Auch ihr dürft hinauf und die Stadt von oben betrachten!

Das **Alte Rathaus** nebenan entstand ab 1292 unter Herzog Otto dem Strengen und wurde im 14. und 16. Jahrhundert ausgebaut. Schaut euch auch die Nordseite an mit dem im Stil der Weserrenaissance verzierten Giebel. Im Gebäude ist übrigens die Tourist-Information untergebracht. Falls ihr noch einen Stadtplan benötigt, könnt ihr ihn euch jetzt besorgen. Wendet euch nun nach rechts und folgt der Poststraße. An der Ecke zur Rundestraße steht das **Hoppenerhaus,** ein prächtiges Fachwerkhaus von 1532. An seiner Seite gibt es etwas zu entdecken, das ihr wahrscheinlich noch spannender finden werdet: die **Sprechenden Laternen.** Oma Lilo, ihr Enkel *Jonas* und drei Onkel haben sich hier versammelt. Stellt man sich in die Mitte, erweckt ein Sensor die Stimmen zum Leben (täglich 10 – 13 und 15 – 18.30 Uhr).

Folgt ihr der Rundestraße weiter, kommt ihr wieder zum Schlossplatz. Hier könnt ihr den Rundgang beenden oder ihr wendet euch nach Süden, wo am Südwall der ↗ **Französische Garten** einlädt.

Gibt's denn so was? In Celle sprechen sogar die Laternen!
© Celle Tourismus und Marketing GmbH

 Turm der Stadtkirche April – Okt Di – Sa 10 – 11.45 und 14 – 16.45 Uhr, 1 €, Kinder ab 5 Jahre 0,50 €, Familien 2,50 €.

Museen & Schlösser

Bomann-Museum Celle

Schlossplatz 7, 29221 Celle. ☎ 05141/12372, www.bomann-museum.de. **Bahn/Bus:** ↗ Celle Zentrum. **Zeiten:** Di – So 10 – 17 Uhr. **Preise:** inkl. Kunstmuseum 5 €; Kinder bis 14 Jahre frei; Familien 8 €, Fr freier Eintritt für alle, KUKI 3 €, Kombikarte mit ↗ Residenzmuseum.

Von wegen Geschichte ist langweilig: Im Bomann-Museum gibt es auch für Kinder viel zu sehen
© Celle Tourismus und Marketing GmbH

Das Bomann-Museum könnt ihr auch mit der Yum Yum Tour erkunden. Die Rallye ist an der Kasse erhältlich.

Bei einer Führung durch das Schloss seht ihr auch die Schlossküche und die Kapelle, die sonst verschlossen bleiben.

▶ Alles über die Geschichte der Region rund um Celle erfahrt ihr im **Bomann-Museum.** Das ist benannt nach seinem ersten Direktor *Wilhelm Bomann* (1848 – 1926). Eröffnet wurde es 1892, rundum erneuert präsentiert es sich seit 2013. Sieben Rundgänge zeigen euch zum Beispiel unter dem Motto »Heide – Honig – Hightech«, wie sich die Region im Laufe der Zeit gewandelt hat. Ein ganzes Bauernhaus und mehrere Räume aus der Zeit des Biedermeier wurden im Museum wieder aufgebaut. Besucht doch auch einmal die **KUKI-Werkstatt.** Freitags um 15 Uhr und samstags um 10.30 Uhr könnt ihr töpfern, malen oder mit Holz arbeiten (3 €). In der Werkstatt für Groß und Klein dürft ihr mit Mama, Papa, Oma oder Opa werkeln (7 € pro Team). Für diese Veranstaltungen ist eine Anmeldung erforderlich.

Residenzmuseum im Schloss Celle

Schlossplatz 1, 29221 Celle. ✆05141/12373, 127666. www.residenzmuseum.de. **Bahn/Bus:** ↗Celle, Zentrum. **Zeiten:** Di – So 10 – 17 Uhr, Führungen April – Okt Di – Fr und So 11, 13, 15, Sa stündlich 11 – 15 Uhr, Nov – März Di – Fr 11, 15, Sa, So 11, 13, 15 Uhr. **Preise:** 5 €, ermäßigt 3 €, mit Führung 7 €; Kinder bis 14 Jahre frei; Familien 8 €, mit Führung 14 €, Fr freier Eintritt für alle. **Infos:** Schloss-Infocounter, ✆05141/12373, fuehrungen@celle-tourismus.de.

▶ Schlossbesichtigungen sind doof? Nicht in Celle! Zwar sind auch im Celler Schloss alte Gemälde, Möbel und Silber zu sehen, doch man hat sich etwas Tolles für Kinder einfallen lassen. In der Ausstellung der barocken Staatsgemächer und in den Räumen, in denen die dänische Königin *Caroline Mathilde* von 1772 bis 1775 lebte, sind orangerote Elemente verteilt. Darin finden sich Mitmachangebote für euch. So könnt ihr ein eigenes Monogramm gestalten, eine Rokoko-Perücke aufsetzen (die gibt es für Mädchen und Jungen!)

oder mit Königsmantel und Krone durch die herrschaftlichen Räume schreiten. Sogar ein Detektivspiel dürft ihr lösen, puzzlen und herausfinden, wie man mit einem Fächer Geheimzeichen geben konnte. Das Schloss diente ab 1378 als Residenz für die Herzöge von Braunschweig-Lüneburg. Schon vorher gab es eine Burg an der Stelle, doch nun wurde immer wieder an- und umgebaut. Das heutige Gesicht erhielt es ab 1670 unter Herzog *Georg Wilhelm*. Im Schlosspark ist noch gut zu erkennen, dass die Anlage einmal gut geschützt war. Rundum fließt weiterhin der Schlossgraben, früher gab es auch Bastionen zur Verteidigung.

Einseitig: Das Schloss ist eine Vierflügelanlage, d.h. es gibt noch 3 andere Seiten, die ihr euch anschauen könnt
© Celle Tourismus und Marketing GmbH

Kunstmuseum Celle: Rund um die Uhr

Schlossplatz 7, 29221 Celle. ℗ 05141/12685, www.kunst.celle.de. **Bahn/Bus:** ↗ Bomann-Museum. **Zeiten:** innen Di – So 10 – 17 Uhr, außen täglich 17 – 10 Uhr. **Preise:** 5 €, ermäßigt 3 €; Kinder bis 14 Jahre frei; Familien 8 €, Fr freier Eintritt, Kombikarte Residenz-Museum, Bomann- und Kunstmuseum 8 €, Familien 12 €.

▶ Das Kunstmuseum in Celle ist ein 24-Stunden-Museum – wohl das erste der Welt. Hinein kommt ihr wie in andere Museen nur tagsüber, aber sobald es dunkel wird, zeigt das Haus von außen Lichtkunst

Happy Birthday!
Ab 6 Jahre kann der Kindergeburtstag »kunstvoll« gefeiert werden, 2 Std 80 €, mit Kuchen und Getränken 150 €.

CELLE & UMGEBUNG

175

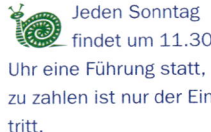 Jeden Sonntag findet um 11.30 Uhr eine Führung statt, zu zahlen ist nur der Eintritt.

vom Feinsten. Da leuchtet der Kubus in Richtung Schloss oder es blinken Röhren zur Stadtkirche hinüber. Das »Gefrorene Feuerwerk« mit den beiden roten Skulpturen, die nachts ebenfalls leuchten, stammt von *Otto Piene* (geb. 1928).

In den großzügigen Innenräumen seht ihr weitere Lichtkunst, aber auch Gemälde im XXL-Format oder die Kisten und Kästen von *Peter Basseler* (geb. 1947). Darin kann man immer wieder neue Details entdecken, Witziges genauso wie Gruseliges. Schaut z.B. die beiden Männer auf dem Schneeberg an oder das Krokodil in der Blaufärberei! Neben den Dauer- und Sonderausstellungen bietet das Kunstmuseum ein buntes Programm zum Mitmachen an. Außerdem könnt ihr mit einem Kunstkartenspiel zu »Kinder-KunstExperten« werden. Die Rätselkarten bekommt ihr am Eingang.

Museumshof Winsen

Brauckmanns Kerkstieg 4 – 10, 29308 Winsen (Aller). ℂ05143/8140, www.winser-heimatverein.de. **Bahn/ Bus:** Bus 2-95 bis Museumshof. **Auto:** Celle, Winsener Straße, rechts Alte Celler Heerstraße. **Rad:** Aller-Rad-weg, Lüneburger-Heide-Radweg. **Zeiten:** Karfreitag – Ende Okt Mi, Sa 15 – 18, So, Fei 11 – 18 Uhr, Juli – Aug auch Fr 15 – 18 Uhr. **Preise:** 3 €; Kinder bis 12 Jahre frei, ab 13 Jahre 1 €.

▶ Eine Zeitreise in die Lüneburger Heide des 18. Jahrhunderts könnt ihr in Winsen auf dem Museums-hof erleben. Zwischen Bauernhäusern, Speichern, Brunnen und Scheunen fühlt man sich in die Vergangenheit versetzt. Nicht nur von außen lassen sich die Gebäude betrachten, sondern auch von innen. Dort seht ihr, wie man früher lebte und arbeitete, wie man Wäsche wusch oder Bienenhonig herstellte. Zweimal im Jahr wird der Ofen im Backhaus angeheizt. An diesen Backtagen könnt ihr nicht nur leckeres Brot und Kuchen erstehen, sondern auch alte Kinderspiele kennen lernen oder bei einem Quiz mitmachen.

In der **Kalandstube** von 1781 gibt es köstliche Torten, die ihr bei Sonnenwetter auch auf der Terrasse verspeisen könnt. Während die Eltern gemütlich sitzen, könnt ihr im Steinhaus spielen oder das Gelände erkunden.

Erdölmuseum Wietze

Schwarzer Weg 7 – 9, 29323 Wietze. ☎05146/92341, www.erdoelmuseum.de. **Bahn/Bus:** Bus 3-85. **Auto:** B214 von Celle, rechts Hornbosteler Straße, 1. links. **Zeiten:** März – Nov Di – So 10 – 17 Uhr, Juli – Aug täglich 10 – 18 Uhr. **Preise:** 5 €; Kinder ab 6 Jahre 2,50 €; Familien (2 Erw, 4 Kinder) 9 €, Audioguide 2,50 €.

▶ Woran denkt ihr bei Erdölförderung? An Texas, Ölscheichs und Nordsee-Plattformen? Tatsächlich wurde in dem kleinen Ort Wietze einst **Erdöl** in großem Maßstab gefördert, nachdem *Konrad Hunäus* 1858 das erste Mal auf den Bodenschatz gestoßen war. Mehr als 1000 Bohrtürme prägten in den folgenden Jahrzehnten das Landschaftsbild! Im Deutschen Erdölmuseum erfahrt ihr alles über die Geschichte der Wietzer Förderung, aber auch, wie man heute nach Erdöl sucht, welche Bohrer man einsetzt und was man alles aus Erdöl herstellt. Modelle zeigen anschaulich, wie die seismische Suche funktioniert, wie Hunäus nach Öl bohrte oder wie die Schlagbohrtechnik eingesetzt wurde. Auf dem großen Außengelände lässt sich die Entwicklung der Bohrtechnik ebenfalls verfolgen. Eine Reihe von Ölpumpen dürft ihr selbst per Knopfdruck in Bewegung versetzen.

Schlosstheater Celle

Schlossplatz 1, 29221 Celle. ☎05141/90508-75 (Karten), 90598-0. www.schlosstheater-celle.de. **Bahn/Bus:** ↗ Celle Zentrum. **Auto:** Parkhaus Südwall. **Zeiten:** Spielzeit Sep – Juni, Theaterkasse Markt 18 Mo – Fr 9 – 15, Sa 9 – 13 Uhr. **Preise:** 15 – 24 €, Premieren 20 – 29 €, Studiobühne 14 €, Junges Theater 14 €, Weihnachtsstück 7 – 13 €; Schüler 7,50 – 12 €, Pre-

Hunger & Durst

Kalandstube, Brauckmanns Kerkstieg 10, Winsen. ☎05143/665675. www.kalandstube.de. Di – Fr 14.30 – 22, Sa, So 12 – 22 Uhr. Kinderkarte: Nudeln, Putensteak und Mini-Flammkuchen.

 Einmal monatlich sonntags und an ausgewählten Feiertagen könnt ihr an einer Führung teilnehmen. Vielleicht wird auch die Dicke Berta angeworfen. Mit der Bahn tuckert ihr dann über das Gelände.

Hättet ihr gedacht, dass nicht nur Plastiktüten, sondern auch euer Fleecepulli aus Edöl hergestellt wird? Übers Waschen gelangen Abertausende winziger Fasern davon in Flüsse und Meere – und direkt in die Mägen von Fischen und Vögeln. Die Ärmsten!

Hunger & Durst

Teatro im Schloss,
Schlossplatz 1, Celle.
☎05341/9050815.
www.teatro-celle.de.
Di – So 10 – 17 Uhr,
April – Sep Sommercafé
im Hof, an Vorstellungs-
abenden 18 – 24 Uhr
(auch Mo).

mieren 10 – 14,50 €, Studiobühne 7 €, Junges Theater 7 – 8 €, Kinder bis 6 Jahre 6 €; Junges Theater Familien 24 – 32 €.

▶ Das Theater im Celler Schloss war ein Hoftheater. Die Fürsten von Braunschweig-Lüneburg genossen hier seit 1675 das Schauspiel. Heute dürfen zum Glück alle in das Vergnügen kommen und den barocken Theatersaal bewundern. Gespielt wird aber nicht nur im Schlosstheater, sondern auch auf zwei Studiobühnen. Außerdem gibt es als weitere Spielstätte die Halle 19, die aber nicht im Schloss, sondern an der Hannoverschen Straße 30 zu finden ist. Alle Bühnen zeigen Theater für Kinder. Das traditionelle Weihnachtsstück ist im Schlosstheater zu sehen, Aufführungen für Kleine meist auf der Turmbühne. Jedes Jahr im Oktober beginnen neue **Spielclubs,** an denen schon Kinder ab 6 Jahre teilnehmen können (Anmeldung unter ☎05141/90508-18 oder theaterpaedagogik@schlosstheater-celle.de).

FESTKALENDER CELLE

Pfingsten:	Celle: **Kunst- und Handwerkermarkt,** im Französischen Garten, Rahmenprogramm für Groß und Klein.
August:	letztes Wochenende, Celle: **Fête Française – Kleinkunst & Kulinarik,** Musik, Markttreiben, Walk Acts, Clowns und Bauchredner im Französischen Garten. Letztes Wochenende, Meißendorf: **Heideblütenfest** mit Wahl der Heidekönigin, Kinderprogramm, Heidemarkt und Festumzug.
September:	Celle: **Stadtfest,** Musik am Schloss, Zirkus für Kinder. **Infos:** www.celler-stadtfest.de.
September/Oktober:	2 Wochenenden, Celle: **Hengstparaden,** im Niedersächsischen Landgestüt, mit historischer Präsentation auf Rädern und Kutschen, darunter Zehnspänner, die Ungarische Post und römische Kampfwagen.
Dezember:	Do vor dem 1. Advent – 28. Dez, Celle: **Weihnachtsmarkt.** Mit Weihnachtswäldchen.

BLICK NACH SÜDEN

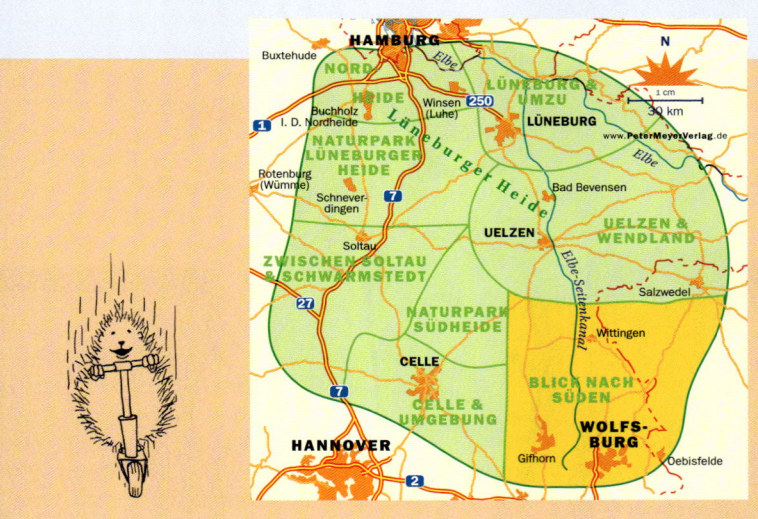

NORDHEIDE

LÜNEBURG & UMZU

NATURPARK LÜNEBURGER HEIDE

UELZEN & WENDLAND

ZWISCHEN SOLTAU & SCHWARMSTEDT

NATURPARK SÜDHEIDE

CELLE & UMGEBUNG

BLICK NACH SÜDEN

ORTE, INFO & VERKEHR

FERIENADRESSEN & KARTEN

Die Gegend um Gifhorn schmückt sich gern mit dem Titel Südheide. Tatsächlich finden sich hier noch einige Heideflächen, zum Beispiel westlich des Ortsteils Winkel. Dort liegt das Naturschutzgebiet Gifhorner Heide mit einer Größe von 32 Hektar.

Doch auch bei **Wahrenholz, Ehra-Lessien** und **Bokel** haben sich Heideflächen erhalten. Gifhorn selbst ist bekannt für sein **Mühlenmuseum** mitten im Ort. Anziehungspunkt auch aus weiterer Entfernung ist das Otterzentrum in **Hankensbüttel. Wolfsburg** gehört zwar nicht mehr zur Heide, ist aber schnell zu erreichen und mit *Autostadt, Phaeno, Badeland* und *Allersee* das Ziel vieler Familien, die in der Lüneburger Heide Urlaub machen.

ZWISCHEN OTTERN UND KÄFERN

Südheide Gifhorn. Topographische Sonderkarten Niedersachsen. 1:75.000. IGN, 7,90 €.

Frei- & Hallenbäder

TIPPS FÜR WASSER-RATTEN

Spaß mit Sand und Wasser in Wittingen

Ernst-Siemer-Bad, Spörkenstraße 50, 29378 Wittingen. ℡05831/992873, www.wittingen.de. **Bahn/Bus:** RB. **Auto:** B244 von Brome oder Hankensbüttel, Knesebecker Straße, 2. Straße rechts. **Zeiten:** Mai – Sep täglich 10 – 20 Uhr. **Preise:** 3 €; Kinder bis 16 Jahre 1,50 €; Familien 7 €, ab 18 Uhr pro Person 1 €.

▶ Der Sand-Wasser-Spielplatz gehört zu den stets umlagerten Plätzen im Ernst-Siemer-Bad. Zu ihm gehören eine Archimedische Schraube, eine Pumpe und eine Holzturm-Rutsche. Aber da es sich ja um ein Freibad handelt, könnt ihr auch ins Wasser springen. Neben einem 50-m-Becken mit Sprunggrube gibt es ein Nichtschwimmerbecken mit Breitwellenrutsche und ein buntes Planschbecken mit Minirutsche.

Waldbad Hankensbüttel

Waldbad 1, 29386 Hankensbüttel. ℡05832/6818, www.sg-hankensbuettel.de. **Bahn/Bus:** Bus 120. **Auto:** B244, Sudendorfallee am Otterzentrum und Isenhagener See vorbei), 1. Straße rechts. **Zeiten:** Mai – Sep

Einträchtig: Der Tankumsee ist ein ideales Spielgelände für Geschwister

Mo – Sa 8 – 20, So 9 – 19 Uhr. **Preise:** 3,50 €; Kinder 2,50 €.

▶ Direkt am Isenhagener See liegt das Waldbad Hankensbüttel. Das Wasser wird auf 24 Grad beheizt, sodass ihr auch bei kühlerem Wetter hier abtauchen könnt. Es gibt ein 50 m langes Schwimmerbecken mit Sprunggrube, ein Nichtschwimmerbecken mit Rutsche und zwei Planschbecken. Bei Hunger und Durst hilft das **Bistro** weiter (✆ 05832/720216).

Schwungvoll ins Wasser: VW-Bad

Berliner Ring 41, 38440 Wolfsburg. ✆ 05361/24004, www.wolfsburg.de. **Bahn/Bus:** Bus 215, 216. **Auto:** Braunschweiger Straße, Siemensstraße, Abzweig zum VW-Bad ausgeschildert. **Zeiten:** Mitte Mai – Mitte Sep Mo – Fr 6 – 20, Sa, So 8 – 20 Uhr. **Preise:** 3,20 €; Kinder ab 1 m Größe bis 17 Jahre 1,50 €.

▶ Mit Schwung saust ihr über die halbrunde Wasserrutsche ins Nichtschwimmerbecken des VW-Freibads in Wolfsburg. Abkühlung von oben gibt es anschließend unter dem Wasserpilz. Ein Höhepunkt im wahrsten Sinne des Wortes ist für ganz Mutige der Sprungturm, der bis auf 10 m Höhe hinausgeht. Wer seine Ausdauer verbessern will, nutzt eine der acht 50-m-Bahnen. Gemütlicher geht es im Planschbecken zu. Ein Spielplatz, ein Beachvolleyballfeld und Tischtennisplatten sorgen für Abwechslung an Land.

Freibad Fallersleben

Schwimmbad 5, 38442 Wolfsburg-Fallersleben. ✆ 05362/4529, www.wolfsburg.de. **Bahn/Bus:** Bus 211 bis Fallersleben-Süd. **Auto:** A39 Ausfahrt Fallersleben, Erich-Netzeband-Straße, links Dresdener Straße, geradeaus Karl-Heise-Straße, links Schützenweg. **Zeiten:** Mitte Mai – Mitte Sep Mo – Fr 6 – 20, Sa, So 8 – 20 Uhr. **Preise:** 3,20 €; Kinder ab 1 m Größe bis 17 Jahre 1,50 €.

▶ Auf der breiten Wellenrutsche könnt ihr im Freibad Fallersleben gleich mit euren Freunden zusammen ins Wasser sausen. Am 50-m-Becken gibt es zudem einen Sprungturm, von dem ihr aus 5 m Höhe hüpfen dürft. Ein Planschbecken gibt es auch, außerdem könnt ihr Beachvolleyball spielen und den Matschspielplatz erobern.

Badeland Wolfsburg

Allerpark 4, 38448 Wolfsburg. ©05361/8900-0, www.badeland-wolfsburg.de. **Bahn/Bus:** Bus 213 ab ZOB bis Badeland. **Auto:** B188. **Zeiten:** 15. Mai – 14. Sep Mo – Sa 8 – 22, So 8 – 20 Uhr, 15. Sep – 14. Mai Mo – Fr 6 – 22, Sa 8 – 22, So 8 – 20 Uhr. **Preise:** 2 Std 6,70 €, Tag 9,20 €; Kinder ab 1 m Größe bis 17 Jahre 2 Std 4 €, Tag 6,50 €; Familien (4 Pers) Tag 25 €, jedes weitere Kind 5 €.

▶ 3000 qm Wasserfläche besitzt das Badeland in Wolfsburg und ist damit eines der größten Erlebnisbäder in Norddeutschland. Besonders beliebt ist das Wellenbecken, in dem regelmäßig die Wogen brausen. Machen die Pause, habt ihr die Qual der Wahl: Erst zum Rutschenturm mit der 139 m langen Reifenrutsche und der 110 m langen Black-Hole-Rutsche? Oder doch ins Erlebnisbecken, von wo es hinaus geht zum 110 m langen Strömungskanal? Gut, wenn eure Eltern viel Zeit für den Badebesuch eingeplant haben! Kleine Wasserratten freuen sich auf Planschbecken und Wasserspielgarten. In mehreren Whirlpools könnt ihr euch vom sprudelnden Wasser wärmen lassen. Das Sportbecken ist 50 m lang, gleich nebenan liegt das separate Springerbecken, in das ihr aus 1, 3 und 5 m Höhe eintauchen dürft.

Allerwelle

Zur Allerwelle 1, 38518 Gifhorn. ©05371/99018-88, www.allerwelle.de. **Bahn/Bus:** Bus 101, 103, 104. **Auto:** B188 (Bromer Straße), Lüneburger Straße, Konrad-Adenauer-Straße. **Zeiten:** Mai – Aug Mo – Fr 6 – 20, Sa, So 8 – 20 Uhr, Sep – April Mo – Fr 6 – 21, Sa, So 8 – 19 Uhr. **Preise:** 4,50 €; Kinder 3 – 17 Jahre 2 €.

 **Hoffmann-von-Fallersleben-Museum,** Schlossplatz 6, Wolfsburg-Fallersleben. ©05362/52623. www.wolfsburg.de. Di – Fr 10 – 17, Sa 13 – 17, So 11 – 17 Uhr. *Hoffmann von Fallersleben (1798 – 1874) dichtete die deutsche Nationalhymne. In der 2014 neu eröffneten Ausstellung gibt es Multimedia-, Karaoke- und Spielstationen. Eintritt frei.*

Der Schwimmkurs im Badeland findet an 15 Terminen statt und kostet 120 €. Nach der Prüfung dürft ihr das Seepferdchen-Abzeichen auf Badehose oder -anzug nähen! Babyschwimmen und Freischwimmerkurse sind ebenfalls im Angebot.

Babyschwimmen 25 €, Schwimm-kurs für Kinder 50 €.

Ein- und Abtauchen könnt ihr in der Allerwelle. 2011 wurde das Kombibad eröffnet. Im **Hallenbad** findet ihr ein 25-m-Sportbecken, ein Therapiebecken, ein Planschbecken und das Attraktionsbecken. Bei 30 Grad zieht es euch dort durch den Strömungskanal, auf die Sprudelliegen und in die Grotte mit Wasserfall. Das **Freibad** besitzt sogar ein 50-m-Becken mit Sprunggrube, dazu kommen das Nichtschwimmerbecken mit Breitwellenrutsche und ein Planschbecken.

Wassersport auf Seen & Flüssen

Strandbad in Knesebeck
An der Badeanstalt 3, 29379 Wittingen-Knesebeck. ℡ 05834/366, www.wittingen.de. **Bahn/Bus:** RB bis Knesebeck, 1,5 km Fußweg; Bus 137 von Wittingen. **Auto:** Knesebecker Straße, im Ort Gifhorner Straße. **Zeiten:** Mai – Sep täglich 10 – 19 Uhr. **Preise:** 1,30 €; Kinder bis 16 Jahre 1 €; Familien 3 €.

Als man 1935 die Ziegelei in Knesebeck schloss, entstand aus der Lehmgrube ein Teich und schließlich ein Strandbad. Für Nichtschwimmer gibt es neben dem See ein eigenes Becken mit Rutsche und Planschbereich.

Minigolf, An der Badeanstalt 3, Wittingen-Knesebeck. ℡ 05834/366. Mai – Sep täglich 10 – 19 Uhr.

Paradies für Sport und Freizeit: Allersee und Allerpark
38448 Wolfsburg. ℡ 05361/897-1414, www.allerpark.net. **Bahn/Bus:** Bus 201, 202, 380. **Auto:** B188, kostenlose Parkplätze an der Zufahrt. **Preise:** Eintritt frei.

So etwas wie ein Rundumpaket für Freizeit und Sport liefert euch der **Allersee.** Er liegt eingebettet in den Allerpark. Am langen Sandstrand könnt ihr buddeln und Burgen bauen und natürlich ins Wasser gehen. Der Strand wird von der DLRG überwacht. Spielgeräte zum Klettern und Toben findet ihr ebenfalls

Frisbeescheiben für Discgolf verleiht der Kolumbianische Pavillon! Pfandgebühr 10 €. Dazu erhaltet ihr einen Parcourplan und eine Scorekarte.

zahlreich, ihr könnt zudem Discgolf und Beachvolleyball spielen. Der See eignet sich auch für einen Spaziergang oder eine Inliner-Tour (3 km).

Zeit für eine Pause? Dann solltet ihr das interessante Haus mit den aufgefächerten Holzstäben aufsuchen. Auf der Weltausstellung EXPO 2000 war es der *Kolumbianische Pavillon*. Er wurde hier wieder aufgebaut und ist nun ein hübscher Blickfang. Platz nehmen könnt ihr nicht nur drinnen, sondern auch auf der Seeterrasse.

Nach der Stärkung solltet ihr den Abstecher Richtung Wasserskiseilbahn nicht verpassen. Dabei kommt ihr nämlich am **Seilspielplatz Bodenlos** vorbei, auf dem ihr balancieren und euch über Netze bis zum Aussichtsturm hangeln könnt. Gleich gegenüber liegt der **Hochseilgarten** ↗ *Monkeyman* für alle, die noch höher hinaus wollen. Hier könnt ihr auch die Utensilien

Hunger & Durst

Kolumbianischer Pavillon, Allerpark 12, Wolfsburg. ✆ 05361/ 8434098. www.kolumbianischerpavillon.de. Täglich ab 9 Uhr, Okt – März Mo Ruhetag. Kinderteller: Spaghetti, Schnitzel, Pizza. Frühstücksbuffet täglich 9 – 11.30 Uhr, Reservierung erwünscht, 11,50 €, Kinder 5,50 – 7 €, Brunchbuffet So 10 – 14 Uhr 21,50 €, Kinder 8 – 13 €.

ausleihen, um Tischtennis zu spielen. Die Platten befinden sich neben dem Spielplatz. Wer seine Inline-Skates oder ein Skateboard dabei hat, kann auf dem **Skateparcours** auf Rampen, Rails und Stufen sein Können zeigen. Im **Allerpark** findet ihr außerdem das ↗ *BadeLand,* die ↗ *EisArena,* die ↗ *Kindersportwelt* und ein *Bowlingcenter.*

Bernsteinsee

Bernsteinallee 5 – 7, 38524 Sassenburg-Stüde. ℰ 05379/98140-0, www.bernsteinsee.de. **Bahn/Bus:** Bus 172. **Auto:** B188, über Westerbeck Richtung Grußendorf, vorher links ab nach Stüde. **Preise:** Eintritt See frei.

▶ Als man 1971 den Elbe-Seitenkanal baute, entstand bei Stüde ein See. Der erhielt den hübschen Namen Bernsteinsee und das ganz zu Recht. Idyllisch spiegeln sich die Bäume im Wasser, dazu gibt es einen herrlichen, weißen Sandstrand. Ihr könnt nicht nur baden, sondern auch den Piraten-Abenteuerspielplatz mit Leuchtturm und Spielschiff erobern. Im Streichelzoo lernt ihr Esel Oliver kennen. Ältere Kinder spielen gerne Beachvolleyball, fahren Wasserski oder geben auf der Kartbahn Gas. Von der Terrasse des **Restaurants** habt ihr einen schönen Blick auf den See (Mo – Fr 11.30 – 14.30 und 17.30 – 21.30, Sa 11.30 – 21.30, So 11.30 – 20 Uhr).

Tankumsee

Dannenbütteler Weg 12, 38550 Isenbüttel. ℰ 05374/1665, www.tankumsee.de. **Bahn/Bus:** Bus 183 von Isenbüttel. **Auto:** Kreisstraße 114 Gifhorn – Wolfsburg, vor dem Elbe-Seitenkanal links. **Zeiten:** See ganzjährig zugänglich, Beachanlage 1. Mai – 15. Sep täglich ab 10 Uhr, Rutsche Mai – Sep. **Preise:** See Eintritt frei, Parken 1 Std 1 €, Tag 6 €, Winter Tag 3 €, 12er Karte Wasserrutsche 3 €, Scooterbahn 1 €, Minigolf 3 €, Kinder 1,50 €, Tretboot 1 Std 12 €, Beachanlage 1. und 2. Std je 12 €, Disc-Golf halber Tag 3 €, ganzer Tag 5 €.

 **Wasserski Cable Resort,** Bernsteinallee 5 – 7, Sassenburg. ℰ 05379/98140-14. www.cable-resort.de. Siehe Webseite. Wasserskikurs 25 €, Kinder bis 16 Jahre 20 €, Easy-Start-Seilbahn für Anfänger.

Am Tankumsee könnt ihr auch segeln lernen. Infos unter www.mtvi-segeln.de.

▶ Wie der Bernsteinsee ist auch der Tankumsee beim Bau des Elbe-Seitenkanals entstanden. Stolze 1000 m ist der Sandstrand lang, an dem ihr buddeln und bauen könnt. Schön flach geht es ins Wasser hinein. Flotter geht es über die Wasserrutsche. Für Spielspaß sorgen der Minigolfplatz, die Scooterbahn, der Discgolf-Parcours mit neun Bahnen und zwei Spielplätze. Ein Beachvolleyballfeld kann gemietet werden. Per Tretboot schippert ihr dann noch übers Wasser.

Spielpause: Am Tankumsee

Ise-Tour per Boot

Bromer Straße 4, 38518 Gifhorn. ✆ 05371/9893-422, www.ise-tour.de. Gegenüber vom Mühlenmuseum direkt an der B188. **Bahn/Bus:** Bus 100 bis Mühlenmuseum. **Auto:** B188. **Zeiten:** April – Okt täglich 10 – 20 Uhr wetterabhängig. **Preise:** Tretboot, Ruderboot oder Kanadier 1 Std 14 €, Tag 60 €, Kajak oder kleiner Kanadier 2 Pers 1 Std 9 €, Tag 40 €.

▶ Mit Tret- und Ruderbooten oder Kanadiern schippert ihr in Gifhorn auf der Ise. Ihr könnt zum Mühlenteich fahren und dort die tolle Aussicht auf das Mühlenmuseum genießen oder nach Norden den Staatsforst Dragen mit seiner unberührten Natur erkunden. Bis zu 20 km weit könnt ihr hier paddeln.

Radeln & wandern

Auf dem Otter-Pfad

Sudendorfallee 1, 29386 Hankensbüttel. www.otterzentrum.de. **Länge:** 3,5 km, Start: Parkplatz Otterzentrum. **Bahn/Bus:** ↗ Otterzentrum. **Infos:** Download der Begleitbroschüre unter www.otterzentrum.de.

▶ Wie mag sich ein Fischotter in seinem Versteck fühlen? Was lebt da im Teich? Gibt es kleine Störche im Nest? Das könnt ihr an sechs **Naturerlebnisstationen** auf dem **Otter-Pfad** herausfinden. Der Weg führt vom hinteren Teil des Parkplatzes am **Otterzen-**

FRISCHE LUFT UND SPORT

BLICK NACH SÜDEN

Im Otterzentrum könnt ihr Rucksäcke für NaturentdeckerInnen kostenlos entleihen. Ihr findet darin Lupe, Fernglas, Kompass und Bestimmungshilfen.

trum aus nach Hankensbüttel, durch den Wald Hagen, am Kloster Isenhagen und dem Waldbad vorbei. Zum Schluss überquert ihr auf einer Naturerlebnisbrücke den Isenhagener See. Hier könnt ihr keschern, das 3 m hohe Nest besteigen und euch im Röhricht verstecken.

Am **Bahnhof in Wahrenholz** beginnen zwei weitere Otter-Pfade (Süd 10 km, Nord 20 km). Alle Pfade sind zu Fuß oder mit dem Rad erkundbar.

Macht der ganzen Familie Spaß: Radeln durch die Heide

© Tourismus Marketing Niedersachsen (TMN)

Durch die Gifhorner Heide

Winkeler Weg, 38518 Gifhorn-Winkel. www.suedheide-gifhorn.de. **Länge:** 2 km, Start: Parkplatz am Eingang Gifhorner Heide, über Kellerberg, Winkeler Weg. **Bahn/Bus:** Bus 101. **Auto:** ↗ Gifhorn, Eyßelheideweg, am Ende rechts Hermann-Löns-Weg, am Ende rechts auf Kellerberg.

▶ In Winkel, einem Ortsteil von Gifhorn, gibt es eine schöne, leicht hügelige Heidefläche, in der ihr einen gemütlichen Spaziergang unternehmen könnt. Am Parkplatz führt auch ein Naturlehrpfad vorbei, der schon am **Hermann-Löns-Weg** beginnt. Insgesamt gibt es 43 Text- und Schautafeln auf 3,5 km Länge.

Erlebniswelten

Wege im Maisfeld

Maislabyrinth der Baumschule Növig-Maaß, Hauptstraße 1, 29365 Sprakensehl. ℗05837/1227, www.noevig-maass.de. **Bahn/Bus:** Bus 127, 129. **Auto:** B4. **Zeiten:** Mitte Juli – Sep frei zugänglich. **Preise:** 2 €; Kinder 1 €.

▶ Direkt an der B4 betreibt die Baumschule Növig-Maaß von Juli bis September ein Maislabyrinth. Jedes Jahr gibt es neue Wege. Findet ihr zum Hochsitz? Von dort habt ihr einen schönen Überblick! Wenn ihr euch traut, dürft ihr auch abends mit Taschenlampe durch den Mais marschieren – aber dann gebt Acht auf Wildschweine!

Autostadt in Wolfsburg

Stadtbrücke, 38440 Wolfsburg. ☎0800/288678238, www.autostadt.de. **Bahn/Bus:** ICE, RB, 500 m Fußweg über Berliner Brücke. **Auto:** A39 Ausfahrt 3 Wolfsburg-West, Ausschilderung folgen, Parkplatz 3 €. **Zeiten:** täglich 9 – 18 Uhr, WerkTour Mo – Fr 9 – 16 Uhr nach Verfügbarkeit. **Preise:** 15 €; Kinder 6 – 17 Jahre 6 €; Familien 38 €, Familiensonntag (2 Erw, Kinder bis 17 Jahre) 30 €, Abendticket ab 16 Uhr pro Person 7 € (gilt als Verzehrgutschein), Kombitickets mit Phaeno.

▶ Die Autostadt ist ein wahrer Erlebnispark, in dem sich alles um das Thema Mobilität dreht. Bei einer WerkTour fahrt ihr mit einem kleinen Zug direkt durch die Produktionshallen von VW und erfahrt dabei auch, was eigentlich eine Hochzeit in der Sprache der Autobauer bedeutet. Meldet euch gleich bei der Ankunft an, denn es gibt nur wenige Plätze, da die Tour vor allem für Abholer gedacht ist.

Euer erstes Ziel ist dann bestimmt das **MobiVersum** im *KonzernForum.* Hier könnt ihr nicht nur klettern, hüpfen und balancieren, sondern auch neuartige Fahrzeuge wie das Raupenrad oder den Dreisel ausprobieren. Im Kinder-Kino seht ihr, was Rolli vom Planeten Sinus so al-

Hunger & Durst

Rölings Hof, Schulstraße 1, Sprakensehl. ☎05837/666. www.roelings-hof.de. Mi – Sa 14 – 19, So 11 – 19 Uhr. Bauernhofcafé, sonntags mit Mittagstisch.

 Vor der Autostadt legt am **Mittellandkanal** 5 x täglich ein Schiff für die Panoramatour ab. Los geht es um 11, 12.30, 14, 15.30 und 17 Uhr. 6 €, Kinder 4 €.

Einst Käfer genannt, dann Beetle: In der Autostadt könnt ihr in Mini-Beetles den Führerschein machen
© Autostadt Wolfsburg

BLICK NACH SÜDEN

☀ Klasse für Kinder ist die Kids-Tour, die euch zu ausgewählten Orten in der Autostadt bringt, z.B. im ZeitHaus um 13 Uhr oder um 15 Uhr im Audi-Pavillon; im Eintritt enthalten, Termine erfahrt ihr am Eingang oder im Internet. So 11, 12 und 14 Uhr finden Familienführungen statt, sie kosten 5 € pro Familie.

🦉 *Ein Fünftel des in Deutschland ausgestoßenen CO_2, das am Klimawandel Schuld ist, wird vom Verkehr verursacht. 84 % stammen direkt aus den Auspuffen von Autos, Lkw und Motorrädern. Während die CO_2-Emissionen in anderen Bereichen seit 1990 weniger werden, steigen die durch den Verkehr verursachten Schadstoffwerte an. Aber um das Klima zu retten, müssen wir den CO_2-Ausstoß um 80 % reduzieren. Also öfter mal Rad fahren!*

les anstellt. Ein besonderer Höhepunkt ist natürlich der **Kinder-Führerschein!** Nach dem theoretischen Teil steigt ihr in einen Mini New Beetle und übt das Fahren im LernPark (5 – 11 Jahre, April – Sep). Nach erfolgreicher Prüfung bekommt ihr den Führerschein, natürlich mit Foto und eurer Unterschrift.

Wenn euch dann der Hunger überfällt, dürft ihr im **Pizza Amano** euren Teig selbst mit euren Lieblingszutaten belegen. Gestärkt? Dann ist jetzt Zeit, die Autostadt weiter zu erkunden. Im **ZeitHaus** seht ihr Meilensteine der Automobilgeschichte. In den acht Pavillons werden einzelne Marken vorgestellt, zum Beispiel Porsche, Seat und Audi. Besonders interessant für größere Kinder ist der Lamborghini-Pavillon, in dem unter gewaltigem Lärm das Fahrzeug auftaucht und plötzlich verschwindet.

Habt ihr schon die gewaltigen gläsernen **Autotürme** entdeckt? Über sie erfolgt die Auslieferung an die Autokäufer. Bei einer Turmfahrt im Panoramaaufzug dürft ihr bis zur Aussichtsterrasse auf 48 m Höhe fahren und den Rundblick genießen (8 €, Kinder ab 6 Jahre 4 €).

Die Autostadt bietet zudem ein umfangreiches Veranstaltungsprogramm. Für Kinder gibt es u.a. Workshops und eine Kochschule. Im Sommer wird vier Wochen lang eine Wassershow gezeigt, im Dezember könnt ihr Schlittschuh laufen und rodeln.

Phaeno – Die Experimentierlandschaft

Willy-Brandt-Platz 1, 38440 Wolfsburg. ☎05361/89010-0, www.phaeno.de. **Bahn/Bus:** Direkt am Bhf. **Auto:** A39 Ausfahrt 3 Wolfsburg-West, Ausschilderung folgen, Tiefgarage (kostenpflichtig). **Zeiten:** Di – Fr 9 – 17 Uhr, Sa, So, Ferien, Feiertage 10 – 18 Uhr. **Preise:** 12,50 €; Kinder 6 – 17 Jahre 8 €; Familien (1 Erw, 2 Kinder) 18 €, (2 Erw, 2 Kinder) 27,50 €, jedes weitere Kind 2 €, Kombitickets mit Autostadt.

▶ Mehr als 350 Experimentierstationen erwarten euch im Phaeno. Überall dürft ihr selbst aktiv werden und Phänomene aus Natur und Technik am eigenen Leib erfahren. Werft Schatten an die Wand, baut eine Brücke ohne Nägel, erzeugt Strom durch Muskelkraft, bringt eure Haare zum Sträuben oder bewegt eine Kugel nur durch eure Gedanken! Und wer hätte gedacht, dass man beim Durchkrabbeln der *Kleinschen Flasche* etwas über Mathematik lernt? Mehrmals am Tag wird der 6 m hohe Feuertornado spektakulär in Gang gesetzt. Regelmäßig finden Shows im Wissenschaftstheater statt (1 €), am Wochenende und in den Ferien öffnen die lohnenden Mitmachlabore (ca. 2 €). Immer wieder neue Exponate und Sonderausstellungen lassen den Besuch nie langweilig werden. Zu einer Pause laden das **Bistro** oder das **Restaurant BrandtEins** ein. Übrigens: Das Gebäude, in dem sich das Phaeno befindet, wurde eigens für diesen Zweck von **Zaha Hadid** entworfen. Mit seinen Kegelfüßen scheint es zu schweben und erinnert ein bisschen an ein Ufo, oder?

Luffffft: Zauberhafte Wolkenringe im Phaeno
© Phaeno, Foto: Lars Landmann

Zaha Hadid (geb. 1950) zählt zu den modernen Star-Architekten. Ihre Gebäude wirken oft schwerelos und haben keine rechten Winkel. Das Phaeno gilt laut der britischen Zeitung The Guardian zu den 12 bedeutendsten modernen Bauwerken.

WasserPark Hehlingen

Zum Sportplatz, 38446 Wolfsburg-Hehlingen. ℡05363/810226, www.wasserpark-hehlingen.de. **Bahn/Bus:** Bus 280, 383 bis Hehlingen, Mühlengasse, 400 m Fußweg. **Auto:** ↗ Wolfsburg, Berliner Ring, über Steimker Berg und Nordsteimke, in Hehlingen links Am Kirchbrunnen, rechts Katthagen. **Zeiten:** Ende April – Anfang Okt Mo, Di, Do, Fr 14 – 19, Mi 9 – 19, Sa, So 12 – 19, Ferien täglich 10 – 19 Uhr. **Preise:** 1 € ab 1 m Größe.

▶ Aus dem ehemaligen Freibad wurde in Hehlingen ein Wasserpark. Hier kann man toll mit Wasser spielen und experimentieren. Unzählige Möglichkeiten dafür bietet das Piratenland mit Schiff, See und Floßfähre. Im Wassertretbecken werden eure Füße munter, um anschließend auf dem **Barfußpfad** verschiedene Untergründe zu erspüren. Mit dem nassen Element lässt sich auch wunderbar am Wasserlauf mit Staustufen spielen, außerdem sind ein Strand, eine Sonnenterrasse und ein Bolzplatz vorhanden. Ihr könnt auch Volleyball oder Badminton im Sand spielen. Sind Oma und Opa mit, freuen sie sich bestimmt über die Fitnessstationen für Senioren.

Klettern, spielen & toben

Wie ein Affe im Monkeyman

Allerpark 6, 38440 Wolfsburg. ✆ 0800/2227888 (kostenlos), www.monkeyman.eu. **Bahn/Bus:** ↗ Allersee. **Zeiten:** Mitte März – Okt Mo – Fr 13 – 20, Sa, So 9 – 20 Uhr, Einlass bis 18 Uhr. **Preise:** 25,90 €; Kinder 10 – 16 Jahre 20,90 €, 5 – 10 Jahre nur Niedrigseilparcours 11,90 €; Familien ab 3 Pers Erw 23,90 €, Kinder 18,90 €, Niedrigseilparcours 10,90 €.

▶ Klettern wie ein Affe dürft ihr im Monkeyman, dem Hochseilgarten von Wolfsburg. Fünf Parcours mit 70 Stationen laden alle ab 10 Jahre (und einer Mindestgröße von 1,40 m) dazu ein, zwischen den Bäumen zu kraxeln. Dabei seid ihr natürlich immer gut gesichert. Über Netze, schwankende Balken und hängende Reifen hangelt und balanciert ihr euch von Plattform zu Plattform. Ihr befindet euch in einer Höhe von 4 – 13 m. Jüngere Kinder (5 – 10 Jahre, ab 1 m Größe) können sich in den drei Niedrigseilparcours auf 1,5 m Höhe austoben.

Spielspaß in der SoccaFive Arena

Kindersportwelt Home of Kids Foundations in der Volksbank BraWo SoccaFive Arena, Allerpark 1, 38448 Wolfsburg. ✆ 05361/899850, www.socca5.de. **Bahn/Bus:** ↗ Allersee. **Zeiten:** Mo – Fr 14 – 19, Sa, So, Ferien 10 – 19 Uhr, Di, Do außerhalb der Ferien 10 –

Achtung! Kinder unter 14 Jahren müssen von einem mitkletternden Erwachsenen begleitet werden.

12.30 Uhr für Kinder bis 3 Jahre. **Preise:** 3 €; Kinder
2 – 3 Jahre 4 €, ab 4 Jahre 7 €; ab 18 Uhr halber Preis.

▶ Lust auf Bewegung? Dann geht doch in die Kindersportwelt. Sie befindet sich in der Fußballhalle **SoccaFive Arena.** Ihr könnt auf dem Trampolin springen,
die Riesenrutsche in Wellen herabsausen und den
Klettervulkan erklimmen. Im Riesenlabyrinth gilt es
immer neue Wege zu entdecken. Auf der Kartbahn
legt sich so mancher Jungrennfahrer in die Kurve.
Auch Fußball spielen könnt ihr natürlich. Und wenn
das Wetter gut ist, könnt ihr sogar draußen klettern
und schaukeln.

Takka-Tukka Abenteuerland

Im Heidland 13, 38518 Gifhorn. ✆ 05371/74317-10,
www.takka-tukka.com. **Bahn/Bus:** Bus 100 bis Braunschweiger Straße, 1,5 km Fußweg. **Auto:** B4 Ausfahrt
Gifhorn-Zentrum, 1. Straße rechts. **Zeiten:** Mo – Fr 14 –
19, Sa, So, Ferien Nds. täglich 11 – 19 Uhr. **Preise:**
4 €; Kinder 1 – 3 Jahre 4,50 €, ab 4 Jahre 6,50 €; ab
17.30 Uhr halbe Preise, Di 1 € Ermäßigung (nicht Fei,
Ferien).

▶ Wie im Dschungel dürft ihr euch im Takka-Tukka-
Abenteuerland fühlen. Im Spielturm werdet ihr zu mutigen Urwaldforschern, schwingt an Seilen und wagt
euch über Hängebrücken. In der Hüpfburg ver-
schluckt euch der Dschungellöwe und der Wabbel-
berg wird zum gefährlichen Hindernis, das es zu überwinden gilt. Wer wagt sich in die Geisterhöhle? Hüp-
fend behaltet ihr auf den Trampolinen den Überblick,
um anschließend den Klettervulkan zu erobern. Auf
der Kartbahn testet ihr eure Geschicklichkeit beim
Lenken. Schnelle Reaktionen sind auch beim Airhockey und Kickern gefragt. Die jüngsten Abenteurer
erwartet eine eigene Spielecke, das kleine Takka-Tuk-
ka-Land. Es befindet sich neben dem Bistro, in dem
die Eltern sich entspannen dürfen. Im Sommer geht
das Spielvergnügen draußen mit Rollenrutsche,
Planschbecken und Hüpfkissen weiter.

Happy Birthday!
Im Takka-Tukka lässt
sich der Kindergeburts-
tag feiern. Vier Varian-
ten stehen zur Auswahl,
z.B. auch mit 1 Std Fuß-
ball (7,90 bis 13,90 €
pro Kind).

BLICK NACH SÜDEN

Schlittschuh laufen

Kufenschwung in der Eis Arena

Allerpark 5, 38448 Wolfsburg. ☏ 05361/89353-12, www.eisarena-wolfsburg.de. **Bahn/Bus:** ↗ Allersee. **Zeiten:** Sep – März Sa, So 14 – 17 Uhr. **Preise:** 5 €; Kinder 6 – 11 Jahre 3 €, 12 – 17 Jahre 4 €, Schlittschuhverleih 4 €.

Achtung! Bei Heimspielen des Eishockey-Teams des EHC Wolfsburg, der Grizzly Adams, entfällt die öffentliche Laufzeit. Die Termine werden auf der Homepage bekannt gegeben.

▶ Egal wie warm der Winter wird, in der Eis Arena in Wolfsburg könnt ihr in jedem Fall eure Runden auf den schmalen Kufen drehen. Wer keine eigenen Schlittschuhe besitzt, leiht sich welche, und schon kann das eisige Vergnügen losgehen. Samstags ertönt zwischen 18 und 21 Uhr bei der Eisdisco flotte Musik, zu der das Laufen noch mal so viel Spaß macht. Im Fan-Treff erhaltet ihr warme Getränke und kleine Snacks.

Tiere sehen & retten

Otterzentrum Hankensbüttel

Sudendorfallee 1, 29386 Hankensbüttel. ☏ 05832/9808-0, www.otterzentrum.de. **Bahn/Bus:** Bus 120 bis Schulzentrum, 5 Min Fußweg. **Auto:** B244. **Zeiten:** Feb, März, Nov täglich 9.30 – 17, April – Okt 9.30 – 18 Uhr, Dez, Jan geschlossen, Fütterungen 9.30 – 16.30, im Sommer bis 17.30 Uhr alle 15 Min. **Preise:** 10 €; Kinder 4 – 17 Jahre 6,50 €; Familien (2 Erw, 3 Kinder) 30 €.

Nicht nur Baum- und Steinmarder gehören zur Familie der Marder, sondern auch Otter, Dachs, Iltis, Nerz und Wiesel.

Hunger & Durst
Restaurant am See,
Sudendorfallee 1, Hankensbüttel. ☏ 05832/9808-29. www.otterzentrum.de. Geöffnet wie Otterzentrum. Große Terrasse am See.

▶ Otter, Dachs und Marder lassen sich in freier Wildbahn selten blicken. Wenn ihr sie einmal zu Gesicht bekommen wollt, besucht doch einfach das Otterzentrum! Der Steinmarder residiert in einer großen Scheune mit Glasscheibe, der Dachs in einem begehbaren Hügel. Die Fischotter lassen sich gerne von einer Aussichtsplattform beobachten. Am schönsten ist das, wenn sie gefüttert werden. Bei einem Rundgang bekommt ihr dann garantiert alle Arten zu sehen, auch die Iltisse und Nerze. Von den kundigen Betreuern erfahrt ihr Spannendes über die Gewohnheiten und die Lebensräume von Otter und Co. Auf dem Weg durch das 6 Hektar große Gelände findet ihr zudem Erlebnisstationen, Spielplätze und aufklappbare Fragezeichen, an denen ihr noch mehr über die Tiere erfahrt. Während die Eltern schon mal Platz im Restaurant nehmen, zieht euch bestimmt der Wasserspielplatz am Isenhagener See an.

Verspielt: Fischotter und ihre Verwandten seht ihr im Otterzentrum ganz aus der Nähe

© Tourismus Marketing Niedersachsen (TMN)

Stachelritter im Laub

NABU Artenschutzzentrum Leiferde, Hauptstraße 20, 38542 Leiferde. ✆05373/6677, www.nabuzentrum-leiferde.de. **Bahn/Bus:** RE bis Leiferde. **Auto:** B4, B188 oder B214, Abzweig Leiferde. **Zeiten:** täglich 9 – 17 Uhr, im Sommer bis 18 Uhr, Büro Mo – Fr 8.30 – 11.30 Uhr, Termine nach Programm. **Preise:** 2 €; Kinder 1 €; Familien 4 €, Veranstaltungen für Kinder 5 – 8 €.

▶ Verletzte, hilflose oder vom Zoll beschlagnahmte Wildtiere werden im Artenschutzzentrum wieder aufgepäppelt oder bekommen ein Zuhause, ehe sie an Zoos weitervermittelt werden. So gibt es immer neue Bewohner, die ihr bei einem Besuch anschauen könnt. Zweimal im Monat trifft sich der **KiKi-Kinderklub,** um auf Spurensuche zu gehen, Nistkästen zu bauen oder Tiermasken zu basteln. Das ganze Jahr über werden Stationsführungen und Naturerlebnisprogramme angeboten, in den Ferien auch Workshops. Da seid ihr als Wasserdetektive unterwegs, besucht Familie Weißstorch, wandert durch die Nacht oder findet heraus, wer die Stachelritter im Laub sind.

Happy Birthday!
»Keine Bange vor der Schlange« oder »Klappern gehört zum Handwerk« heißen z.B. die Angebote zum Kindergeburtstag. Mo – Fr 65 € für bis zu 12 Personen.

Jedes Jahr werden in Leiferde rund 2000 Tiere aufgenommen.

Der Natur auf der Spur

Moorlehrpfad

Natur- und KulturErlebnispfad Großes Moor Gifhorn e.V, Am Hagen 16, 38524 Sassenburg-Westerbeck. ☎0151/431648-32, www.moorlehrpfad.de. **Lage:** Nordwestlich von Gifhorn, **Länge:** 5 km Wanderweg oder 12 km Radtour (über Neudorf-Platendorf und Triangel), Start: Streuobstwiese. **Bahn/Bus:** Bus 164 oder Bahn bis Triangel und dort Radtour starten. **Auto:** B188, L289 bis Westerbeck.

▶ Das Große Moor ist eines der größten Naturschutzgebiete in Niedersachsen. Hier leben viele gefährdete Tier- und Pflanzenarten. Auf dem Lehrpfad findet ihr insgesamt 8 Stationen, zwei davon an dem längeren Radweg. Ihr erfahrt, wie das Moor überhaupt entstand, wie man Torf abbaute und wie sich die Menschen hier ansiedelten.

Sternenreise im Planetarium Wolfsburg

Uhlandweg 2, 38440 Wolfsburg. ☎05361/8999320, www.planetarium-wolfsburg.de. **Bahn/Bus:** Bus 202, 218, 230 bis Theater. **Auto:** Braunschweiger Straße, Heinrich-Heine-Straße, links Klieverhagen, Parkplätze am Theater und CongressPark (Parkhaus). **Zeiten:** Termine laut Programm. **Preise:** 7,50 €; Kinder bis 14 Jahre 5 €; Familien 17 €.

▶ Möchtet ihr einmal zu den Sternen reisen? Im Planetarium in Wolfsburg könnt ihr euch dabei sogar gemütlich zurücklehnen. Der Projektor kann bis zu 9000 Sterne darstellen, er besitzt 156 Objektive. Beim KinderKosmos erfahrt ihr das Geheimnis der Papierrakete, reist zu einem Zauberriff oder fliegt mit Tim zum Mond. Diese Programme eignen sich für Kinder ab 6 Jahre. Wer schon 10 oder 12 Jahre alt ist, lernt den Sternenhimmel bei KosmosWissen kennen. Da geht es dann um Gefahr aus dem Weltall, die Macht der Sterne oder die Eroberung des Kosmos.

Museen, Schlösser, Mühlen

AutoMuseum

Stiftung AutoMuseum Volkswagen, Dieselstraße 35, 38446 Wolfsburg. ✆05361/52071, www.auto-museum-volkswagen.de. **Bahn/Bus:** Bus 212. **Auto:** Braunschweiger Straße, Siemensstraße, Berliner Ring, vor der Brücke rechts. **Zeiten:** Di – So 10 – 17 Uhr, 24. Dez – 1. Jan geschlossen. **Preise:** 6 €; ermäßigt 3 €; Familien 15 €.

▶ Fans von motorisierten Untersätzen kommen im AutoMuseum voll auf ihre Kosten. 130 Fahrzeuge versammeln sich zu einer beeindruckenden Parade. Unter der Sammlung von VW-Käfern ist auch Herbie zu bewundern, der als toller Käfer Filmgeschichte schrieb. Ein Cabrio kommt ganz umflochten daher. Bullis waren ebenfalls beliebte Autos der 1970er Jahre. Hier seht ihr einen Feuerwehr-Pritschenwagen und einen quietschgelben Campingwagen mit Aufstelldach. Mehrere Prototypen und Rennwagen wie das Formcar von 1965 gehören ebenfalls zur Sammlung.

Prototypen sind Modelle, die gebaut werden, um sie zu testen, bevor man sie in Serie fertigt.

Stadtgeschichte im Schloss Wolfsburg

Stadtmuseum, Schlossstraße 8, 38448 Wolfsburg. ✆05361/281040, www.wolfsburg.de. In der Remise neben dem Schloss. **Bahn/Bus:** Bus 201, 202, 213, 380. **Auto:** B188, Schulenburgallee (Wegweiser Schloss), links Nordstadtstraße, links Schlossstraße, Parkplätze am Ende. **Zeiten:** Di – Fr 10 – 17, Sa 13 – 18, So 11 – 18 Uhr. **Preise:** Eintritt frei.

▶ Die Stadt Wolfsburg wurde zwar erst 1938 gegründet, doch die namensgebende Burg ist viel älter. Die Familie von Bartensleben residierte dort und baute ihr Heim ab 1575 zu einem Schloss im Stil der Weserrenaissance um. Die Geschichte von Wolfsburg erfahrt ihr heute in der **Remise** des Schlosses, die das Stadtmuseum beherbergt. Es gibt viel zu sehen, darunter eine »vergessene« Toilette, eine Ritter-

Hunger & Durst

Schlossremise, Schlossplatz 6, Wolfsburg. ✆05361/867777. www.schloss-remise.wolfsburg.de. Di – Do 11 – 20, Fr, Sa 9- 20, So 9 – 17 Uhr. Kinderkarte. Terrasse.

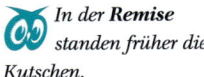

*In der **Remise** standen früher die Kutschen.*

BLICK NACH SÜDEN

Hunger & Durst

Müller- und Backhaus im Mühlenmuseum, Gifhorn. ℭ05371/55050. Kuchen und Brot aus dem Steinofen.

Fast wie im Süden: Griechische und portugiesische Mühlen
© Mühlenmuseum Gifhorn

rüstung, den namensgebenden Wolf, ein Stadtmodell von 1940 und sogar einen ganzen Frisiersalon von 1958. Ihr könnt einen großen Stadtplan betreten, an vielen Stellen Schubladen aufziehen und allerlei hören: Hitlers Rede zur Eröffnung des Autowerks, Schlager von 1938 oder Zeitzeugen der späteren Wohnungsnot. Im ersten Stock befindet sich die Dokumentation über die Opfer der nationalsozialistischen Gewaltherrschaft.

Mühlen aus aller Welt

Internationales Mühlenmuseum Gifhorn, Bromer Straße 2, 38518 Gifhorn. ℭ05371/55466, www.muehlen-museum.de. **Bahn/Bus:** Bus 100. **Auto:** B188. **Zeiten:** Mitte März – Okt 10 – 18 Uhr. **Preise:** 10 €; Kinder 4 €; russisch-orthodoxe Kirche € 2,50, Kinder 1,50 €.

▶ Freut ihr euch auch immer, wenn ihr eine Windmühle seht? In Gifhorn stehen ganz viele der technischen Wunderwerke beieinander. Im Mühlenmuseum wurden nämlich Mühlen aus aller Welt auf dem schönen Gelände an der Ise wieder aufgebaut. Eine koreanische Wassermühle, eine russische Bockwindmühle und eine ungarische Schiffsmühle gehören dazu. Von der Galerie der Holländermühle habt ihr einen tollen Blick! An der griechischen und portugiesischen Mühle fühlt man sich sogar ans Mittelmeer versetzt. Ein toller Blickfang ist die russisch-orthodoxe Holzkirche mit ihren vergoldeten Kuppeln. Sehr schön sind aber auch die mehr als 50 Mühlenmodelle in der Ausstellungshalle. Im Maßstab 1:25 seht ihr z.B. eine persische Ölmühle, die von Kamelen gezogen wird. Probiert unbedingt den leckeren Streuselkuchen im Backhaus!

Theater

Figurentheater Compagnie

In der Bollmohr-Scheune, Am Hasselbach 4, 38440 Wolfsburg. ✆05361/2762-27 (Karten), 2762-27 (Büro). www.wolfsburger-figurentheater.de. **Bahn/Bus:** Bus 203, 204 bis VfL-Stadion. **Auto:** A39 Ausfahrt 5 Wolfsburg-Zentrum, Braunschweiger Straße, rechts Siemensstraße, Berliner Ring, links Rothenfelder Straße, rechts Rothenfelder Markt. **Preise:** Kindervorstellungen 6 €; Kinder 5 €.

▶ Habt ihr Lust, Nulli und Priesemut, Oma Adele, Schweinchen Benny oder dem kleinen Drachen Kokosnuss zu begegnen? Dann kommt in die Bollmohr-Scheune. Dort spielen Brigitte van Lindt und Andrea Haupt mit großer Freude für ihr junges Publikum. Wer selbst Theater spielen möchte, bucht z.B. zum Kindergeburtstag das Mitmachstück »Schneewittchen und die 7 Zwerge« (ab 3 Jahre) oder »Dornröschen« (ab 5 Jahre).

Prinzessin Pfiffigunde ist anders: Sie fährt Motorrad und füttert ihre Kuscheltiere
© wolfsburger figurentheater compagnie

Theater Wolfsburg

Klieverhagen 50, 38440 Wolfsburg. ✆05361/2673-38 (Theaterkasse), www.theater-wolfsburg.de. **Bahn/Bus:** Bus 180, 202, 213, 218, 230. **Auto:** A39 Ausfahrt 5 Wolfsburg-Zentrum, Braunschweiger Straße. **Preise:** Schauspiel 10 – 29 €, Kinder- und Jugendtheater 7 €, abends 13 €, im Großen Saal 8,50 – 10,50 €, Weihnachtsmärchen 7 – 9 €.

▶ Das Wolfsburger Theater ist in erster Linie ein Tourneetheater, hinzu kommen pro Spielzeit aber auch einige eigene Stücke. Im umfangreichen Pro-

BÜHNE, LEINWAND & AKTIONEN

🦋 Mit dem Stück *Stella und Nova im verrückten Labor* erlebt ihr die Compagnie im ↗Phaeno.

Achtung! Bis Ende 2015 wird das Theater in Wolfsburg saniert. Bis zur Wiedereröffnung wird im CongressPark (Heinrich-Heine-Straße) gespielt.

gramm des Jungen Theaters findet ihr Stücke für jedes Alter. Wer 4 Jahre alt ist, kann sich zum Beispiel
auf »Peterchens Mondfahrt« freuen, ab 8 Jahre sind
»Angstmän« und »Emil und die Detektive« spannend,
ab 12 begebt ihr euch mit Peter Pan nach Nimmer-
land. Schaut euch aber auch einmal das Gebäude
an. Es wurde 1973 nach Plänen von Hans Scharoun
(1893 – 1972) erbaut. Er gilt als bedeutender Archi-
tekt der Moderne. Als weitere Spielstätte nutzt das
Theater das Kulturzentrum »Hallenbad« am Schacht-
weg.

FESTKALENDER
BLICK NACH SÜDEN

Juli: Hankensbüttel: **Sommerfest,** im Otterzentrum. Mit
Stockbrot am Lagerfeuer, Schminkstand, Aktions-
stand, Feuershow und Tretbootrennen.
So letztes Wochenende, Isenbüttel: **Familienfest,** am
Tankumsee, mit Drachenbrootrennen, Spiel, Sport
und Unterhaltung.

Juli/August: Wolfsburg: **Autostadt-Sommer.** Tägliche Wasser-
shows.

August: In ungeraden Jahren, Hankensbüttel: **Heidmärker-
fest,** mit Kinderprogramm.
Gifhorn: **Altstadtfest.**

Oktober: Hankensbüttel: **Lichternacht,** im Otterzentrum. Mär-
chenzelt, Lagerfeuer, Bastelstand, Beobachtung der
nachtaktiven Marder.

November: Hankensbüttel: **Wintermarkt,** im Otterzentrum. Plätz-
chenbacken, Figurenbasteln, Malen und Schminken,
Fackelumzug zu den Tieren.

Dezember: Do vor dem 1. Advent – 28. Dez, Gifhorn: **Weihnachtsmarkt.** Mit Puppentheater und Eisbildhauer.
1. Advent (Sa/So), Gifhorn: **Schlossmarkt.** Weih-
nachtliches im festlich erleuchteten Schloss.
Mo vor dem 1. Advent – 28. Dez, Wolfsburg: **Weihnachtsmarkt.**

ORTE, INFO & VERKEHR

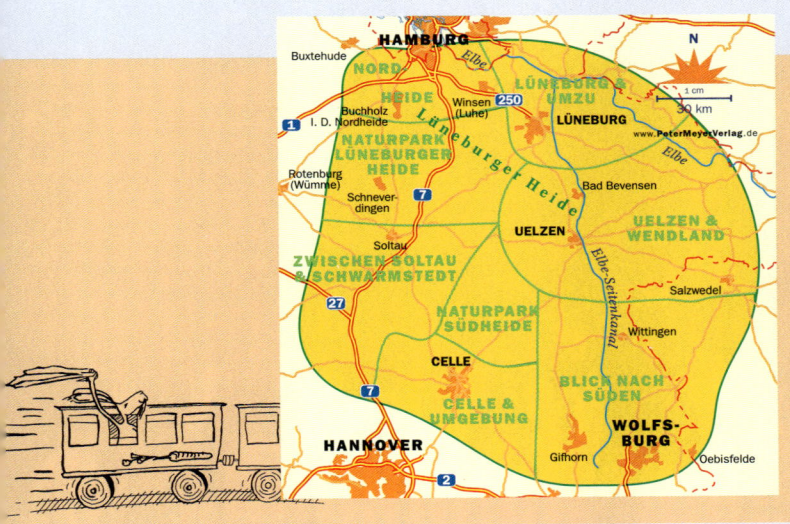

NORDHEIDE

LÜNEBURG & UMZU

NATURPARK LÜNEBURGER HEIDE

UELZEN & WENDLAND

ZWISCHEN SOLTAU & SCHWARMSTEDT

NATURPARK SÜDHEIDE

CELLE & UMGEBUNG

BLICK NACH SÜDEN

ORTE, INFO & VERKEHR

FERIENADRESSEN & KARTEN

Wer sich aktuell über örtliche Veranstaltungen oder die Region informieren will oder eine Unterkunft sucht, schaut am besten beim Fremdenverkehrsamt oder Verkehrsbüro des betreffenden Ortes vorbei.

Die nachfolgenden Ortsbeschreibungen enthalten die Adressen dieser Infostellen sowie Anfahrtsbeschreibungen. Sie sind in der Reihenfolge der geografischen Griffmarken sortiert.

Nach den Ortsinformationen folgen grundlegende Informationen zu den öffentlichen Verkehrsmitteln.

Nordheide & Lüneburg

Ferienregion Nordheide

Tourist Information Ferienregion Nordheide, Kirchenstraße 6 (Passage), 21244 Buchholz in der Nordheide. ✆04181/282810, www.regionalpark-rosengarten.de. **Bahn/Bus:** metronom. **Auto:** A1 Ausfahrt 42 Dibbersen, B75. **Rad:** Leine-Heide-Radweg. **Zeiten:** Mo – Fr 9 – 12.30 und 14 – 17.30 Uhr, Sa 10 – 12.30 Uhr.

▶ Buchholz liegt 20 km südlich von Hamburg und schließt an die Gemeinde Rosengarten an. Das Freilichtmuseum am Kiekeberg und der Wildpark Schwarze Berge sind bekannte Ausflugsziele. Buchholz selbst bildet das Zentrum der Ferienregion Nordheide. Der Schmetterlingspark und das Buchholz-Bad locken Familien in die 37.000 Einwohner zählende Stadt.

Jesteburg

Tourist-Information Verkehrsverein Jesteburg, Hauptstraße 66, 21266 Jesteburg. ✆04183/5363, www.vv-jesteburg.de. **Bahn/Bus:** Bus 4408, 4207 ab Buchholz, Bus 4148 ab Hamburg-Harburg. **Auto:** A1 Ausfahrt 41 Hittfeld; A7 Ausfahrt 40 Garlstorf. **Zeiten:** Mai – Okt Mo – Fr 10 – 12.30 und 14 – 17 Uhr, Sa 10 – 12.30 Uhr, Nov – April Mo – Fr 10 – 12, Mo, Di, Do, Fr 14 – 16 Uhr.

GEWUSST WIE & WO

INFOS ZU DEN ORTEN

☀ Kennt ihr den Kinderkönig von Buchholz? Ihr findet ihn am Rathaus, wo er direkt aus der Wand marschiert!

 **Freibad Jesteburg,** Am Alten Moor 15, Jesteburg. ✆04183/4230. www.freibad-jesteburg.de. Mai – Sep täglich 8 – 20 Uhr. 3,50 €, Kinder ab 3 Jahre 1,50 €.

Alle Hände fliegen hoch: Hurra, wir fahren ins Rundlingsmuseum
© Ulrich Appels

ORTE, INFO & VERKEHR

www.lueneburger-heide.de: Homepage der Lüneburger Heide GmbH, der touristischen Marketingorganisation des gesamten Gebietes, mit Unterkünften und Last-Minute-Angeboten.

www.lueneburger-heide-attraktionen.de: Online-Reiseführer der viatoura AG, mit Gastgebern.

www.naturpark-lueneburger-heide.de: Seite des Vereins Naturparkregion Lüneburger Heide e.V., Schwerpunkt Natur, Tipps zu Naturerlebnissen.

www.die-lueneburger-heide.de: Infoportal mit vielen Videos.

www.verein-naturschutzpark.de: Seite des Naturschutzvereins mit nützlichen Tipps rund um die Natur.

▶ Am nördlichen Rand des Naturschutzparks Lüneburger Heide liegt **Jesteburg.** Durch den Ort fließt die Seeve. Im Ort gibt es ein Freibad, in **Lohof** einen Märchenwanderweg und in **Lüllau** eine Wassermühle. Mitten im Wald verzaubert die Kunststätte Bossard.

Winsen (Luhe)

Tourist Information Winsener Elbmarsch, Schlossplatz 11 – im Marstall, 21423 Winsen (Luhe). ☏04171/668-075, www.winsen.de. **Bahn/Bus:** metronom, Bus 4502 von Lüneburg. **Auto:** A39 Ausfahrt 4 Winsen-Ost. **Zeiten:** Mo, Di, Do, Fr und Mai – Okt So, Fei 10 – 13 und 14 – 18, Mi, Sa 10 – 15 Uhr.

Stadtführung an jedem 2. Sa im Monat 14 Uhr ab Marstall, 3 €.

▶ Winsen liegt zwischen Hamburg und Lüneburg am Flüsschen Luhe. Im Norden liegen Winsens Ortsteile Stöckte, Hoopte und Laßrönne direkt an der Elbe. Hier kann man toll Inliner oder Fahrrad fahren. Kinder mögen auch das Freizeitbad, den Luhepark und die Spielarena Fernando. Im Marstall befindet sich neben der Touristinformation ein **Museum,** das über die Geschichte der Stadt informiert und u.a. fünf Handwerksstätten von früher zeigt (Di – So 10 – 18 Uhr, 2 €, Schüler 1 €, www.hum-winsen.de).

Lüneburg

Tourist-Information Lüneburg, Lüneburg Marketing GmbH, Am Markt, 21335 Lüneburg. ℗ 0800/22050-05 (kostenlose Hotline), www.lueneburg.info. **Bahn/Bus:** metronom, IC, ICE, Bus 5002, 5005, 5009, 5013, 5014, 5200, 5202, 5405 bis Rathaus. **Auto:** A39 Ausfahrt 6 Lüneburg-Nord, Hamburger Straße bis Zentrum. **Rad:** Ilmenauradweg. **Zeiten:** Mo – Fr 9.30 – 18, Sa 9.30 – 14 Uhr, Mai – Okt und Dez Sa bis 16 Uhr und zusätzlich So 10 – 16 Uhr.

▶ Seinen Wohlstand im Mittelalter verdankt Lüneburg dem Salz. Aus seiner Saline kam nämlich das gesamte Salz in Norddeutschland. Benötigt wurde es vor allem, um Heringe einzupökeln und somit haltbar zu machen. Lüneburg gehörte zu den wichtigsten und reichsten Städte der Hanse. Im 13. Jahrhundert wurde Lüneburg auch Residenzstadt des gleichnamigen Fürstentums. Mit dem Niedergang der Hanse im 16. Jahrhundert verloren auch die Lüneburger ihre guten Geldquellen. Viele historische Häuser aber blieben erhalten, wurden ab den 1970er Jahren restauriert und machen bis heute den besonderen Reiz aus. 1300 Backsteinhäuser in der Altstadt stehen unter Denkmalschutz.

 Öffentliche Stadtführungen finden Mai – Okt täglich um 11, Sa auch um 11.30 und 14 Uhr statt, Aug, Sep auch täglich 14, Nov – April nur Mi – Sa 11 Uhr. 6 €, Kinder ab 6 Jahre 5 €. Treffpunkt: Tourist-Information.

Bleckede

Tourist-Information Bleckede im Biosphaerium Elbtalaue, Schlossstraße 10, 21354 Bleckede. ℗ 05852/9514-14, www.bleckede-tourismus.de. **Bahn/Bus:** Bus 5100 von Lüneburg. **Auto:** A39 bis Lüneburg, weiter auf B4, Ausfahrt B216, Ausfahrt Richtung Bleckede auf L221, über Sülbeck, Neetze, im Ort Richtung Elbfähre/Amt Neuhaus, vor dem Elbdeich links zum Parkplatz. **Zeiten:** April – Okt Di – So 10 – 18, Nov – März Mi – So 10 – 17 Uhr.

▶ Direkt an der Elbe liegt Bleckede und ist mit seinen Fachwerkhäusern und dem Renaissanceschloss ein wahres Schmuckstück. Im Schloss befindet sich das Biosphaerium mit einer interaktiven Ausstellung

 In **Breetze,** 3 km südwestlich von Bleckede, könnt ihr Findlinge bestaunen. Dabei begleitet euch Ole Steen: www.findlingsring.de.

 **Minigolf – Tommys Mini-Treff,**
Wörmer Straße 93, Handeloh. ☎04188/7310.
März – Nov Di – So ab 11 Uhr, Sommer- und Herbstferien ab 10 Uhr bis Dämmerung.
3,80 €, Kinder 6 – 15 Jahre 3 €.

 **Bauernhof Menke,** Oheweg 2, Hanstedt.
☎04184/7116.
www.fussballgolf-hanstedt.de. Mitte Juli – Okt Mo – Sa 9 – 18, So 12 – 18 Uhr. Fußballgolf 2 €, Kinder 1 €, Maislabyrinth 1 €.

zur Natur. Wo heute eine Elbfähre den Fluss überquert, war bis 1989 die deutsch-deutsche Grenze.

Naturpark Lüneburger Heide

Handeloh

Bürger- und Verkehrsverein Handeloh e.V., Am Markt 1, 21256 Handeloh. ☎04188/891011, www.handeloh-erleben.de. **Bahn/Bus:** erixx von Buchholz, Bus 4631, 4641, Heide-Shuttle Ring 2. **Auto:** A7 Ausfahrt 41 Egestorf, über Undeloh und Wesel, in Handeloh hinter der Bahn rechts. **Rad:** Wümme-Radweg.
Zeiten: Mo 14 – 17, Di, Do, Fr 10 – 13 Uhr, Mitte Juli – Mitte Okt auch Mo – Sa 10 – 12 Uhr.

▶ Handeloh ist ein Dorf südlich von Buchholz und nordwestlich des Naturparks Lüneburger Heide. Rund um das Dorf gibt es noch Heideflächen, z.B. die *Dröge Heide.* Nördlich des Ortes liegt das *Büsenbachtal,* ein beliebtes Ausflugsziel.

Hanstedt

Tourist-Information Hanstedt, Am Steinberg 2 (Küsterhaus), 21271 Hanstedt. ☎04184/525, www.hanstedt-nordheide.de. **Bahn/Bus:** Bus 4148, 4206, 4207, Heide-Shuttle Ring 3. **Auto:** A7 Ausfahrt 40 Garlstorf, weiter über Nindorf. **Zeiten:** Juli – Sep Mo – Fr 10 – 12.30, Mo, Di, Do, Fr 15.30 – 17.30, Sa 10 – 12 Uhr.

▶ Hanstedt ist Sitz der gleichnamigen Samtgemeinde, zu der auch Egestorf, Marxen und Undeloh gehören. Zu Hanstedt gehören u.a. die Orte **Ollsen, Schierhorn** und **Nindorf,** wo sich der Wildpark Lüneburger Heide befindet. Hanstedt besitzt ein Waldbad und auf dem Bauernhof Menke kann Fußballgolf gespielt und ein Maislabyrinth durchwandert werden.

Egestorf

Touristinformation Egestorf, Im Sande 1, 21272 Egestorf. ☎04175/1516, www.egestorf.de. **Bahn/Bus:** Bus

4207 ab Buchholz, Bus 4406 ab Winsen. **Auto:** A7 Ausfahrt 41 Egestorf. **Zeiten:** Mai – Mitte Okt Mo – Sa 10 – 12, Mo – Fr 15 – 17 Uhr, Aug ab 9 Uhr und auch So 10 – 12 Uhr, Mitte Okt – April Mo – Fr 10 – 12 Uhr.

▶ In Egestorf leben etwa 1200 Menschen. In den Sommermonaten kommen zahlreiche weitere dazu, um den Barfußpark und das Naturerlebnisbad zu besuchen. Vor der Kirche steht ein Denkmal für *Wilhelm Bode.* Vom Ortsteil **Döhle** aus kommt ihr zu Fuß, mit dem Rad oder der Kutsche nach **Wilsede.**

Undeloh

Tourist-Info Undeloh, Zur Dorfeiche 27, 21274 Undeloh. ✆04189/333, www.undeloh.de. **Bahn/Bus:** Ab Handeloh oder Buchholz Bus 4206, 4631, Heide-Shuttle Ring 2 und 3. **Auto:** A7 Ausfahrt 41 Egestorf. **Rad:** Leine-Heide-Radweg, Wümme-Radweg. **Zeiten:** Mai – Okt Mo – Sa 10 – 12, Mo, Di, Do, Fr 15 – 17 Uhr, in der Saison Aug – Mitte Sep täglich 10 – 12 und Mo, Di, Do, Fr 15 – 18 und Sa 15 – 17 Uhr, Nov – April laut Telefonansage.

▶ Undeloh ist ein hübsches Dörfchen direkt am Rand des Naturschutzparks Lüneburger Heide. Zahlreiche Kutscher bieten hier ihre Dienste für eine Tour nach Wilsede an. Im Heide-Erlebniszentrum und auf dem Heide-Erlebnisweg erfahren Besucher und Wanderer viel Wissenswertes über die Heide. An der Wilseder Straße liegt der *Hungerpohl,* ein Teich mit sagenhafter Heilkraft. Ein wetterfestes Buch informiert am Teich über seine Geschichte.

Salzhausen

Tourist-Information Salzhausen, Rathausplatz 1, 21376 Salzhausen. ✆04172/9099-15, www.vkv-salzhausen.de. **Bahn/Bus:** Bus 4406, 4618, 4631, 5200, 5201, Heide-Shuttle Ring 3. **Auto:** A7 Ausfahrt 40 Garlstorf, über Garlstorf, Gödenstorf, Oelstorf. **Zeiten:** Mo – Fr 8 – 12, Mo, Di, Do 13.30 – 15.30, Mi 15 – 18.30, Fr 15 – 17 Uhr.

*Aus Egestorf stammte der Heidepastor Wilhelm Bode (1860 – 1927), der sich schon damals für den Naturschutz einsetzte. Er kaufte ab 1906 Land rund um den **Wilseder Berg** und legte so den Grundstein für den heutigen Naturschutzpark.*

 Waldbad Salzhausen, Am Waldbad 9, Salzhausen. ✆04172/962484. www.salzhausen.de. Mai – Sep Mo 13 – 19.45, Di – Fr 8 – 19.45, Sa, So 8 – 18 Uhr, Juli, Aug Fr, Sa bis 21 Uhr. 3 €, Kinder ab 6 Jahre 1,30 €.

▶ Salzhausen liegt am nordöstlichen Rand des Naturparks Lüneburger Heide. Im Ort steht ein Feuerwehr-Schlauchturm aus dem Jahre 1880. Ein beliebtes Ausflugsziel ist der Aussichtsturm auf dem nahen *Paaschberg*. Dort befindet sich auch ein Skulpturenpfad. Im Sommer erfrischt das Waldbad. Der Ortsteil **Luhmühlen** wird von der Luhe umflossen. Hier gibt es eine Kanueinstiegsstelle.

Amelinghausen

Tourist-Information Amelinghausen, Marktstraße 1, 21385 Amelinghausen. ✆04132/9209-43, www.amelinghausen.de. **Bahn/Bus:** Bus 5700 ab Lüneburg ZOB. **Auto:** A7 Ausfahrt 44 Soltau-Ost, B209. **Zeiten:** April – Juni, Sep Mo – Fr 9 – 12 und 13 – 16, Sa 10 – 14 Uhr, Juli, Aug Mo – Fr 9 – 16, Sa, So 10 – 14 Uhr, Okt – März Mo – Fr 9 – 12, Fr auch 14 – 16 Uhr.

▶ Amelinghausen liegt im Naturpark Lüneburger Heide. Jedes Jahr wird beim Heideblütenfest Mitte August auf dem Kronsberg eine **Heidekönigin** gewählt. Östlich des Ortes fließt die Lopau. Sie wurde zum Lopausee aufgestaut. Erlebnisstationen machen den Weg um den See auch für Kinder spannend. Mit dem Tretboot geht es aufs Wasser hinaus. Das Waldbad und ein Wanderweg mit Stempeln lassen Kinderherzen höher schlagen.

Schneverdingen

Schneverdingen Touristik, Rathauspassage 18, 29640 Schneverdingen. ✆05193/93-800, www.schneverdingen-touristik.de. **Bahn/Bus:** erixx (Heidesprinter). **Auto:** A7 Ausfahrt 45 Soltau-Süd, B3. **Rad:** Wümme-Radweg. **Zeiten:** Mai – Okt Mo – Fr 8 – 18, Sa 9 – 12.30 Uhr, Aug Sa bis 16 Uhr, Nov – April Mo – Fr 9 – 17 Uhr.

▶ Schneverdingen ist bekannt für die alljährliche Krönung seiner Heidekönigin beim Heideblütenfest. Als Ausgangspunkt für Erkundungen im Naturpark Lüneburger Heide eignet sich der Luftkurort besonders gut. Heide, Moore, Wälder und Weiden prägen die

*Die **Heidekönigin** wird auf dem Kronsberg gewählt. Dort befinden sich eine hübsche Heidefläche und seit 2011 ein Schafstall. Vielleicht trefft ihr den Schäfer mit seiner Herde. Parkplatz an der B209 gegenüber vom Lopausee.*

Veranstaltungen rund um Natur und Umwelt bietet die Alfred Toepfer Akademie für Naturschutz (NNA) auf einem Heidehof bei Schneverdingen: www.nna.niedersachsen.de.

Landschaft rund um Snevern, wie der Ort auf Plattdeutsch heißt. Interessant für Familien: der Hochseilgarten HöhenwegArena, das Haus Ehrhorn, das Quellenbad und der Heidegarten.

Uelzen & Wendland

Bad Bodenteich

**Touristinformation der Kurverwaltung Bad Boden-
teich,** Burgstraße 8, 29389 Bad Bodenteich. ✆05824/
3539, 3541. www.bad-bodenteich.de. **Bahn/Bus:** RB
von Uelzen. **Auto:** Landstraße 270 von Uelzen. **Rad:**
Ilmenauradweg. **Zeiten:** April – Okt Mo – Do 8 – 12 und
14 – 17, Fr 8 – 15 Uhr, Nov – März Mo – Do 9 – 12
und 14 – 16, Fr 9 – 15 Uhr.

▶ Der Luftkurort liegt 18 km südlich von Uelzen. Das
historische Zentrum ist die Burganlage, wo nicht nur
ein Museum über vergangene Zeiten informiert, sondern auch ein Barfußpfad beginnt. Die Burg ist zudem Schauplatz zahlreicher Veranstaltungen wie
dem Burgspektakel Anfang Mai. Weitere attraktive
Ziele sind das Waldbad und der Kurpark am See mit
Bootsverleih, Minigolf, Spielplatz und Cross-Golf.

Hitzacker

Kur- und Touristinformation Hitzacker, Am Markt 7,
29456 Hitzacker. ✆05862/96970, www.elbtalaue-
wendland.de. **Bahn/Bus:** RB, Bus 5304 von Lüneburg.
Auto: B216, dann L255 oder L231. **Rad:** Elberadweg.
Zeiten: Mai – Sep Mo – Fr 9.30 – 18.30, Sa 10 – 15,
April, Okt Mo – Fr 9 – 17, Sa 10 – 13, Nov – März Mo –
Fr 9 – 15 Uhr.

▶ In Hitzacker mündet die Jeetzel in die Elbe. Kurz
vorher erweitert sie sich zum Hitzackersee. Schon in
der Bronzezeit siedelten Menschen an seinem Rand.
Wie das damals war, zeigt das Archäologische Zentrum. Im Zentrum des Städtchens, das auf einer Insel liegt, verzaubern Fachwerkhäuser die Besucher.

Am Ende des
Parkplatzes an
der Burgstraße findet
ihr eine Skateranlage
mit Halfpipe und mehre-
ren Rampen. Auch ein
Basketballkorb ist vor-
handen.

Zwischen Ende
Juli und Mitte Ok-
tober öffnet Joachim
Gade ein **Maislabyrinth.**
Jägerstraße, ✆05824/
1389 oder Kurverwal-
tung, täglich 8 – 19 Uhr,
1,50 €, Kinder 1 €.

**Freibad Hiddo-
bad,** Rieselweg
3, Hitzacker. ✆05861/
80098-0. www.wasser-
verband-dan.de. Mai –
Mitte Sep täglich 10 –
20 Uhr. 3,50 €, Kinder
ab 4 Jahre 2 €. Mit
90-m-Rutsche.

Elbtalaue-Wendland Touristik

Tourismus Service Center Lübeln, Lübeln 2, 29482 Küsten-Lübeln. ✆05841/9629-0, www.elbtalaue-wendland.de. **Bahn/Bus:** Bus 1948 ab Uelzen ZOB bis Lüchow, Bus 1969 nach Lübeln. **Auto:** B493. **Zeiten:** April – Okt Mo – Fr 9 – 18, Sa, So 10 – 18, Nov – März Mo – Fr 9 – 16 Uhr.

▶ Östlich von Uelzen liegt das **Wendland** im Landkreis Lüchow-Dannenberg. Seine hübschen Rundlingsdörfer stehen auf der deutschen Vorschlagsliste zum UNESCO-Welterbe. Entlang der Elbe erstreckt sich die Elbtalaue zwischen Hitzacker und Gartow.

Uelzen

Stadt- und Touristinformation Uelzen, Herzogenplatz 2 (im Rathaus), 29525 Uelzen. ✆0581/800-6172, www.uelzen-tourismus.de. **Bahn/Bus:** metronom, IC und ICE. **Auto:** B4, B71, B191, B493. **Rad:** Ilmenauradweg. **Zeiten:** Mo – Do 9 – 18, Fr, Sa 9 – 13 Uhr.

@ Viele tolle Tipps gibt es auf www.heideregion-uelzen.de.

▶ Uelzens bekannteste Sehenswürdigkeit ist der Bahnhof, der von *Friedensreich Hundertwasser* (1928 – 2000) umgestaltet wurde. Im Jahr 2000 wurde er eingeweiht. Das Wahrzeichen der 33.000 Einwohner zählenden Stadt ist das »Goldene Schiff«, das in der St.-Marien-Kirche zu sehen ist.

Bad Bevensen

Bad Bevensen Marketing GmbH, Dahlenburger Straße 1, 29549 Bad Bevensen. ✆05821/57-0, www.bad-bevensen-tourismus.de. **Bahn/Bus:** metronom, IC, Juli – Sep Entdeckerbus ab Uelzen. **Auto:** B4. **Rad:** Ilmenauradweg. **Zeiten:** April – Okt Mo – Fr 9 – 17.30, Sa, So 9.30 – 15, Nov – März Mo – Fr 9 – 16.30, Sa, So 9.30 – 14 Uhr.

Eine Kurbahn fährt mit Solar-Elektro-Antrieb durch den Ort. Zentrale Haltestelle ist der Neptunbrunnen am Übergang Kurpark und Innenstadt. Kostenfrei mit BevensenCard, sonst 2 €, Kinder 6 – 12 Jahre 1 €, 13 – 16 Jahre 1,50 €.

▶ Der Kurort liegt 15 km nördlich von Uelzen. Durch Bad Bevensen fließt die Ilmenau, am östlichen Stadtrand verläuft der Elbe-Seitenkanal. Während die Jod-Sole-Therme eher die ältere Generation anzieht, freuen sich junge Familien auf den Hochseilgarten, das

Rosenbad und eine Paddeltour. In den Kurpark locken Minigolfplatz, Tretbootverleih und der Garten der Sinne.

Suderburger Land

Touristinformation Suderburger Land, im Haus des Gastes, Räber Weg 4, 29556 Suderburg-Hösseringen. ✆05826/1616, www.suderburgerland.de. **Bahn/Bus:** metronom bis Suderburg. **Auto:** B4, Abzweig Suderburg, von dort weiter nach Hösseringen. **Zeiten:** April – Mitte Okt Mo – Fr 9 – 12 Uhr.

▶ Das Suderburger Land liegt im Südwesten des Landkreises Uelzen. Es wird von Hardau und Gerdau durchflossen. Neben **Suderburg** ist es vor allem *Hösseringen,* das mit seinem Museumsdorf und dem Hardausee Gäste von außerhalb anzieht. Spaziergänge und Trekking-Touren mit Lamas ermöglichen eine neue Sicht aufs Suderburger Land.

 Lamatrekking, ✆05826/9582 80, www.lama-to-go.de, 2 Std 5 – 8 Personen 80 €, 4 Std mit Imbiss 192 €.

Zwischen Soltau & Schwarmstedt

Bergen

Tourist-Information Bergen, Deichend 3 – 7, 29303 Bergen. ✆05051/479-0, www.bergen-online.de. **Bahn/Bus:** Bus 1-15 von Celle. **Auto:** A7 Ausfahrt 45 Soltau-Süd, B3. **Rad:** Lüneburger-Heide-Radweg. **Zeiten:** Mo – Mi 8 – 17, Do 8 – 18, Fr 8 – 12.30 Uhr.

▶ Auf halbem Weg zwischen Soltau und Celle liegt die Stadt **Bergen** am Südrand der Lüneburger Heide. Westlich erstreckt sich einer der größten Truppenübungsplätze Europas. Er wurde 1945 von den Briten übernommen, die mit etwa 3000 Einwohnern jahrzehntelang das kulturelle Leben prägten. Im Stadtteil **Belsen** befand sich das *Konzentrationslager Bergen-Belsen,* das heute eine Gedenkstätte ist und ein Dokumentationszentrum besitzt.

Ist ein KZ ein Freizeittipp? Wir sagen ja. Natürlich ist das kein »Abenteuertipp« wie eine Kanufahrt. Aber Geschichte müssen wir kennen, auch und gerade weil sie grässlich ist, damit immer mehr Menschen sagen »Passt auf, das darf nie wieder geschehen«.

Anreise nach Soltau: www.erixx.de.

2015 öffnet die neue Filz-Welt in der Marktstraße mitten in der City. In dem Erlebniszentrum dreht sich alles um Filz.

Deutsches Panzermuseum, Hans-Krüger-Straße 33, Munster. ✆05192/2552. www.deutsches-panzermuseum.de. März – Nov Di – So 10 – 18 Uhr, Juni – Sep auch Mo. 7 €, Kinder 6 – 13 Jahre 3,50 €, Familien 14 €. Kostenlose Multimediaguides, Aufgabenblätter für Kinder.

Überall auf der Welt sterben täglich Kinder durch Krieg und seine Folgen wie Unterernährung und Krankheit. Im Syrien-Krieg stirbt im Schnitt pro Woche eine ganze Schulklasse. Vielleicht sind Panzer doch keine gute Lösung?

Soltau

Soltau Touristik GmbH, Am Alten Stadtgraben 3, 29614 Soltau. ✆05191/828282, www.soltau.de. **Bahn/Bus:** erixx (Heidesprinter). **Auto:** A7 Ausfahrt 44 Soltau-Ost oder 45 Soltau-Süd; B3, B71. **Rad:** Leine-Heide-Radweg. **Zeiten:** Mo – Fr 9 – 18, Sa 9 – 13 Uhr.

▶ Soltau hat ein besonders familienfreundliches Konzept umgesetzt und nennt sich Spielraum Soltau. Tatsächlich gibt es sehr viele Spielstationen, auch in der Innenstadt, Spielplätze und andere Spielangebote. Das Spielmuseum befindet sich ebenfalls hier. Dazu besitzt die Stadt mit dem Heide Park einen der größten Freizeitparks Deutschlands. Doch auch die Soltau-Therme, der Indoorspielplatz Heidewitzka und der Böhmepark locken Familien in das Städtchen. In Soltau fließt der gleichnamige Fluss in die Böhme.

Munster

Munster Touristik, Veestherrnweg, 29633 Munster. ✆05192/89980, www.munster-touristik.de. **Bahn/Bus:** erixx (Heidesprinter); ab Soltau auch Bus 305. **Auto:** A7 Ausfahrt Soltau-Ost, B71 bis Munster. **Zeiten:** Mai – Sep Mo – Fr 9 – 18, Sa 9 – 12.30 Uhr, Okt – April Mo – Fr 10 – 17 Uhr.

▶ Munster liegt zwischen Soltau und Uelzen an der Örtze. Bekannt ist die Stadt vor allem wegen ihres Truppenübungsplatzes. Weil Zivilisten das Gebiet seit 1893 nicht betreten dürfen, konnten sich dort einzigartige Lebensräume mit seltenen Tieren und Pflanzen erhalten. An einem Tag im Juli werden die beiden Teile des Truppenübungsplatzes, Nord und Süd, zum Volksradfahren freigegeben. Viermal im Jahr werden Bustouren über das Gelände angeboten. Die große Zahl der hier stationierten Soldaten, mehr als 6000, prägt das Bild der Stadt. In Munster befindet sich das **Deutsche Panzermuseum.** An der Tourist-Info Munster beginnt eine 2 km lange GPS-Suche. Geräte werden für 4 € verliehen.

Walsrode-Düshorn

Verkehrsverein Düshorn – Touristinformation, Kirchstraße 4, 29664 Walsrode-Düshorn. ℰ05161/945792, www.walsrode-touristik.de. **Bahn/Bus:** RB (Heidebahn); Bus 501, 502, 506, 511, 520. **Auto:** A27 Ausfahrt 28 Walsrode-Süd oder 27 Walsrode-West oder A7 Ausfahrt 47 Bad Fallingbostel, B209. **Rad:** Hohe-Heide-Radweg. **Zeiten:** April – Okt Mo 10 – 12, Di, Mi, Fr 9.30 – 11, Do 15 – 17 Uhr.

▶ *Graf Walo* gründete 986 ein Kloster. Mit fünf anderen Klöstern, darunter Wienhausen, gehörte das Kloster Walsrode zu den *Lüneklöstern* – Frauenklöster in der Lüneburger Heide. Heute verbindet man mit dem Ortsnamen vor allem den Vogelpark. Durch den Ort fließt die *Böhme,* die zwischen Rethem und Ahlden in die *Aller* mündet. **Düshorn** ist seit 1974 ein Ortsteil von Walsrode. Bei Familien beliebt ist das Strandbad.

Bad Fallingbostel

Tourist-Information Bad Fallingbostel, Sebastian-Kneipp-Platz 1, 29683 Bad Fallingbostel. ℰ05162/4000, www.tourismus-badfallingbostel.de. **Bahn/Bus:** RB von Hannover. **Auto:** A7 Ausfahrt 47 Bad Fallingbostel. **Rad:** Leine-Heide-Radweg. **Zeiten:** Mai – Okt Mo – Sa 9 – 12, Mo – Fr 13 – 17 Uhr, Juni – Sep auch Sa 9.30 – 12.30 Uhr, Nov – April Mo – Fr 9 – 12, Mo – Do 13 – 17 Uhr. **Info:** Weitere Infos unter www.verkehrsverein-fallingbostel.de.

▶ Seit 2002 darf sich Fallingbostel *Bad* nennen. Das Kneipp-Heilbad liegt in der Lüneburger Heide südlich von Soltau. Im Osten grenzt der Truppenübungsplatz Bergen an den Ort. Mitten darin liegen die **Sieben Steinhäuser,** Großsteingräber aus der Jungsteinzeit (zugänglich Sa, So, Fei 8 – 18 Uhr ab Ostenholz). Durch Fallingbostel fließt die *Böhme,* auf der man Boot fahren kann. Schwimmspaß unter freiem Himmel bietet das *Lieth-Bad,* im Ortsteil **Dorfmark** gibt es einen See.

🍎 **Eule und Katze:** Unter einem Dach findet ihr ausgewählte Kinderbücher, ökologisch sinnvolle Kinderkleidung, einen feinen Bioladen und ein Bio-Café samt Hühnern, Hasen und Trampolin für kinderfreundliches Einkaufen. In der Hauptstraße 23, Dorfmark, direkt an der A7, www.euleundkatze.de. Mo – Fr 9.30 – 18, Sa 10 – 14 Uhr.

www.aller-leine-tal.de.

Schwarmstedt

Tourist-Info Schwarmstedt/Tourismusregion Aller-Leine-Tal, Am Markt 1, 29690 Schwarmstedt. ☎05071/8688, 912558. www.schwarmstedt.de. **Bahn/Bus:** RB. **Auto:** A7 Ausfahrt 50 Schwarmstedt, B214. **Rad:** Aller-Radweg, Lüneburger-Heide-Radweg. **Zeiten:** Mo – Fr 9 – 17 Uhr, Mai – Mitte Sep auch Sa 10 – 12 Uhr.

▶ Schwarmstedt liegt nördlich von Hannover auf halber Strecke zwischen Nienburg und Celle. Nördlich des Ortes treffen Leine und Aller aufeinander. Somit liegt in Schwarmstedt das Zentrum des Aller-Leine-Tals. Zum *Aller-Leine-Tal* gehören auch die Samtgemeinden Rethem und Ahlden/Hodenhagen. Die Flussauen und die umgebende Landschaft mit Heide, Mooren und Marsch laden zum Radfahren und Wandern ein.

Naturpark Südheide, Celle & Der Süden

Hermannsburg

Touristinfo Hermannsburg – Lüneburger Heide GmbH, Am Markt 3, 29320 Hermannsburg. ☎05052/6547, www.hermannsburg-urlaub.de. **Bahn/Bus:** metronom von Hannover oder S-Bahn von Lehrte nach Celle, dann Bus 3-25. **Auto:** A7 Ausfahrt 45 Soltau-Süd, B3, in Bergen Richtung Hermannsburg. **Rad:** Lüneburger-Heide-Radweg. **Zeiten:** April – Okt Mo – Fr 10 – 12 und 14 – 18 Uhr, Sa, So 10 – 12 Uhr, Nov – März Mo – Fr 10 – 12 Uhr.

▶ Hermannsburg, am Südrand der Lüneburger Heide und 30 km nördlich von Celle gelegen, ist bekannt für sein Missionsseminar, das 1849 von dem Pastor *Ludwig Harms* (1808 – 1865) gegründet wurde. Der Ortsname leitet sich von *Hermann Billung* (900/912 – 973) ab, einem sächsischen Markgrafen. Er gründete den Ort um 940 und erbaute wohl eine Burg. Von ihr ist jedoch keine Spur erhalten. Durch

Hunger & Durst

Waldcafé Backebergsmühle, Backebergsmühle 4, Hermannsburg. ☎05052/2306. www.wald-cafe.de. Mitte März – Okt täglich 14 – 18 Uhr. Joghurt-Honig-Torte mit Honig aus der eigenen Imkerei.

den Ort fließt die *Örtze.* Bei mehreren Anbietern könnt ihr Kanutouren buchen und Kanus ausleihen.

Müden (Örtze)

Touristinformation Müden (Örtze), Unterlüßer Straße 5, 29328 Müden (Örtze). ✆05053/989222, www.touristinformation-mueden.de. In der historischen Wassermühle. **Bahn/Bus:** Bus 1-15. **Auto:** A7 Ausfahrt 44 Soltau-Ost, B71 über Munster. **Rad:** Lüneburger-Heide-Radweg. **Zeiten:** April – Okt Mo – Fr 9 – 12 und 14 – 17 Uhr, Sa, So 9 – 12 Uhr.

▶ Einen Ort namens Müden gibt es in Deutschland nicht nur an der Örtze, sondern auch an der Aller und an der Mosel. Müden an der Örtze gehört zum größeren **Faßberg,** ist aber touristisch bedeutsamer als der Nachbar. Hier fließt nicht nur das Flüsschen und lädt zu Kanutouren ein, auch der Ort ist als typisches Heidedorf einen Besuch wert. Führungen durch den Ort: Mai – Okt Di 10 Uhr, 5 €, Schüler 3 €, Treffpunkt Tourist-Info. Dort verleiht man auch GPS-Geräte mit einer GeoCaching-Rätseltour durch Müden (5 km, 8 € pro Gerät).

Eschede

Touristinformation Eschede im Reisebüro Nölke, Celler Straße 5b, 29348 Eschede. ✆05142/416167, www.touristinfo-eschede.de. **Bahn/Bus:** metronom von Hannover. **Auto:** B191 von Celle. **Zeiten:** Mo – Fr 8 – 18, Sa 8 – 14 Uhr.

▶ 20 km nordöstlich von Celle liegt Eschede am Rand des *Naturparks Südheide.* Durch den Ort fließt die Aschau, die die *Aschauteiche* bildet, ein großes Vogelschutzgebiet. Es gibt ein Freibad und ein Spielzeugmuseum. Im Bahnhof befindet sich ein Naturpark-Infozentrum (täglich 10 – 18 Uhr, Eintritt frei). Zur Samtgemeinde mit 20 Dörfern gehört auch Höfer. Dort ist der Filmtierpark von *Joe Bodemann* ein spannendes Ausflugsziel für Familien.

Hunger & Durst

Café Winkelhof, Alte Dorfstraße 12, Müden. ✆05053/94077. www.winkelhof-mueden.de. Mai – Okt Sa – Mo 14 – 18 Uhr. Selbst gebackener Kuchen und Eis.

 www.eschede.de.

Celle

Tourist-Info Celle, Markt 14 – 16, 29221 Celle.
☎ 05141/1212, www.celle-tourismus.de. **Bahn/Bus:**
metronom von Hannover oder S-Bahn von Lehrte. **Auto:**
A7 Ausfahrt 52 Mellendorf, über Fuhrberg bis Celle.
Rad: Aller-Radweg, Lüneburger-Heide-Radweg. **Zeiten:**
Mai – Sep Mo – Fr 9 – 18, Sa 10 – 16, So 11 – 14 Uhr,
Okt – April Mo – Fr 9 – 17, Sa 10 – 13 Uhr.

▶ Celle liegt an der Aller und am Südrand der Lüneburger Heide. Die Stadt zählt rund 70.000 Einwohner. In der Altstadt sind viele Fachwerkhäuser erhalten, außerdem gibt es ein Schloss. Mehrere Museen haben spannende Angebote für Kinder. Die Stadt lässt sich nicht nur zu Fuß, sondern auch in einer Kutsche oder Bahn entdecken. Wasserratten freuen sich auf das Badeland und das Freibad.

Eine 4,3 km lange Stadtführung und Rätseltour ist unter www.scoutix.de erhältlich. Tourbuch 15,50 €, als Geschenkbox 39,90 €. Auch für Lüneburg. Die Tour ist geeignet ab etwa 12 Jahre. Noch in der Testphase ist eine Entdeckertour für Familien mit jüngeren Kindern.

Winsen (Aller)

Verkehrsverein Winsen, Am Amtshof 4, 29308 Winsen
(Aller). ☎ 05143/912212, www.vkv-winsen.de.
Bahn/Bus: Bus 2-95 von Celle. **Auto:** A7 Ausfahrt 50
Schwarmstedt, B214, in Hambühren Richtung Bergen.
Rad: Aller-Radweg, Lüneburger-Heide-Radweg. **Zeiten:**
Mo – Fr 9 – 13 Uhr.

▶ Ein weiterer Ort, den es in Deutschland mehrmals gibt, ist Winsen. Es gibt Winsen in Schleswig-Holstein, an der Luhe und an der Aller. Letzteres liegt nordwestlich von Celle. Im wenige Kilometer entfernten Meißendorf könnt ihr die Teiche im Natur- und Vogelschutzgebiet entdecken, z.B. mit dem Fahrrad, oder auf Gut Sunder das Naturerlebniszentrum besuchen.

Hankensbüttel

Touristinformation Hankensbüttel, Bahnhofstraße
29 a, 29386 Hankensbüttel. ☎ 05832/7066,
www.suedheide-gifhorn.de. **Bahn/Bus:** Bahn bis Wittingen, Bus 120, 123. **Auto:** B4, dann B244. **Zeiten:** Mo –
Fr 9 – 17 Uhr, April – Sep auch Sa 9.30 – 13 Uhr.

▶ Hankensbüttel ist bekannt für sein Otterzentrum. Es liegt idyllisch direkt am Isenhagener See. Für sommerliche Erfrischung sorgt das Waldbad, spannend ist es auf dem Otter-Pfad.

Wolfsburg

Touristinformation Wolfsburg, im Hauptbahnhof, Willi-Brandt-Platz 3, 38440 Wolfsburg. ✆05361/89993-0, www.wolfsburg.de. **Bahn/Bus:** ICE, RB. **Auto:** A39 Ausfahrt 3 Wolfsburg-West (Ausschilderung Autostadt), Heinrich-Nordhoff-Straße bis Hbf. **Zeiten:** Mo – Sa 9 – 18, So 10 – 15 Uhr.

▶ Wolfsburg ist vor allem bekannt als Sitz von VW. Als »Stadt des **KdF**-Wagens« wurde sie 1938 gegründet, um Wohnraum für die Arbeiter des neuen Autowerks zu schaffen. Hitler wählte diesen Standort, weil er genau in der Mitte des Deutschen Reiches lag. Für Familien hat die Stadt an der Aller heute viel zu bieten. Autostadt und Phaeno ziehen Besucher aus ganz Deutschland an. Zahlreiche Sport- und Freizeitmöglichkeiten bietet der Allerpark am Allersee. Im Planetarium werden Sterne geschaut. Auch das Kunstmuseum hat Angebote für Kinder. Im Schloss informiert das Stadtmuseum über die Geschichte Wolfsburgs. Bühnenfreunde freuen sich auf das ⚹ Figurentheater Compagnie und die Stücke des ⚹ Theaters Wolfsburg.

Gifhorn

Touristinformation Gifhorn, Marktplatz 1, 38518 Gifhorn. ✆05371/937880, www.suedheide-gifhorn.de. **Bahn/Bus:** RB, RE. **Auto:** B4 von Norden und Süden, B188 von Westen und Osten. **Zeiten:** Mo – Fr 9 – 18 Uhr, April – Sep auch Sa 9.30 – 13 Uhr.

▶ Gifhorn liegt am südlichen Rand der Lüneburger Heide. Die Stadt (42.000 Einwohner) wird von der Ise durchflossen. Die Ise speist Mühlensee und Schlosssee, ehe sie in die Aller mündet. Anziehungspunkt für Touristen ist das weithin bekannte Mühlenmuseum.

 **Kunstmuseum Wolfsburg,** Hollerplatz 1, ✆05361/2669-0. www.kunstmuseum-wolfsburg.de. Di – So 11 – 18 Uhr. Ferienprogramm und Workshops für Kinder.

 KdF = Kraft durch Freude. So nannte sich einst eine Abteilung der Nazis, die Freizeit und Urlaub der Deutschen organisiert und kontrolliert hat. Ziel war es, dem Volk zu mehr Leistungskraft zu verhelfen – um es kriegstauglich zu machen. Das 1. KdF-Volkswagenmodell hieß »Maikäfer«. Aus Hitlers Fabrik wurde der heute größte Autohersteller Europas.

 Historisches Museum Schloss Gifhorn, Schlossplatz, ✆05371/82422-25. www.museen-gifhorn.de. Di – Fr 14 – 17, Sa, So 11 – 17 Uhr. Ab 18 Jahre 1 €. Die Ausstellung zeigt die Entwicklung der Region von der Urzeit bis zur Gegenwart.

Schloss Gifhorn erstrahlt im Stil der Weserrenaissance und beherbergt das Historische Museum.

HIN & WEG

RB steht für RegionalBahn, RE für Regionalexpress, IC für InterCity und ICE für InterCityExpress.

Unterwegs mit Bus & Bahn

Mit Bus und Bahn durch die Nordheide

HVV-Servicestelle Buchholz Bus, Adolfstraße 16, 21244 Buchholz (Nordheide). ℡04181/3400-0, www.buchholz-bus.de. **Zeiten:** Mo – Fr 9 – 18, Sa 9 – 13 Uhr. **Infos:** KVG Stade GmbH & Co. KG, Harburger Straße 96, 21680 Stade, ℡04141/525-0, Fax 525-105, www.kvg-bus.de, info@kvg-bus.de.

Bahn: Buchholz in der Nordheide ist mit **metronom,** teilweise auch mit **erixx** erreichbar. Vom Hbf Hamburg benötigt der Zug keine halbe Stunde. Auch Winsen (Luhe) wird von metronom angefahren. Die S31 fährt im Süden von *Hamburg* u.a. die Haltestellen *Neu Wulmstorf, Fischbek, Neugraben, Neuwiedenthal* und *Harburg* an, von wo Busse in den *Regionalpark Rosengarten* starten (z.B. Bus 340 zum Museum Kiekeberg). Die **Heidebahn** von erixx hält auch in *Holm-Seppensen.*

Bus: In *Buchholz* ist der **Buchholz-Bus** unterwegs. Drei Linien fahren im Stadtgebiet. Die Linie 4103 steuert den Schmetterlingspark und den Badeteich an. Die **KVG Stade** betreibt nicht nur die drei Stadtlinien in Winsen, sondern auch die Regionalbuslinien. *Tostedt, Hittfeld* und *Hollenstedt* sind mit ihnen schnell erreicht.

Unterwegs in und um Lüneburg

KVG Stade – Bus-Info Lüneburg, Große Bäckerstraße 18, 21335 Lüneburg. ℡04131/405303, www.kvg-lueneburg.de. **Zeiten:** Mo – Fr 9.30 – 17 Uhr. **Infos:** metronom Eisenbahngesellschaft mbH, St.-Viti-Straße 15, 29525 Uelzen, ℡0581/97164-0, Fax 97164-219, info@der-metronom.de, www.der-metronom.de, Kundenzentrum Mo – Fr 7.30 – 18.30 Uhr.

Bahn: Über die **DB** hat *Lüneburg* IC-Anschluss, auch ICE halten vereinzelt, außerdem wird die Stadt von **metronom** angefahren. *Bardowick* ist ebenfalls mit metronom zu erreichen.

Bus: Sowohl die 15 Stadtlinien in *Lüneburg* als auch die Regionallinien werden von der **KVG Stade** betrieben. Auch *Adendorf, Bardowick, Bleckede* und *Scharnebeck* sind so erreichbar.

Mobil im Naturpark Lüneburger Heide

erixx – Kundenzentrum, Bahnhofstraße 41, 29614 Soltau. ✆05191/96944-250, www.erixx.de. **Zeiten:** Mo – Do 9 – 12.30 und 13.30 – 16, Mi bis 18 Uhr, Fr 9 – 13 Uhr.

Bahn: *Schneverdingen, Wintermoor* und *Handeloh* liegen an der **Heidebahnlinie** (Hannover – Soltau – Buchholz), die seit 2011 von erixx betrieben wird.

Bus: Der westliche Bereich des Naturparks gehört zum Heidekreis, dem ehemaligen Landkreis Soltau-Fallingbostel. Somit wird *Schneverdingen* von der Verkehrsgemeinschaft Heidekreis (VH) angesteuert (↗Unterwegs zwischen Soltau und Schwarmstedt). Der Osten mit *Amelinghausen* liegt hingegen im Landkreis Lüneburg, wo die **KVG Stade** fährt (↗Unterwegs in und um Lüneburg).

Uelzen und Wendland per Bus und Bahn

Stadtwerke Uelzen, mycity mobil, Im Neuen Felde 105, 29525 Uelzen. Handy 0800/2525258 (kostenlose Hotline). www.stadtwerke-uelzen.de. **Infos:** LSE Lüchow-Schmarsauer Eisenbahn GmbH, Königsberger Str. 10, 29439 Lüchow, ✆05841/977335, Fax 977341, www.lse-bus.de.

RBB Regionalbus Braunschweig GmbH, Münchenstr. 12, 38118 Braunschweig, ✆0531/80927-0, Fax 80927-80, www.rbb-bus.de, info@rbb-bus.de.

Bahn: Uelzen ist nicht nur mit **metronom,** sondern auch mit IC und ICE erreichbar. Wer hier aussteigt, bekommt einen der schönsten Bahnhöfe Deutsch-

🦉 *Neben der ↗ **Amerikalinie** ist die **Heidebahn** die zweite Bahnlinie durch die Lüneburger Heide. Sie verläuft von Nord nach Süd und verbindet Buchholz mit Hannover.*

Amerikalinie nannte man einst die Ost-West-Bahnverbindung von Berlin nach Bremerhaven. Auf ihr fuhren viele Auswanderer zur Nordsee. In die andere Richtung wurde frischer Fisch in die Reichshauptstadt geliefert. Heute verläuft sie nur noch von Bremen nach Stendal. Haltepunkte in der Lüneburger Heide sind: Uelzen, Ebstorf, Brockhöfe, Munster (Örtze) und Soltau.

www.erixx.de.

lands zu Gesicht. Erixx betreibt die **Amerikalinie** zwischen *Uelzen* und *Bremen.* An der Bahnstrecke Braunschweig – Uelzen liegt *Bad Bodenteich* und ist somit mit der **DB** zu erreichen. **metronom** fährt nach *Bad Bevensen.* Wer in die *Elbtalaue* möchte, kann mit der RB von *Lüneburg* bis *Hitzacker* und *Dannenberg* fahren. Von Süden aus ist *Salzwedel* per Bahn erreichbar. Ins **Wendland** geht es nur per Bus.

Bus Uelzen: In *Uelzen* betreiben die Stadtwerke **my-city** den Stadtbus, **RBB** fährt in die Region. Von den 4 Stadtlinien kann kostenlos in die RBB-Busse umgestiegen werden. Von Juli bis September verkehrt Fr – So der kostenlose **Entdecker-Bus** auf drei Ringlinien ab Bahnhof Uelzen. So lassen sich z.B. *Bad Bodenteich* oder *Hösseringen* erreichen. Die Busse transportieren Fahrräder kostenlos in ihrem Anhänger. Die Fahrpläne gibt es auf www.heideregion-uelzen.de unter Urlaub & Freizeit.

Bus Landkreis Lüchow-Danneberg: Es fahren zwei Busunternehmen. Neben **RBB** ist das die **LSE.** Die beste Übersicht über alle Linien gibt es bei www.vnn.de. Die Linie 5304 von *Lüneburg* über *Hitzacker* und *Dannenberg* nach *Lüchow* wird von der **KVG Stade** betrieben.

Zwischen Soltau und Schwarmstedt

Verkehrsgemeinschaft Nordost-Niedersachsen VNN, Verkehrsgemeinschaft Heidekreis (VH), Breidingstraße 1b, 29614 Soltau. ☎05191/984836, 984855. www.vnn.de.

Bahn: Im Landkreis Soltau-Fallingbostel erreicht die **Amerikalinie** von *Bremen* kommend die Orte *Langwedel* und *Soltau* und führt weiter bis *Uelzen.*

Die **Heidebahn** kommt aus *Buchholz* in der Nordheide und hat Anschluss an *Soltau, Walsrode, Hodenhagen, Schwarmstedt* und *Bennemühlen.* Von dort aus kann es weitergehen nach *Hannover.* 2011 hat **erixx** beide Linien übernommen.

Bus: In der *Verkehrsgemeinschaft Nordost-Nieder-sachsen (VNN)* haben sich mehrere Verkehrsunternehmen zusammengeschlossen. Dazu gehört die **Verkehrsgemeinschaft Heidekreis** (VH). Angefahren werden die Orte *Bispingen, Munster, Soltau, Neuenkirchen, Dorfmark, Bad Fallingbostel, Walsrode, Rethem* und *Schwarmstedt.* Eine wichtige Linie ist die 511, die *Walsrode* mit *Bad Fallingbostel* verbindet und dabei auch am Vogelpark hält. Die Linie 600 führt von *Schwarmstedt* nach *Hodenhagen.*

Heide-Shuttle: Zwischen Mitte Juli und Mitte Oktober fährt der **Heide-Shuttle** auf drei Ringlinien. Die Mitfahrt ist kostenlos, Fahrräder werden im Anhänger ebenfalls mitgenommen. Infos auf www.naturpark-lueneburger-heide.de unter Aktiv in der Heide.

Im Naturpark Südheide unterwegs

CeBus, Nienburger Straße 50, 29225 Celle. ✆ 05141/48708-0, 2788864 (Fahrplanauskunft). www.cebus-celle.de. **Zeiten:** Mo – Do 7.30 – 16.30, Fr 7.30 – 15.30 Uhr.

Bahn: Mit der Bahn ist im Naturpark Südheide nur das an dessen Rand liegende *Eschede* zu erreichen, und zwar mit **metronom.** Gut mit der **DB** erreichbar ist *Celle.* Von dort fahren Busse nach *Hermannsburg, Müden* und *Unterlüß.*

Bus: Die **CeBus-Linie** 0-26 verbindet *Faßberg* mit *Gerdehaus, Nieder-* und *Oberohe, Unterlüß, Lutterloh, Misselhorn* und *Hermannsburg.* Die Linie 1-15 verläuft von *Celle* über *Bergen, Hermannsburg* und *Müden* nach *Faßberg.*

Mit Bus und Bahn in und um Celle

CeBus, Nienburger Straße 50, 29225 Celle. ✆ 05141/48708-0, www.cebus-celle.de. **Zeiten:** Mo – Do 7.30 – 16.30, Fr 7.30 – 15.30 Uhr.

Bahn: Durch den Landkreis Celle verläuft die **DB**-Strecke Hannover – Hamburg. So ist Celle auch

@ www.vnn.de, www.der-metro-nom.de.

mit dem IC erreichbar, außerdem bedient **metro- nom** die Strecke. Von *Hannover* und *Lehrte* aus ist Celle auch mit der **S-Bahn** (S7) zu erreichen.

Bus: Von Celle aus befährt **CeBus** die ganze Region in alle Himmelsrichtungen. In der Stadt fahren 8 Linien, erkennbar an den einstelligen Liniennummern – sie bedienen nur den städtischen Teil einer Linie.

Unterwegs im Süden: Gifhorn und Wolfsburg

Verkehrsgesellsschaft Landkreis Gifhorn mbH, Wolfsburger Straße 1, 38518 Gifhorn. ☎05371/9498-12, www.vlg-gifhorn.de. **Zeiten:** Mo – Do 8 – 15.30, Fr 8 – 12.30 Uhr. **Infos:** Wolfsburger Verkehrs-GmbH, WVG-Info-Shop, Porschestraße 2, 38440 Wolfsburg, ☎05361/189-8888, Fax 05361/189-8605, www.stadtwerke-wolfsburg-ag.de. Mo – Fr 7.30 – 18 Uhr, letzter Sa im Monat 10 – 13 Uhr.

Bahn: *Gifhorn* wird von **RE** und **RB** angefahren, in *Wolfsburg* halten auch die **ICE** der Strecke Hannover – Berlin.

Bus: In *Gifhorn* und Umgebung fährt die **Verkehrsgesellschaft Landkreis Gifhorn mbH** (VLG) mit den Linien 100 bis 197. Mit ihnen kommt man z.B. nach *Wolfsburg,* Wittingen und *Hankensbüttel.* Wolfsburg wird von der **Wolfsburger Verkehrs-GmbH** (WVG) bedient.

www.bahn.de.

FERIENADRESSEN & KARTEN

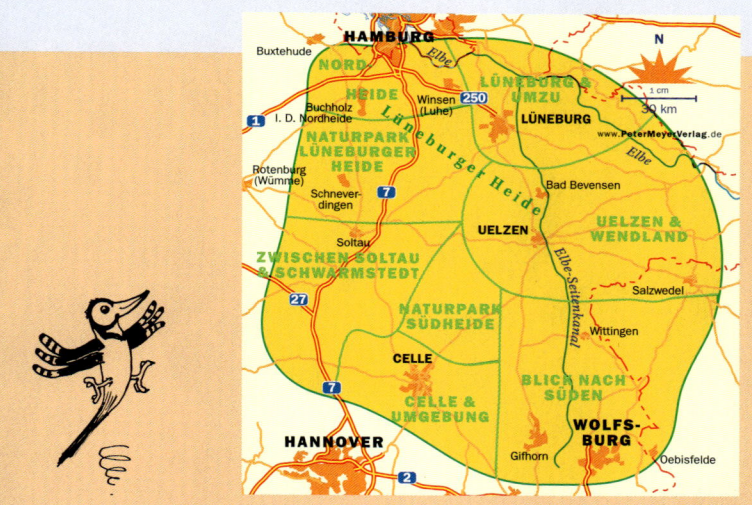

NORDHEIDE

LÜNEBURG & UMZU

NATURPARK LÜNEBURGER HEIDE

UELZEN & WENDLAND

ZWISCHEN SOLTAU & SCHWARMSTEDT

NATURPARK SÜDHEIDE

CELLE & UMGEBUNG

BLICK NACH SÜDEN

ORTE, INFO & VERKEHR

FERIENADRESSEN & KARTEN

Für jeden Geschmack und jeden Geldbeutel lässt sich in der Lüneburger Heide die passende Unterkunft finden. Das Angebot ist breit und besonders Ferienwohnungen, Unterkünfte auf Bauernhöfen und Campingplätze stehen in großer Anzahl zur Verfügung. Es folgt eine Auswahl, bei der die Bedürfnisse von Familien bzw. Kinder- und Jugendgruppen im Vordergrund stehen.

UNTER-KÜNFTE

Familienhotels & -pensionen

🏠✉ **Hof Tütsberg,** Im Naturschutzpark Lüneburger Heide, 29640 Schneverdingen. ☎05199/90-0, www.hotel-hof-tuetsberg.de. **Preise:** Familienzimmer ÜF 2 Erw, 2 Kinder NS 129 €, HS 149 €, DZ 99 €, 2 FeWo 120 €; Kinder unter 5 Jahren gratis im Bett der Eltern, Baby- oder Kinderbett 5 €/Tag, Kinder bis 12 Jahre 12 €, bis 18 Jahre 18 €, im separaten Zimmer 30 %. ▶ Hotel in herrlicher Lage zwischen Schneverdingen und Bispingen-Behringen. Großer Spielplatz mit Seilbahn und Kletterparcours.

🏠 **Bio-Hotel Kenners Landlust,** Dübbekold 1, 29473 Göhrde. ☎05855/9793-00, www.kenners-landlust.de. **Preise:** Familienzimmer ÜF 58,50 – 61,50 € pro Pers; Kinder 2 – 5 Jahre 50 % Ermäßigung, 6 – 16 Jahre 40 %. ▶ 2 Familienzimmer. Btreuung für Kinder 18 Monate – 3 Jahre oder für 3- bis 12-Jährige (Waldzeit). Familienwochen zu bestimmten Themen, z.B. Wolfswoche.

🏠✉ **Zur Alten Fuhrmanns-Schänke,** Dehningshof 1, 29320 Hermannsburg-Oldendorf. ☎05054/98970, www.fuhrmanns-schaenke.de. **Preise:** DZ 65 – 70 €, Heuhotel 15,50 €; Kinder 6 – 14 Jahre 16 €, Heuhotel 9,50 € mit Frühstück. ▶ Umgeben von Wald und Heide, mit Restaurant, Gastpferdeboxen, Spielplatz, Heuhotel.

🏠✉ **Heidehotel Gut Landliebe,** Postweg 2, 29320 Hermannsburg-Weesen. ☎05052/2088, 9750383. www.gut-landliebe.de. **Preise:** DZ ab 65 €, Apartement ab 70 €. ▶ Hotel für Pferdefreunde mit Reithalle, Reitplatz, Gastpferdeboxen. Restaurant mit Café und Biergarten, Kindermenükarte.

Hunger & Durst
Restaurant Hof Tütsberg täglich 12 – 21 Uhr, Nov – März Mo, Di Ruhetag, So nur bis 18 Uhr.

Das ist klasse: Spielen im Stroh gehört zu vielen Ferienprogrammen
© HeideRegion Uelzen e.V.

Abkürzungen bei Unterkünften:

CP Campingplatz
DZ Doppelzimmer
FeWo Ferienwohnung
FH Ferienhaus
HP Halbpension
HS Hauptsaison
JH Jugendherberge
Ü Übernachtung
ÜF Übernachtung mit Frühstück
WoMo Wohnmobil
WoWa Wohnwagen
🏠 Unterkunft
🍴 Gaststätte
☕ Café
⛺ Camping
🐎 Reiten
🚲 Fahrradverleih
⛵ Segeln
🚣 Rudern, Paddeln

🦉 *Preise gelten jeweils pro Nacht, wenn nicht anders angegeben. Teilweise wird für nur eine Übernachtung ein Aufschlag erhoben.*

🏠 **Schäferdorf,** Wildpark 1, 21271 Hanstedt-Nindorf. ✆04184/850488-0, www.schaeferdorf.de. **Bahn/Bus:** Bus 4207 ab Buchholz. **Auto:** A7 Ausfahrt 40 Garlstorf. **Preise:** Schäferwagen 2 Pers HS 69 €, App 79 €, jede weitere Pers 25/30 €; Kinder bis 3 Jahre frei; alle Preise inkl. Eintritt Wildpark. ▶ Übernachtung in einem von 6 Schäferwagen (max. 5 Pers) oder 8 Apartments (max. 6 Pers), die direkt am Wildpark Lüneburger Heide rund um einen Dorfplatz gruppiert sind. Grillhütte, Sandkiste.

🏠🐎 **Glockenhof Studtmann,** Soltauer Straße 2 – 6, 21385 Amelinghausen. ✆04132/9123-0, 932369. www.glockenhof-studtmann.de. **Preise:** FeWo 2 Pers ab 90 €, DZ 80 – 95 €, Dreibettzimmer 95 – 110 €, Familienzimmer (2 verbundene DZ) 90 € plus je 22,50 – 45 € für 3. und 4. Pers, 1 Woche Reiterferien ab 405 €, Fußballcamp 425 €, Sprachkurs 495 €. ▶ FeWo und Familienzimmer auf einem Reiterhof. Spielscheune, Kleintierzoo, Reitplatz, Reithalle, Ponys. Juniorclub.

🏠 **Ferienhof Brockmann,** Irmtraud Brockmann, Vahlzen 7, 29643 Neuenkirchen. ✆05195/1664, www.landurlaub-vahlzen.de. **Preise:** FH 4 Pers. 1. Nacht 100 €, weitere Nächte 70 €, FeWo 3 Pers. 1. Nacht 80 €, weitere Nächte € 50, weitere Pers 10 €/Nacht. ▶ FH für 4 – 6 Pers, FeWo für 4 Pers. Hof mit Lagerfeuer- und Grillplatz, Naturgarten, Spielplatz, Strohrundballen zum Toben.

🏠🏊 **CenterParc Bispingen,** Töpinger Straße 68, 29646 Bispingen. ✆05194/940, 0221/973030400. www.centerparcs.de/BispingerHeide. **Auto:** A7 Ausfahrt 43 Bispingen. **Preise:** z.B. 4 Nächte Mo – Fr für 4 Pers 429 €, Familie 15 %, Frühbucher 10 – 20 %. ▶ Neben FH unterschiedlicher Größe gibt es spezielle Kinderferienhäuser mit Kindermöbeln, Spielzeug und Babyausstattung. Außerdem sind als Unterkünfte Hausboote und Baumhäuser verfügbar. Auf dem Gelände gibt es das Erlebnisbad Aqua Mundo, den Indoorspielplatz Baluba und Aktivitätsprogramme für Kinder.

🏠🐕 **Ferienclub Lüneburger Heide,** Kamerun 1, 29473 Göhrde. ✆05862/170, www.ferienclub-lueneburger-heide.de. **Auto:** B216. **Preise:** FH und FeWo 4 Pers ab

55 €, Juniorclub 1 Woche 298 €. ▶ FeWo und FH in der Elbtalaue. Im Kinderhotel Juniorclub machen Kinder und Jugendliche ohne Eltern Urlaub (www.juniorclub.info), auch als Reiter- oder Fußballferien. Beides auch im Familienurlaub möglich, ebenso Familienreitferien. Freizeitprogramme für Kinder und Erwachsene.

Ferien auf dem Bauernhof

▶ Auf einem richtigen Bauernhof mit Tieren und Äckern zu wohnen, ist für viele Kinder ein aufregendes Erlebnis. Mit Tieren spielen, beim Füttern zuschauen oder sogar mal bei der Feldarbeit helfen, bringt zusätzlichen Spaß. Oft gehören zu den Höfen Wiesen, wo Kinder viel Platz zum Spielen haben.

🍎 Zu manchen Bauernhöfen gehört ein Gasthof und viele verkaufen hofeigene Produkte wie Milch, Eier oder Marmelade.

Lütenshof, Langeloh 2, 21255 Tostedt. ✆04182/1243, www.luetenshof.de. **Preise:** FeWo 3 Pers ab 53 €, 4 Pers ab 60 €, Heuhotel 15 €; Kinder 2 – 6 Jahre 9 €, 7 – 11 Jahre 12 €. ▶ Ruhige Waldlage am Fluss Este mit Badebucht. Rinder, Ponys, Hund, Katzen, Kaninchen. Beachvolleyball, Trampolin, Go-Karts, Spielplatz, Tischtennis, Ponyreiten nach Absprache.

Imkershof, Surbosteler Straße 5, 29640 Schneverdingen-Surbostel. ✆05199/216, www.imkershof.de. **Preise:** FeWo 4 Pers 50 – 65 €, 6 Pers 75 – 85 €.
▶ Vollbewirtschafteter Hof 9 km südöstlich von Schneverdingen, mit Kühen und Kälbern, Katzen, Hühnern und Gänsen, Kaninchen und Meerschweinchen, Bienen, Pfau Pedro, Pferde Polli und Bella. Spielplatz mit Spielhaus, Fußballtor, Riesentrampolin und Kinderfahrzeugen. Kostenlose Kinderbetten und Hochstühle.

Hof Brockmann, Laubstraße 11, 29640 Schneverdingen-Wesseloh. ✆04265/1470, www.hof-brockmann.de. **Preise:** FeWo HS 2 Pers 40 €, weitere Pers 6 €; Kinder bis 10 Jahre 3 €. ▶ Kühe mit Kälbern, New-Forest-Ponys, Kaninchen, Meerschweinchen und Ziegen. Großes Hofgelände, Sandkiste, Schaukel, Basketballkorb.

Jürgenshof, Zum Wackers 6, 29643 Neuenkirchen-Brochdorf. ✆05195/1552, www.ferienhof-von-elling.de.

Hunger & Durst

Bauernhofcafé, Hauptstraße 28, Lüder. ✆05824/9650-0. www.bauernhofhotel.de. Täglich ab 14 Uhr, Okt – März Di Ruhetag.

🦋 In der zum Landhaus Averbeck gehörigen Spielscheune Landlümmels sind auch Tagesgäste willkommen. Geöffnet täglich 8 – 20 Uhr. Erw 3 € inkl. Heißgetränk, Kinder 1. Std 3 €, Sa, So 3,50 €, weitere 30 Min 1,50 €.

Preise: FeWo 2 Pers 38 €, weitere Pers 5 €. ▶ Vollbewirtschafteter Hof. Spielplatz, Tischtennis, Kinderfahrzeuge.

🏠🏕🐎 **Erlebnisbauernhof Lüder,** Hauptstraße 28, 29394 Lüder. ✆05824/9650-0, www.bauernhofhotel.de. **Preise:** DZ 64 €, Heuhotel 16 €, FeWo 2 Pers 40 €, weitere Pers 4 €. ▶ Voll bewirtschafteter Bauernhof mit Pferdezucht südlich von Bad Bodenteich. Streicheltiere, Naturgarten, Bauernhofcafé, Kutsch- und Planwagenfahrten.

🏠 **Landhaus Averbeck – Familotel,** Hassel 3, 29303 Bergen. ✆05045/249, www.landhausaverbeck.de. **Auto: B3. Preise:** 13 Familienzimmer 103 – 126 € pro Pers, mit Terrasse 119 – 147 €, ab 3. Nacht 10 %, Kinder bis 3 Jahre 20 €, bis 7 Jahre 25 €, bis 11 Jahre 35 €, bis 16 Jahre 45 €, alles all-inklusive, auch Arrangements. ▶ Zwischen Celle und Bergen, mit Spielscheune Landlümmels (kostenlos für Feriengäste). Pferde, Hühner, Schweine, Hund und Katze. Spielplatz.

🏠 **Gut Grasbeck,** 29664 Walsrode. ✆05161/5688, www.gut-grasbeck.de. **Preise:** 62 – 179 € je nach Größe und Ausstattung. ▶ 16 FeWo und FH südöstlich von Walsrode, umgeben von Wald, Wiesen und Feldern. Tiere: Pferde, Esel, Hängebauchschweine, Minischweine, Damwild und Schwarzwild im Gehege, Hühner, Enten, Schafe. Erlebnisscheune mit Trampolinen und Kaninchen. Spielplatz, Hüpfburg, Trettrecker, Strohscheune.

🏠 **Volmers Hof,** Peter Fastenau, Rödershöfen 2, 29664 Walsrode. ✆05161/5640, www.volmershof.de. **Preise:** FH 1. Nacht 75 €, weitere Nacht 50 €, FeWo 70 bzw. 45 €, DZ 25 € pro Person. ▶ Sehr ruhige Lage zwischen Walsrode und Fallingbostel. Spielplatz, Tischtennis, Trampolin, Go-Karts, großes Gelände zum Spielen und Entspannen, Ponyreiten. Streicheltiere wie Esel, Pferde, Kaninchen, Katzen, Schafe und Meerschweinchen.

🏠 **Ferienhof Meinerdingen,** Hof Meinerdingen 1, 29664 Walsrode-Meinerdingen. ✆05166/910476, www.hof-meinerdingen.de. **Preise:** 4 Pers 55 – 65 €, Backhaus für 6 Pers 80 €. ▶ Östlich von Walsrode gelegener vollbewirtschafteter Bauernhof mit 7 FeWo. Gruppenraum

mit Spielen. Trampolin, Go-Karts, Volley-
ballnetz, Fußballwiese, Sandkiste.

🏠🛏 **Ferienhof Spöring,** Vethem 22, 29664
Walsrode-Vethem. ℡05166/5018, 316.
www.ferienhof-spoering.de. **Preise:** 3 Fe-
Wo für 2 – 4 Pers 33 – 85 €. ▶ Voll-
erwerbsbetrieb im Vethbachtal, 12 km
westlich von Walsrode, mit Schweinen,
Rindern, Kaninchen, Enten und Katze.
Spielplatz, Spielhaus, Naturbadesee in
der Nähe.

🏠🏕🐎 **Dexterfarm Zum Erlengrund,** Brock
2e, 29683 Bad Fallingbostel-Dorfmark.
℡05163/453, www.dexterfarm.de.
Auto: A7 Ausfahrt 46 Dorfmark. **Preise:**
FH 43 – 48 €, DZ 15 € pro Pers, Zustell-
bett 8 €, Camping 4 €, WoWa oder WoMo
13 €; Kinder 0 – 12 Jahre Camping 2 €. ▶ Hof südlich
von Dorfmark mit Eseln, Pferden, Hunden, Rindern, Pfau.
Spielplatz, Ponyreiten.

🏠🛏 **Hof Meyer,** Dorfstraße 12, 29345 Unterlüß-Lutterloh.
℡05827/1254, www.meyer-ferienhof.de. **Preise:** FeWo
55 – 70 €, Blockhaus 70 €, jeweils 4 Pers, 5. Pers 5 €,
Naturerlebniswoche oder Urlaub mit dem eigenen Pferd
4 Pers 345 €. ▶ FeWos und ein Blockhaus auf einem
Hof zwischen Hermannsburg und Unterlüß. Schweine,
Schafe, Hühner, Pferde, Kaninchen, Meerschweinchen.
Aufenthaltsraum, Spielplatz, Trampolin, Lagerfeuerplatz,
Badeteich. Kartoffelmittage mit selbst gemachten Pom-
mes, Waldspiele, Stockbrot, Treckerfahrten.

🏠 **Biohof Kruse,** Hermannsburger Straße 50, 29348
Eschede-Rahmoorhorst. ℡05142/870, www.biohof-kru-
se.de. **Preise:** 30 € für 2 Pers, jede weitere Pers 5 €.
▶ Biolandhof 18 km nördlich von Celle. Kühe mit Käl-
bern, Schweine, Heidschnucken, Hühner, Enten, Katzen,
Kaninchen, ein Hund. Spielplatz.

🏠🐕🐎 **Ferienhof Knoop,** Lachtehäuser Straße 28, 29223
Celle-Altenhagen. ℡05141/930400, www.ferienhof-
knoop.de. **Preise:** FeWo 50 – 85 € pro Tag für 2 – 4

Junge, ist das durstig! Bei
der Nutztiersafari vom
🐎 Bauckhof Bad Boden-
teich dürft ihr Schafe mit
der Flasche füttern
© HeideRegion Uelzen e.V.

Pers. ▶ Hof am Stadtrand von Celle mit Kühen, Hühnern, Katzen, Kaninchen, Meerschweinchen und zwei Ponys. Spielplatz, Tischtennis, Basketball, Bauerngarten, Ponyreiten, Kneippanwendungen.

🏠🐎 **Weeners Hof,** Bruchstraße 4, 29308 Winsen (Aller)-Meißendorf. ℂ 05056/1567, www.ferienwohnung-weeners-hof.vkv-winsen.de. **Preise:** 40 € pro Tag für 4 Pers ab 3 Nächten, weitere Person 5 €. ▶ Ehemaliger Bauernhof mit Reitmöglichkeit, 7 km nördlich von Winsen (Aller). FeWo für 4 – 7 Pers. Pferde, Hühner, Katzen, ein Hund.

🏠🚲 **Hof Höper,** Harburger Straße 24, 29308 Winsen (Aller)-Wolthausen. ℂ 05143/770, www.hof-hoeper.de. **Preise:** DZ 32 €, FeWo ab 36 €. ▶ Hof 10 km nördlich von Celle. Ponyreiten, Reitpferde, Kutschfahrten, Spielplatz, Tischtennis, Kicker, Fahrradverleih. Pferde, Kaninchen, Meerschweinchen, Hühner, Hunde.

Jugendherbergen

▶ Die meisten Jugendherbergen sind auf Familien eingestellt und bieten häufig schon Zimmer mit eigenem Bad an. Im Haus und auf dem Außengelände gibt es gute Möglichkeiten zu Sport und Spiel.

🏠 **JH Lüneburg,** Soltauer Straße 133, 21335 Lüneburg. ℂ 04131/41864, www.jugendherberge.de/jh/lueneburg. **Bahn/Bus:** Bus 5011, 5012 bis Scharnhorststraße/DJH. **Preise:** ÜF 24,80 €, ab 2 Nächten 24 €; Kinder 3 – 14 Jahre 30 %. ▶ Am südlichen Stadtrand am Stadtwald gelegen. 148 Betten. 18 Vierbettzimmer mit Bad. Tischtennis, Kicker, Billard, Spielesammlung, Jonglierkiste, Spiel- und Liegewiese, Volleyball, Streetball.

🏠 **JH Handeloh,** Wehlener Weg 10, 21256 Handeloh-Inzmühlen. ℂ 04188/342, www.jugendherberge.de/jh/handeloh. **Bahn/Bus:** Bahn bis Handeloh, dann 1,8 km. **Preise:** ÜF 21,20 €; Kinder 3 – 5 Jahre 18,35 €. ▶ 163 Betten in 35 Zimmern für 4 und 5 Pers. 6 ha großes Naturgrundstück. Volleyball, Beachvolleyball, Tischtennis. Freizeiträume mit Billard, Kicker, Tischtennis.

☀ Um hier übernachten zu können, muss man Mitglied im DJH sein, wofür ein Jahresbeitrag von 7 € für Junioren bis 26 Jahre oder 22,50 € für Familien und Pers ab 27 Jahre fällig ist.

♠ **JH Bispingen,** Töpinger Straße 42, 29646 Bispingen.
✆ 05194/2375, www.jugendherberge.de/jh/bispingen.
Bahn/Bus: Bus 154 ab Soltau. **Preise:** ÜF 21,20 €, ab
2 Nächten 20,40 €; Kinder 3 – 14 Jahre 30 %. ▶ 121
Betten in 26 Zimmern für 1 – 6 Pers. Tischtennis, Billard
und Kicker sowie Kletterwand, Bolzplatz, Schaukel,
Sandkasten.

♠ **JH Hitzacker,** An der Wolfsschlucht 2, 29456 Hitzacker.
✆ 05862/244, www.jugendherberge.de/jh/hitzacker.
Preise: ÜF 23,60 €, ab 2 Nächten 22,80 €; Kinder 3 –
14 Jahre 30 %. ▶ Gelegen im Wald, nah der Elbe. 165
Betten in 34 Zimmern für 2, 4 oder 6 Pers. Großzügiges
Außengelände mit Beachvolleyball, Tischtennis, Außen-
schach, Streetball, Lagerfeuerstelle. Tischtennisraum.

♠ **JH Uelzen,** Fischerhof 1, 29525 Uelzen. ✆ 0581/5312,
www.jugendherberge.de/jh/uelzen. Im Stadtforst.
Bahn/Bus: Bus 4 bis Fischerhofstraße, 250 m Fußweg.
Preise: ÜF 22,40 €, ab 2 Nächten 21,60 €; Kinder 3 –
14 Jahre 30 %. ▶ 161 Betten in 39 Zimmern für 2, 4
oder 6 Pers. Familienaufenthaltsraum und Spielecke für
Kleinkinder. Babybetten und Kinderstühle erhältlich. Großes Freigelände mit Bolzplatz, Tischtennis, Billard,
Beachvolleyball, Streetball, Minigolf und Feuerstelle.

♠ **JH Bad Fallingbostel,** Liethweg 1, 29683 Bad Fallingbostel. ✆ 05162/2274, www.jugendherberge.de. Am
nördlichen Stadtrand Nähe Lieth-Freibad. **Preise:** ÜF
22 €; Kinder 3 – 12 Jahre 30 %. ▶ 92 Betten in 19 Zimmern, alle mit WC, 7 Familienzimmer auch mit eigener
Dusche. 4 Aufenthaltsräume, Blockhütte. Großes Außengelände mit Tischtennis, Beachvolleyball- und Spielplatz.

♠⛺⊠ **JH Müden (Örtze),** Wiesenweg 32, 29328 Müden
(Örtze). ✆ 05053/225, www.mueden.jugendherber-
ge.de. Am südlichen Ortsrand. **Bahn/Bus:** ↗ Müden.
Preise: ÜF 23,80 €; Kinder 3 – 12 Jahre 30 %. ▶ 1- bis
6-Bett-Zimmer für 164 Gäste, z.T. mit Dusche und WC.
Familienapartment, Zeltcamp für Gruppen. Weiträumiges
Freigelände mit Tischtennisplatten, Beachvolleyball,
Spielplatz, Grillhütten sowie direktem Zugang zur Örtze
mit hauseigenem Sandstrand. Historisches Backhaus.

 **Lünebuch Buch-
handlung am
Markt,** Bardowicker
Straße 1, 21335 Lüne-
burg. ✆ 04131/
754740. www.luene-
buch.de. Mo – Fr 9 –
19, Sa 9 – 18 Uhr.
Breites Reise- und
Regionalia-Angebot, u.a.
Kinderbuchlesungen.
Zusammen mit der ört-
lichen Bibliothek richtet
Lünebuch eine Kinder-
und Jugendbuchwoche
aus, jährlich rund um
den Buß- und Bettag.

In der Grünanla-
ge Osterberg in
Bad Fallingbostel wur-
den große Findlinge
zu einem Megalithpark
zusammen gestellt.

🏠 **JH Celle,** Weghausstraße 2, 29223 Celle. ☎05141/ 53208, www.jugendherberge.de/jh/celle. Im Ortsteil Klein-Hehlen nordwestlich vom Zentrum. **Bahn/Bus:** Bus 2 bis JH. **Preise:** ÜF 20,10 €, ab 2 Nächten 19,30 €; Kinder 3 – 14 Jahre 30 %. ▶ 122 Betten in Zimmern für 4 – 7 Pers. Klavier, Tischtennis, Billard, Kicker sowie auf dem großen Freigelände eine Streetballanlage.

🏠 **JH Hankensbüttel,** Helmrichsweg 24, 29386 Hankens- büttel. ☎05832/2500, www.jugendherberge.de/jh/ hankensbuettel. **Bahn/Bus:** Bus 120 ab Wittingen. **Prei- se:** ÜF 21,90 €, ab 2 Nächten 21,10 €; Kinder 3 – 14 Jahre 30 %. ▶ 156 Betten in Zimmern für 2, 4, 5 und 6 Pers. Tischtennis, Klavier, Gesellschaftsspiele. Großes Freigelände.

Campingplätze

▶ Für Kinder hat es etwas Abenteuerliches und ei- nen Hauch von Freiheit, in einem Zelt auf einer Wie- se in der Nähe von Bach, Fluss oder Wald zu leben, den Regen auf das Zelt prasseln zu hören und dem Rauschen des Windes und Zwitschern der Vögel zu lauschen. Man braucht nur aufzuspringen und ist be- reits mitten in der Wiese und auf frischem Gras.

⛺ **Nordheide,** Weg zum Badeteich 20 – 30, 21244 Holm- Seppensen. ☎04187/6115, www.campingplatz-nordhei- de.de. **Auto:** A7 Ausfahrt 40 Garlstorf, über Hanstedt, Dierkshausen, Holm. **Preise:** 4 €; Kinder bis 14 Jahre 2 €; Stellplatz WoWa/WoMo 8 €, kleines Zelt 5 €. ▶ Am Badesee. Spielplatz. Minigolf 500 m.

⛺ **Stover Strand,** Stover Strand 10, 21423 Drage. ☎04177/430, www.camping-stover-strand.de. **Auto:** B404, vor der Elbe links Elbuferstraße, Schwinder Stra- ße, rechts Stover Strand. **Preise:** 6 €; Kinder 2 – 12 Jah- re 4 €; Stellplatz WoWa 7 – 8 €, WoMo 5 – 6 €. ▶ 5- Sterne-Platz 13 km nordöstlich von Winsen (Luhe), 35 km bis Hamburg, direkt an der Elbe. Sandstrand. Ka- nuverleih, Kinderanimation, Spielplatz, Beachvolleyball. Auch Miet-WoWa und FH.

Hunger & Durst
Restaurant Stover Strand, Stover Strand 10, Drage. ☎04177/ 7116888. www.restau- rant-stover-strand.de. Mo – Do 17 – 22, Fr 17 – 23, Sa 12 – 23, So 12 – 22 Uhr. »För Lüd- de« gibt es Fischstäb- chen, Nudeln, Pfannku- chen oder Schnitzel.

⚹⛺♿ Alt Garge, Am Waldbad 23, 21354 Bleckede-Alt Garge. ℗ 05854/311, www.knauscamp.de/elbtalaue-bleckede. **Auto:** B216 von Lüneburg, Ausfahrt Richtung Bleckede, L221 über Neetze und Bleckede, im Ort rechts auf Fritz-von-dem-Berge-Straße, links Wendisch-thuner Straße bis Alt Garge, Hauptstraße. **Preise:** 7,50 €; 1. Kind 4 – 14 Jahre 3,20 €, ab dem 2. Kind frei; Stellplatz inkl. Pkw 10 €, Komfortstellplatz plus 3,50 €, Campingfass 25 €, Erw 6,50 €, Kinder 3,50 €.
▶ 6 km südwestlich von Bleckede, 30 km östlich von Lüneburg, an der Elbe, direkt im Biosphärenreservat Niedersächsische Elbtalaue. Fahrradverleih, Spiel- und Bolzplatz, Tennisplätze. Benutzung Waldbad frei für Campinggäste. Animation, Kinderkino.

⚹⛺ Am Waldesrand am Reihersee, Auf den Bergen 99, 21382 Brietlingen-Lüdershausen. ℗ 04133/ 223367, Handy 0171/7420086. www.camp-am-waldesrand.de. **Auto:** B209. **Preise:** WoWa/WoMo 13 €, Zelt 12 €, jeweils inkl. 3 Pers. ▶ Direkt am Reihersee, Strand, Spielplatz. Kanuverleih und Minigolf in der Nähe.

⚹⛺ Am Wiesengrund am Reihersee, Auf den Bergen 98, 21382 Brietlingen-Lüdershausen. ℗ 04133/ 3556, Handy 0171/9902009. www.campingplatz-am-wiesen-grund.de. **Auto:** B209. **Preise:** Zelt, WoWa/WoMo mit 2 Pers 12,50 €, weitere Pers 2,50 €. ▶ Direkt am Reihersee, Spielplatz. Kanuverleih und Minigolf in der Nähe.

⚹⛺ Regenbogen, Alte Dorfstraße, 21272 Egestorf. ℗ 04175/661, www.regenbogen.ag. **Auto:** A7 Ausfahrt 42 Egestorf, Richtung Egestorf, nach 2 km rechts. **Preise:** 2 Erw und alle Kinder bis 13 Jahre mit Zelt oder WoWa/WoMo 15 €, zusätzlich mit Pkw 22 €, weitere Pers ab 14 Jahre 4 €. ▶ Beheiztes Freibad, Spielplatz, Tischtennis, Kleinfußballplatz. Auch Ferienhäuser.

⚹⛺✕ Lüneburger Heide, Badeweg 3, 29640 Schneverdingen-Heber. ℗ 05199/275, www.camping-lh.de. **Auto:** B3, von Schneverdingen über Bahnhofstraße, Heberer Straße. **Preise:** 7 €; Kinder 3 – 14 Jahre 5 €; Stellplatz inkl. 2 Pers 27 – 29 €, Heuhotel oder Hausfloß 25 €.
▶ Familiär geführter Platz 8 km südöstlich von Schnever-

🍎 **Vielseitig-Buchhandlung & Buchberatung,** Verdener Straße 1, Schneverdingen. ℗ 05193/4760. www.vielseitig-snevern.de. Mo – Fr 9 – 12.30 und 14 – 18, Sa 9 – 13 Uhr. Gute Beratung im Bereich Kinder- und Jugendbuch. Weiteres Geschäft in Verden, Große Straße 13.

dingen. Badeweiher mit Sandstrand, Spielplatz mit Trampolinen, Beachvolleyball, Kettcar- und BMX-Bahn, Streichelzoo, Bolzwiese. Miniatur-Themen-Gärten. Auch Heuhotel, Hausfloß (je 2 Pers), Miet-WoWa, Chalets.

 **Freibad Dannenberg,** Bäckergrund 32, Dannenberg (Elbe). ✆05861/7280. www.wasserverband-dan.de. Mai – Sep Mo – Sa 8 – 20, So 8 – 19 Uhr. 3,50 €, Kinder 4 – 17 Jahre 2 €. Planschbecken, Spielplatz, Beachvolleyball.

🦉 *Das Uhlenköper Camp muss man für seine ökologische Betriebsführung und nachhaltigen Angebote loben.*

⚑ **Mobilheimpark Bad Bodenteich,** Campingplatz 1, 29389 Bad Bodenteich. ✆05824/1300. www.campingplatz-bodenteich.de. **Auto:** L270 über Wieren nach Bad Bodenteich, vorm Ort rechts Auetal. **Preise:** 5,50 €; Kinder 3 €; Stellplatz WoWa/WoMo 3,50 €, Auto/Zelt 2 €.
▶ Am Elbe-Seitenkanal. Spielplatz.

⚑ 🚐 **Dannenberg,** Bäckergrund 35, 29451 Dannenberg (Elbe). ✆05861/80098-0, www.elbe-wendland-camping.de. **Auto:** B191. **Preise:** 3 €; Kinder 2 €; WoWa/WoMo 8,50 €, Zelt 6 €. ▶ Nähe Thielenburger See, Freibadbenutzung inklusive.

⚑ 🏕 🚐 ♿ ✈ **Uhlenköper Camp,** Festplatzweg 11, 29525 Uelzen. ✆0581/73044, www.uhlenkoeper-camp.de. **Auto:** B4 von Uelzen Richtung Lüneburg, im Kreisverkehr Richtung Westerweyhe. **Preise:** 6,50 €; Kinder 4 – 13 Jahre 3,50 €; Stellplatz 9 – 11 €, Schlummertonne 25,50 € zzgl. Ü, Mobilheim inkl. 4 Pers 75 €. ▶ Mit Naturfreibad, Tiergehege, Bolzplatz, Trampolin, Tischtennis. Großes Freizeitangebot mit Kanutouren, Bogenschießkursen, Conference-Bike, Fahrradverleih. Ökologische Betriebsführung. Bioladen, Imbiss.

⚑ 🚐 **Am Hardausee,** 29556 Suderburg-Hösseringen. ✆05826/7676, www.camping-hardausee.de. **Zeiten:** Stellplätze für Touristen März – Okt. **Preise:** 6 €; Kinder bis 14 Jahre 3 €; WoWa/WoMo 8 €, Zelt 5 – 8 €. ▶ Großer Spielplatz, Kindersanitärbereich, Grill- und Lagerfeuerplatz. Miet-WoWa 32,50 Nacht/2 Pers, Mobilheim 45 € Nacht/2 Pers. Badestrand am nahen Hardausee.

⚑ 🚐 **Am Waldbad Ebstorf,** Hans-Rasch-Weg, 29754 Ebstorf. ✆05822/3251, www.campingplatz-ebstorf.de. **Auto:** B4, über Barum nach Ebstorf, Allmelingstraße, Bahnhofstraße, Lüneburger Straße, am Ortsausgang links. **Preise:** 5,80 €; Kinder bis 16 Jahre 3,80 €; WoWa/WoMo 6,50 €, Zelt bis 3 Pers 3,80 €, Miet-WoWa 2 Pers 40 €, weiteres Kind 3 – 3,80 €. ▶ Naturbelassener

Platz nah am Waldbad (einmal täglich freier Eintritt). Spielplatz, Badminton, Tischtennis.

Auf dem Simpel, Auf dem Simpel 1, 29614 Soltau. ℡ 05191/3651, www.auf-dem-simpel.de. **Auto:** A7 Ausfahrt 44 Soltau-Ost oder 45 Soltau-Süd, Ausschilderung Heide-Park folgen. **Preise:** 7 €; Kinder 4 – 13 Jahre 4 €; Stellplatz 11 €, Zeltplatz 7,50 – 9,50 €, Schlaf-Fass 25 €, Erw 7 €, Kinder 4 €.
▶ 5 km nördlich von Soltau, 800 m vom Heide-Park. Abenteuerspielplatz, Beachvolleyball, Bolzplatz, Tischtennis, Billard, Go-Kart-Verleih und -Bahn, Freibad.

Zum Örtzewinkel, Kreutzen 22, 29633 Munster. ℡ 05055/5549, www.oertzewinkel.de. **Auto:** B71, L240 über Dethlingen und Trauen. **Preise:** 5,50 €; Kinder 3 – 15 Jahre 2,80 €; Stellplatz WoWa/WoMo 9 €, Zelt 4 €, Auto 3,50 €. ▶ 4-Sterne-Platz 10 km südlich von Munster, 5 km nördlich von Müden. Direkt am Naturpark Südheide, am Ufer der Kleinen Örtze. Mehrere Spielplätze und Bolzplatz, Badesee, Volleyball, Tischtennis, Pony-, Go-Kart- und Fahrradverleih. Miet-WoWa und Hütten.

Südsee-Camp, Südsee-Camp 1, 29649 Wietzendorf. ℡ 05196/980116, www.suedsee-camp.de. **Auto:** A7 Ausfahrt 45 Soltau-Süd, B3 Richtung Celle, Abfahrt Südsee-Camp. **Preise:** 5,20 €; Kinder 2 – 8 Jahre 3,70 €, 9 – 18 Jahre 4,70 €; HS Stellplatz inkl. 2 Pers ab 29 €. ▶ 5-Sterne-Platz 14 km südöstlich von Soltau. Auch Miet-WoWa, Chalets und schwedische Ferienhäuser. Subtropisches ↗ Badeparadies, Badesee mit Sandstrand und Kinderbadebucht, Dschungel-Golf, Klettergarten, Animation, Skaterbahn, Fahrrad- und Kettcarverleih.

Böhmeschlucht, Vierde 22, 29683 Bad Fallingbostel-Vierde. ℡ 05162/5604, www.boehmeschlucht.de. **Auto:** A7 Ausfahrt 47 Bad Fallingbostel, Richtung Dorfmark, rechts Vierder Weg. **Preise:** 4 €; Kinder bis 16

Endlich Sommerferien! Da springt Darryl auf dem Trampolin gleich 3 x so hoch

Hunger & Durst
Restaurant Böhmeschlucht, Vierde 22, Vierde. ℡ 05162/6504. www.boehmeschlucht.de.

Jahre 2,30 €; Stellplatz 12,50 €. ▶ Am Böhmeufer. Spielplatz, Spielscheune, Badestelle, Bootsanleger, Restaurant.

Südheide, Im Stillen Winkel 20, 29308 Winsen (Aller). ✆05143/6661803, www.campingpark-suedheide.de. **Auto:** Von Winsen Richtung Celle. **Preise:** 7 €; Kinder 4 – 14 Jahre 3,50 €; Stellplatz 10 – 12 €, Mietchalet 4 Pers HS 89 €. ▶ Am südöstlichen Rand von Winsen an der Örtze mit Badestrand und Bootsanleger. Abenteuerspielplatz, Schwimmteich, Tischtennis, Bolzplatz. Sauna und Sanarium.

Ferienpark Heidesee, Oberohe 25, 29328 Faßberg-Oberohe. ✆05827/970546, www.campingheidesee.com. **Auto:** Von Müden Richtung Unterlüß bis Oberohe. **Preise:** 4 €; Kinder 3 – 14 Jahre 2 €, HS 3 €; HS 5 €, Stellplatz 7 €, HS 9 €, FH ab 64 €, Miet-WoWa HS ab 60 € (ab 2. Nacht). ▶ Baden im See mit abgetrenntem Fkk-Bereich und im Freibad 10 x 25 m mit Riesenrutsche, Restaurant. Tischtennis, Kicker, Beachvolleyball, Basketball, Skaterbahn, Robinson-Abenteuerspielplatz, Animation für Kinder, Badespielinsel, Streichelzoo und Minikarts. Indoorspielpark.

Sonnenberg, Sonnenberg, 29328 Müden (Örtze). ✆05053/987174, www.campingsonnenberg.com. **Auto:** Von Müden über Sandstraße. **Preise:** 4 €, HS 5 €; Kinder 3 – 14 Jahre 2,50 €, HS 3 €; Stellplatz 5,50 €, HS 6,50 €. Besuch über 2 Stunden 2 €. ▶ Ruhiger, am Wald gelegener Natur-CP am Nordrand von Müden, seit 2010 unter niederländischer Leitung. 100 m bis zur Wietze. Auch Vermietung von WoWa, möblierten Zelten, Apartments und Blockhaus.

Silbersee, Zum Silbersee 19, 29229 Celle. ✆05141/31223, www.campingpark-silbersee.de. **Auto:** Von Celle B191 bis Garßen, links Richtung Vorwerk, rechts. **Preise:** 3,70 €; Kinder 3 – 13 Jahre 1,70 €; Stellplatz Zelt 3,60 – 9,20 €, WoMo 7,70 – 14,30 €. ▶ Am See in der Südheide bei Celle. Volleyball, Tischtennis, 2 Spielplätze, SB-Laden, Gaststätte mit Sonnenterrasse, Babystrand.

1884 – 1979 baute man hier Kieselgur ab. Wer mehr darüber wissen will, folgt dem ⚲ Kieselgur-Pfad auf dem Gelände des Ferienparks.

Wer nur zum Baden herkommt, zahlt 3 €, Kinder 3 – 12 Jahre 2 €. April – Sep täglich 9 – 20 Uhr.

ⵣ ⌂ ⌧ ⌹ **Winsen,** Auf der Hude 1, 29308 Winsen (Aller).
✆05143/93199, www.campingplatz-winsen.de. **Auto:**
↗Winsen. **Preise:** 5 €, HS 6 €; Kinder 4 – 14 Jahre 3 €,
HS 4 €; Zelt 3 – 8 €, WoWa 7 €, HS 8 €. ▶ An der Aller
im Naturpark Südheide gelegen, mit eigener Badebucht
und Liegewiese. Spielplatz, Kiosk mit Ausleihe von Bob-
bycars und Dreirädern. Kicker, Tischtennis, Volleyball
und Basketball. Gaststätte mit Terrasse.

ⵣ ⌹ ⛃ **Hüttensee,** Hüttenseepark, 29308 Winsen (Aller)-
Meißendorf. ✆05056/941880, www.campingpark-huet-
tensee.de. **Auto:** Von Winsen über Meißendorfer Straße.
Preise: Zelt bis 4 Pers 18 €, HS 25 €, WoMo inkl. 3
Pers 18 €, HS 25 €, Mietzelt 4 Pers 40 €, Mobilheim
70 €, HS 80 €, ab 2. Nacht 45 €, HS 50 €. ▶ Am Badesee mit Sandstrand im Seengebiet Meißendorf. Segeln,
Surfen, Tretboot fahren. Badeseeinsel, Abenteuerspielplatz, Beachvolleyball, Tischtennis, Kettcars, Kinderanimation.

ⵣ ⌹ ⚓ **Am Allersee,** In den Allerwiesen 5, 38446 Wolfs-
burg. ✆05361/63395, www.camping-allersee.de. **Auto:**
A39 Ausfahrt 3 Wolfsburg, Richtung Autostadt, auf der
Brücke rechts Richtung Allersee Südufer. **Preise:** 6 €;
Kinder 2 – 14 Jahre 3,50 €; Stellplatz WoWa oder Pkw
7 €, WoMo 12 €, Zelt 3,50 €. ▶ Am Allersee. Auch Miet-
WoWa, Mini-Hotel im Fass und Tipis für Kindergruppen.
Spielplatz.

ⵣ ⌹ ⚓ **Tankumsee,** Dannenbütteler Weg 7, 38550 Isenbüttel. ✆05374/1254, www.camping-tankumsee.com.
Auto: Kreisstraße 114 von Gifhorn, vor dem Elbe-Seitenkanal links. **Preise:** 5 €; Kinder 3 – 15 Jahre 2,50 €;
Stellplatz mit Pkw 9 €, Zelt 5 – 7 €. ▶ Am Tankumsee
mit zahlreichen Spiel- und Sportangeboten.

Hunger & Durst
**Gaststätte Camping-
platz Winsen,** Auf der
Hude 1, Winsen (Aller).
✆05143/93199. Sa,
So ab 15 Uhr Kuchen.

237

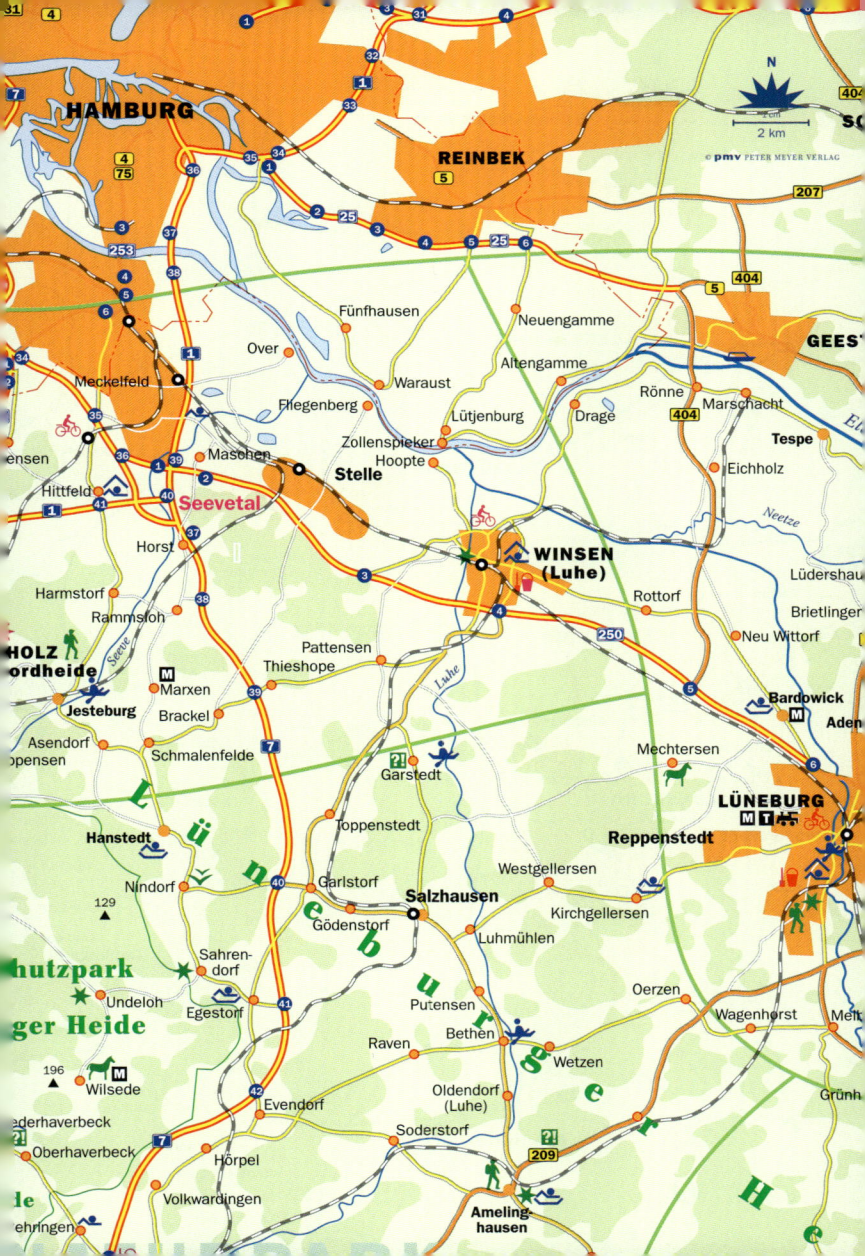

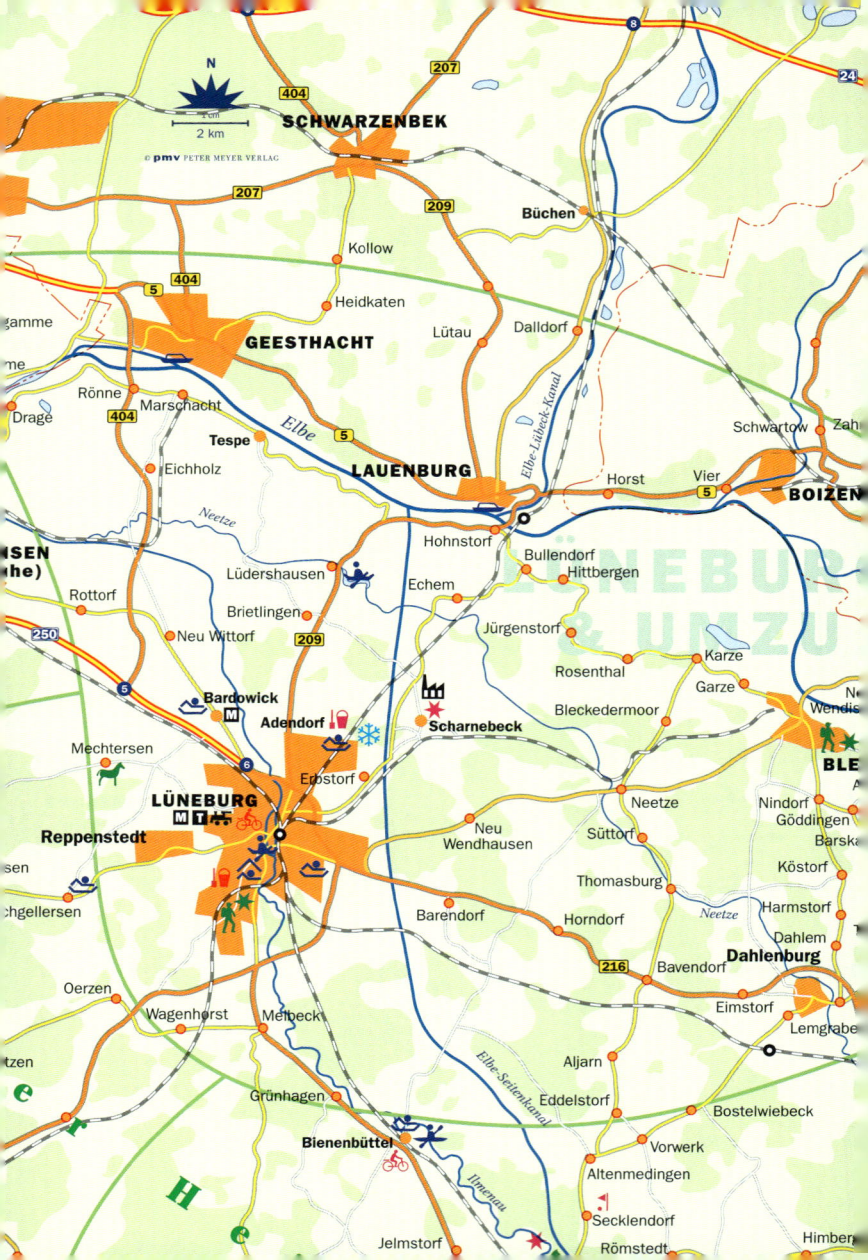

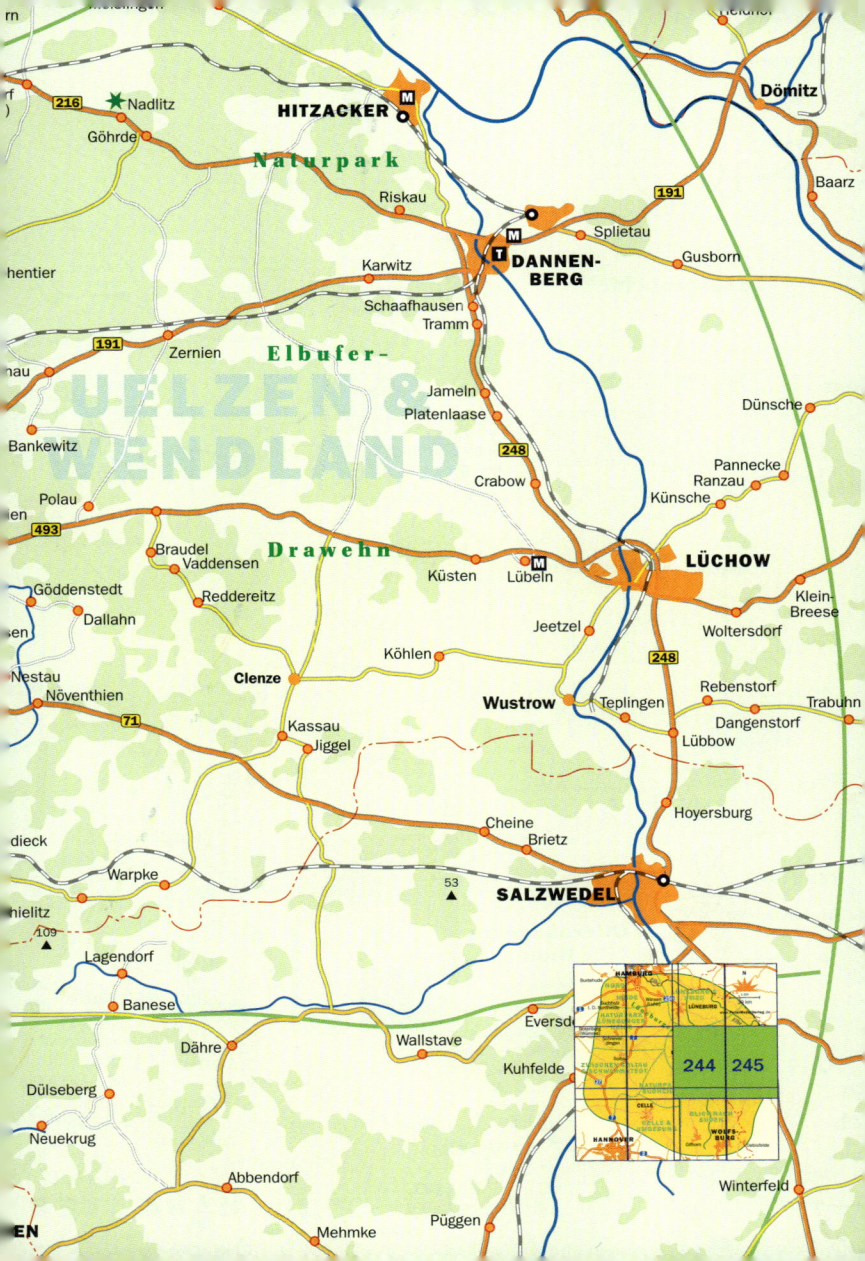

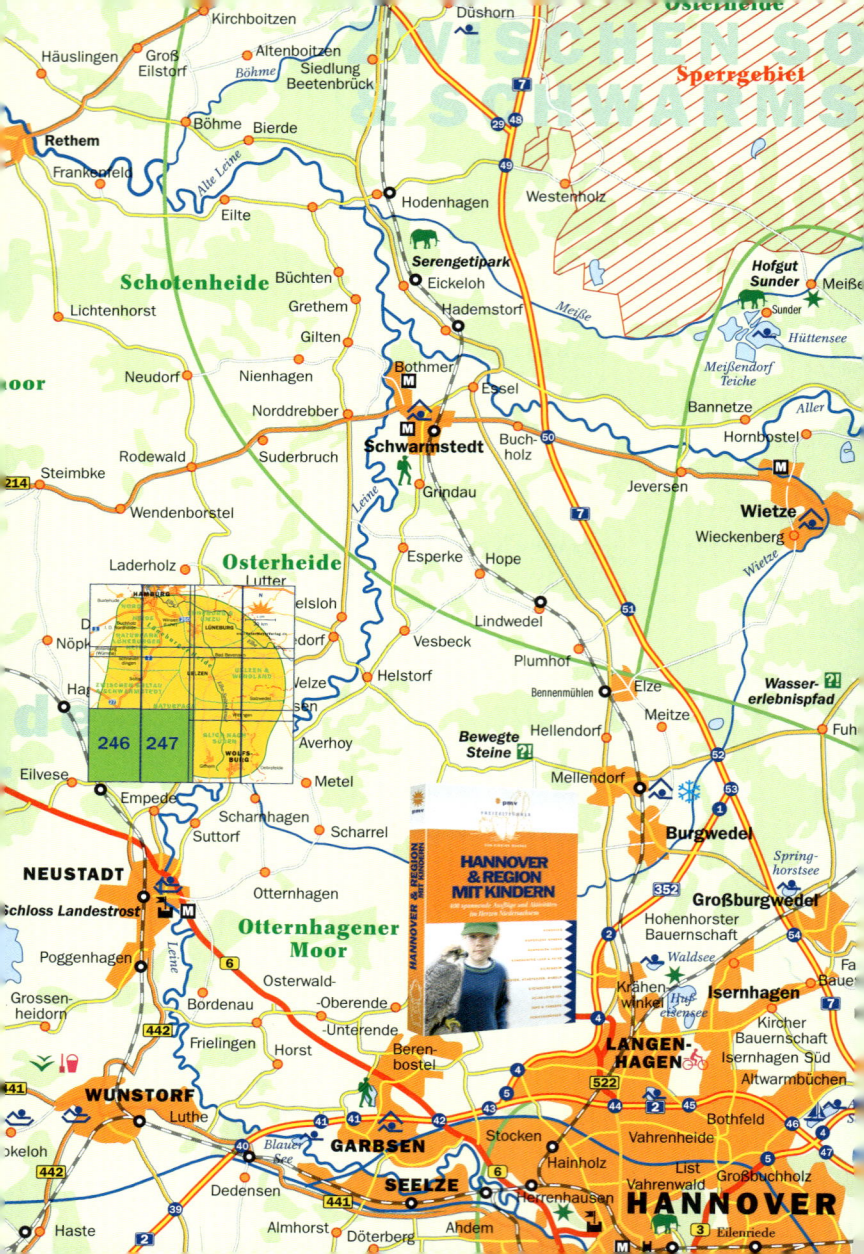

Düshorn

Osterheide

Sperrgebiet

Kirchboitzen

Häuslingen Groß
Eilstorf

Altenboitzen
Siedlung
Beetenbrück

Böhme

Rethem

Frankenfeld

Böhme Bierde

Alte Leine

Eilte

Hodenhagen

Westenholz

Serengetipark

Schotenheide Büchten

Eickeloh

Lichtenhorst Grethem

Hademstorf

Hofgut
Sunder

Meiße

Meißendorf
Teiche

Sunder

Meißte

Hüttensee

Gilten

Bannetze

Aller

Neudorf Nienhagen

Bothmer

Essel

Norddrebber

Buch-
holz

Hornbostel

Rodewald Suderbruch

Schwarmstedt

Jeversen

Wietze

Steimbke

Leine

Grindau

Wieckenberg

214

Wendenborstel

Laderholz

Osterheide

Lutter

Esperke Hope

Wietze

Nöpk...

HAMBURG

elsloh

Lindwedel

51

D...

...dorf

Vesbeck

Ha...

Plumhof

velze

Helstorf

Bennenmühlen Elze

Wasser-
erlebnispfad

246 247

velze

Hellendorf

Meitze

Fuh...

Bewegte
Steine

52

Averhoy

Mellendorf

53

Eilvese

Metel

1

Empede

Scharnhagen

Scharrel

Burgwedel

NEUSTADT

Suttorf

HANNOVER
& REGION
MIT KINDERN

Springhorstsee

352

Schloss Landestrost

Otternhagen

Großburgwedel

Poggenhagen

Hohenhorster
Bauernschaft

54

Osterwald-

Otternhagener
Moor

Krähen-
winkel

Waldsee

Fa...
Baue...

Grossen-
heidorn

Bordenau

-Oberende

LANGEN-
HAGEN

Isernhagen

Kircher
Bauernschaft
Isernhagen Süd

7

442

Frielingen Horst

-Unterende

Beren-
bostel

Altwarmbüchen

441

WUNSTORF

Luthe

522

44

2

45

Bothfeld

46

...keloh

442

Blauer
See

41

41

GARBSEN

42

43

Stocken

Vahrenheide

List
Vahrenwald

Großbuchholz

40

Haste

2

Dedensen

SEELZE

441

39

Almhorst Döterberg

6

Herrenhausen

Ahden

Hainholz

HANNOVER

3

Eilenriede

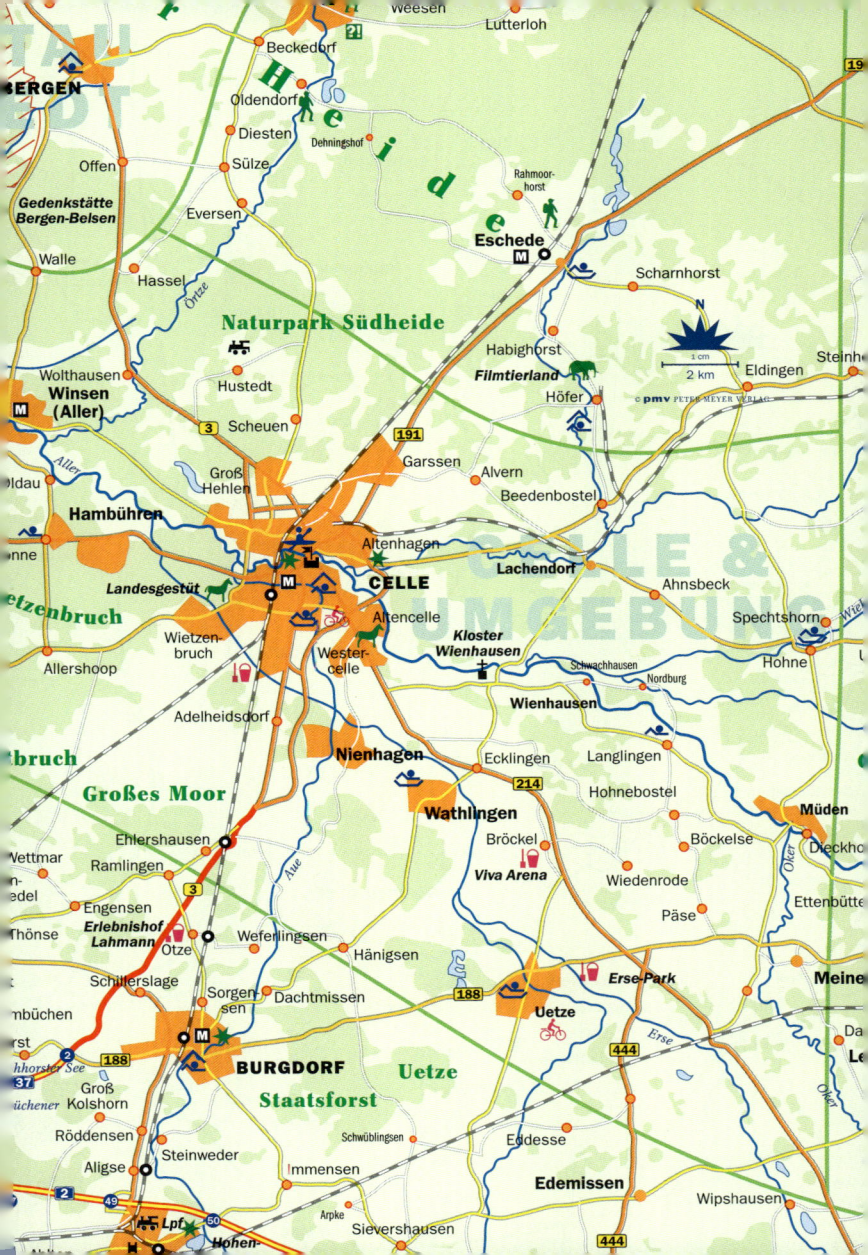

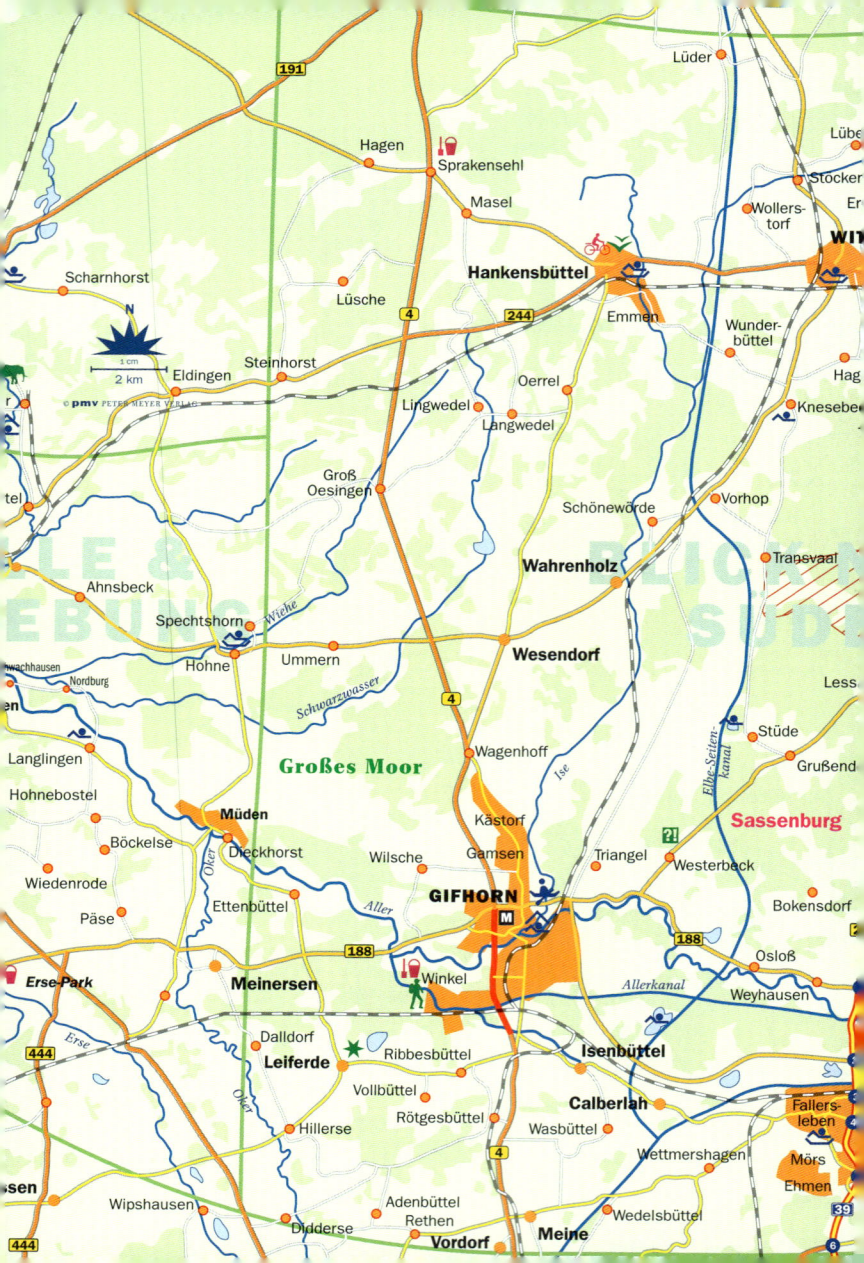

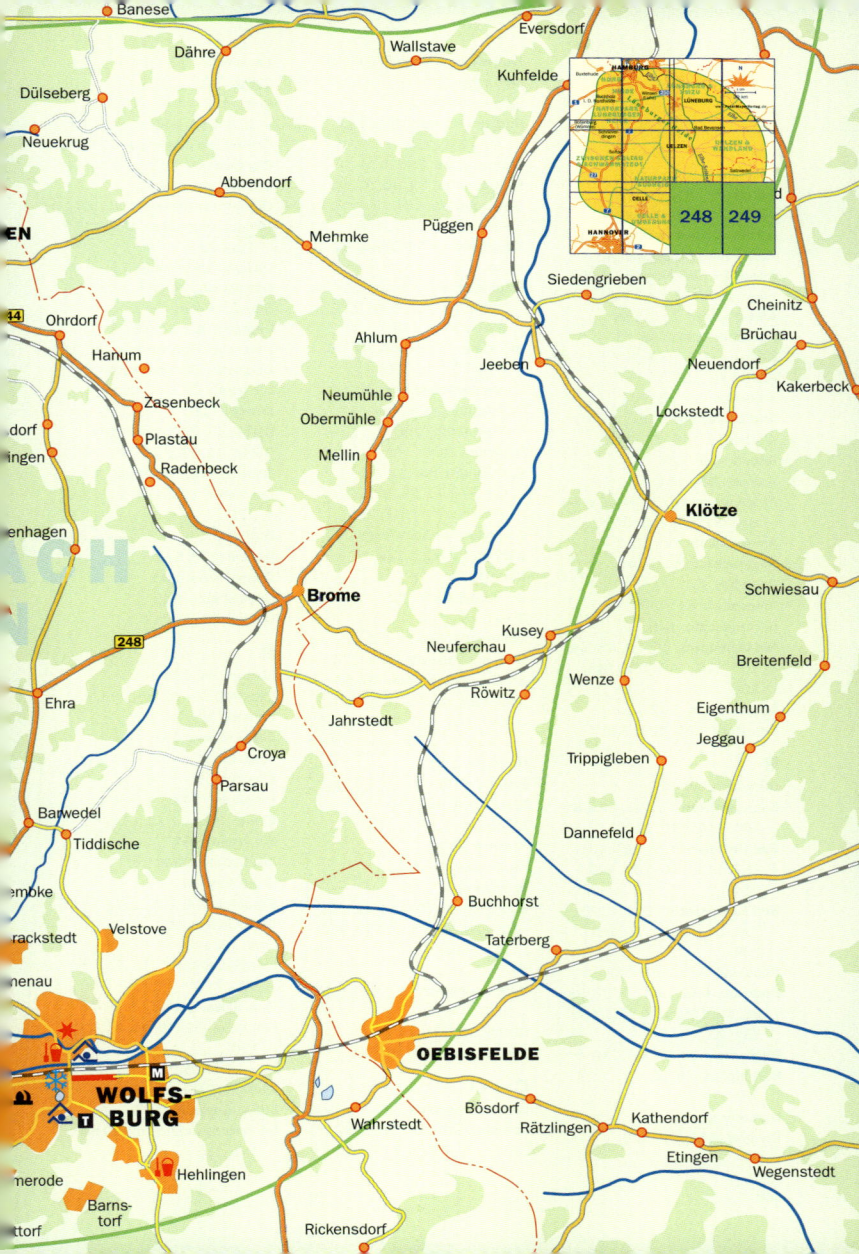

Register

A

Abenteuerpark 147
Adendorf 34, 38, 43, 44, 219
Affenland 131
Agrarium 24
Alaris Schmetterlingspark 22
Albert-König- Museum 152
Alcino Kindertobeland 43
Alfred Toepfer Akademie 208
Aller 139, 141, 164, 166
Aller-Radweg 165, 166
Allerpark 184, 186
Allersee 181, 184, 237
Allerwelle 183
Alt Garge 33, 38, 233
Alte Dorfschule 135
Altencelle 166
Altenhagen 229
Ameisenbär 131
Amelinghausen 59, 60, 68, 80, 83, 88, 208, 219, 226
Amerikalinie 219, 220
Angelbecksteich 144
Aquadies 60
Arboretum 81, 106
Aschauteiche 146
Aussichtsturm 16, 22, 45, 84, 100, 108, 146, 164, 185, 208
AutoMuseum 197
Autostadt 181, 189, 200

B

Backsteintour 36
Bad Bevensen 91, 92, 96, 99 – 104, 116, 210, 220
Bad Bodenteich 91, 97, 101, 107, 111, 116, 209, 220, 234
Bad Fallingbostel 121 – 126, 136, 213, 221, 229, 231, 235
Badeland 159, 181, 183
Badesee, -teich 14, 35, 62, 83, 88, 95, 100, 108, 162, 186, 234, 237
Bardowick 33, 37, 49, 219
Barfußpfad 78, 82, 107, 127, 192
Barumer See 35
Bauernhof Menke 206

Baumschule Növig-Maaß 188
Behringen 62
Bennemühlen 220
Bergen (-Belsen) 119, 132, 211, 221, 228
Bernsteinsee 186
Bienenbüttel 39, 40, 93, 96
Bienengarten 167
Bieneninstitut 167, 168
Biosphaerium Elbtalaue 41, 44, 205
Bispingen 62, 63, 69, 73 – 75, 78, 85, 86, 88, 132, 221, 226, 231
Bleckede 33, 38, 40, 44, 45, 56, 205, 219, 233
Bleckeder Kleinbahn 46
Bockelsberghütte 40
Bockelskamp 166
Bockhorn 136
Bockwindmühle 115
Bode, Wilhelm 85, 87, 207
Bodemann, Joe 148, 215
Bodenteicher Seewiesen 107
Böhme 63, 123, 124
Böhmepark 126
Böhmeschlucht 235
Bokel 181
Bollmohr-Scheune 199
Bomann-Museum 173, 174
Bonbon-Manufaktur 46, 53
Bootstour, -verleih 123, 127, 141, 142, 167, 209
Bossard, Johann und Jutta 26
Bothmer 135
Breetze 205
Brietlingen 35, 233
Brochdorf 227
Bröckel 170
Brunausee 62, 88
Brunsberg 17, 18
Buchholz (Nordheide) 11, 12, 17, 20, 22, 25, 28, 59, 203, 218, 220
Bugrov, Valerij 84
Burg Bodenteich 97, 111, 112, 116, 209
Büsenbach 67
Büsenbachtal 65, 67, 206

C – D

Camp Reinsehlen 76
Campingplatz 14, 163, 232
Caroline Mathilde 175

Cassenshof 65
CeBus 221
Celle 157 – 178, 216, 221, 229, 232, 236
CenterParc Bispingen 226
City Express 172
Compagnie 199
Dammaschwiesen 166, 167
Dannenberg (Elbe) 112, 115, 220, 234
Das verrückte Haus 73
Dat Ole Hus 86, 87, 135
Deutsch Evern 39
Deutsche Bahn 218
Deutsches Panzermuseum 212
Deutsches Salzmuseum 50
Die Insel 13
Discgolf 185
DLRG 35, 60, 61, 94, 184
Döhle 72, 132, 207
Dom St. Peter und Paul 37
Dorfmark 123, 124, 213, 221, 229
Drage 232
Draisine 38, 67
Dröge Heide 206
Dübelsheide 145
Düshorn 122, 213

E

Ebstorf 95, 234
Egestorf 60, 78, 88, 206, 233
Ehestorf 19, 24
Ehra-Lessien 181
Ehrhorn 81
Eichsfeld 66
Eicksberg 143
Eimke 99
Eis Arena 194
Eisenbahnviadukt 64
Eishockey 44
Eislaufen 44, 105, 194
Elbblickturm 22
Elbe 11, 16
Elbe-Seitenkanal 31, 47, 97, 98
Elbschloss 41, 45
Elbtalaue 31, 38, 45, 91, 210, 220
Eller, Ulrich 83
Ellerndorf 99
Erdöl, -museum 177
Erinnerungsstätte Luftbrücke 143, 155

Erixx 218, 219
Erlebnispfad ↗ Lehrpfad
Eschede 140, 146, 148, 155, 215, 221, 229
Este 63, 101

F
Fahrenholz 35
Fallersleben 182
Fallersleben, Hoffmann von 183
Faslam 28
Faßberg 139, 141 – 146, 149, 151, 155, 215, 221, 236
Ferienclub 226
Ferienhof, -park 143, 226 – 229
Fernando Spielarena 20
Feuerwehrmuseum 26
Figurentheater Compagnie 199
Filmtierpark 148
Findling 113
Fischbek 218
Flugschau 21, 78
FlussWaldErlebnispfad 145, 152
Frank, Anne 133
Französischer Garten 167, 173
Freibad ↗ Tipps für Wasser- ratten
Freilichtmuseum 24, 25, 28, 115
Freizeitpark 131
Fritzenwiese 167
Fürstentum Lüneburg 31
Fußballgolf 206

G
Garbers Hof 72
Garstedt 23, 64
Garten der Sinne 102, 103
Gedenkstätte Bergen-Belsen 132
Geesthacht 36
Geocaching 154
Gerdehaus 142, 221
Gifhorn 181, 183, 187, 188, 193, 198, 200, 217, 222
Gifhorner Heide 181, 188
Glockenhof Studtmann 226
Göhrde 105, 225, 226
Greifvogel-Gehege 78
Grillplatz 75, 142, 147
Grindau 125

Großes Moor 16, 196
Gut Sunder 170
Gut Thansen 88

H
Häcklingen 97
Hadid, Zaha 191
Hahnenbach 84
Hallenbad ↗ Tipps für Wasser- ratten
Hambühren 163, 165, 166
Hamburg 11, 66, 218, 221
Handeloh 63, 64, 67, 86, 206, 219, 230
Handwerksmuseum 114
Hankensbüttel 181, 187, 194, 200, 216, 222, 232
Hannover 65, 220, 221, 222
Hanstedt 59, 77, 88, 206, 226
Harburg 11, 218
Hardausee 95, 100, 108, 234
Harms, Ludwig 143
Hasenburg 40
Haverbeeketal 69
Hehlingen 191
Heide-Elbe-Express 45, 46
Heide-Erlebnispfad 83, 84, 111, 153
Heide-Erlebniszentrum 79
Heide-Lama-Trekking 68
Heide-Park 119, 127, 128
Heide-Shuttle 221
Heidebahn 218, 219, 220
Heidebarometer 68
Heidebauernweg 81, 83
Heideblütenfest 56, 88, 178
Heidefahrten ↗ Kutschfahrten
Heidehaus 83
Heidekönigin 56, 68, 88, 178, 208
Heidekönigginnenweg 68
Heidemuseum Dat Ole Hus 86, 87, 135
Heidepanoramaweg 150
Heidesee 145, 236
Heidewitzka 128
Heidschnucke 80, 81, 82
Heidschnuckenhof 149, 156
Heidschnuckenweg 145
Hengstparade 178
Hermannsburg 139, 141, 143, 144, 150, 154, 156, 214, 221, 225
Herrenbrack 16

Herrenbrücke 139
Herzweg 23
Heuhotel 225
Hiddobad 209
Historisches Museum Schloss Gifhorn 217
Hittfeld 11, 218
Hitzacker 112, 116, 209, 220, 231
Hochseilgarten 19, 76, 104, 185, 192
Hodenhagen 119, 130, 220, 221
Hof der Heidmark 127
Hof Schröder 72
Höfer 140, 148
Hoffmann-von-Fallersleben- Museum 183
Hofladen 65, 82, 83
Hohe Heide 11
Hohenbostel 39
HöhenwegArena 76
Hohne 161
Höllenschlucht 17
Hollenstedt 13, 218
Holm-Seppensen 14, 28, 64, 218, 232
Holmer Mühle 25, 65
Holzpfad 115
Home of Kids Foundations 192
Hoopte 11, 28
Höpen 71, 83
Hoppenerhaus 173
Hörstein 83
Hösseringen 95, 100, 108, 110, 211, 220, 234
Hotel Heiderose 72
Hügelgräber 99, 113
Hunäus, Konrad 177
Hundertwasser-Bahnhof 109
Hundertwasser, Friedensreich 109, 210
Hungerpohl 207
Hüttensee, -park 162, 237

I – J
Ilmenau 11, 16, 34, 36, 37, 63, 91, 96
Ilmenauradweg 39
Imkerei 168
Imkershof 227
Indoorspielplatz 43, 128, 169, 192
Inliner 16, 18, 209

Int. Mühlenmuseum 198
Inzmühlen 64, 65, 230
Ise 187
Isenbüttel 186, 237
Isenhagener See 182
Jesteburg 18, 25, 203, 204
Johanneskapelle 38
Jugendherberge 230 – 232
Junkernfeldsee 16
Jürgenshof 227

K

Kanu 35, 63, 64, 96, 101, 124,
   125, 141
Kartoffelfest 88, 156
Kiekeberg 19, 24
Kiekebergmuseum 21
Kieselgur-Lehrpfad 151
KiKi-Kinderklub 195
Kinder-Fahrschule 128, 190

Kindergeburtstag 20, 26, 27,
   47, 48, 55, 74, 120, 169,
   170, 175, 193, 195
Kindersportwelt 192
Kindertafel 54
Kindertobeland 43
Kirchboitzen 136
Kirchgellersen 61
Klecker Wald 18
Klein Bünstorfer Heide 99, 103
Klein Süstedt 116
Klettern 19, 20, 43, 76, 104,
   128, 147, 185, 192
Kletterwald Forest4Fun 128
   Scharnebeck 43
   Buchholz 20
Kloster Lüne 38
Kloster Wienhausen 166
Knesebeck 184
Kohlekraftwerk Hannover 39

Könau 101
Konzentrationslager Bergen-
   Belsen 132, 211
Kuckstorf 97
KUKI-Werkstatt 174
Kunstmuseum Wolfsburg 175,
   217
Kunststätte Bossard 25
Kunstverein & Stiftung Spring-
   hornhof 66
Kurpark 41, 126, 101, 102,
   126
Küsten 113, 210
Kutsche 42, 70 – 73, 103,
   147, 168

L

Labyrinth 113
Lachte 167
Lama, -trekking 68, 211

Hunger & Durst

Alte Fuhrmannsschänke 144
Bauerncafé Müllern Hof 152
Bauernhofcafé 228
Bistro an der Welle 32
Bistro El Tequito 12
Bistro Badeland 160
Bossard 25
Café Bootsstation 124
Café Chocolat 126
Café Fritz 45
Café im Arboretum 106
Café Bossard 26
Café Koffietied 25
Café Lopau-Seeblick 83
Café Müller 168
Café Schafstall 67
Café Schöne Zeiten 103
Café Winkelhof 215
Café Zeitgeist 219
De Kaminstuuv 37
Dorfcafé Alte Schule 100
Dorfkrug am Mühlenteich 65
Dschungel-Café 149
Eiscafé Dal Cin 126
Eiscafé Dolomiti 98, 135
Elch-Lodge 78
Elieses Hofcafé 23
Gasthaus Camp Reinsehlen
   76
Gasthaus Heidesee 143

Gasthof Menke 70
Gaststätte Campingplatz
   Winsen 237
Gletscherblick 74
Grote Gasthaus 103
Grüner Jäger 38
Haus am Landtagsplatz 111
Heidekiosk 81
Heimatliebe 79
Herrenhaus Café 171
Hof Lübberstedt 23
Hof-Café Bockelmann 85
Kalandstube 177
Kiosk am Hardausee 95
KiWi Kiosk Wieren 93
Kolumbianischer Pavillon 185
Kontiki Bar 121
Kopfüber 74
Landgasthaus Alt Wieren 97
Landgasthof Allerparadies
   164
Landhaus Haverbeckhof 66
Landhaus Zum Lindenhof 26
Lässig im Bahnhof 109
Luhe Bistro 18
Lüßmanns Hof 166
Meyers Café 49
Meyers Gasthaus 15
Milchhalle 87
Müller- und Backhaus 198
Naturium 78
Orchideencafé 22

Piccanti 54
Pizza Amano 190
Primavera 172
Restaurant am See 194
   Böhmeschlucht 235
   BrandtEins 191
   Europa 47
   La Buca 167
   Rosencafé 130
   Stover Strand 232
   Zanzibar 131
Rölings Hof 189
Rote Schleuse 40
Schäferhof 69
Schlossremise 197
Seestübchen 83
Seeterrasse 63
Sievers Gasthaus 17
Stoof Mudders Kroog 25
Teatro im Schloss 178
Teichwirtschaft Heese 146
therme~lounge 120
Waldcafé Backebergs-
   mühle 214
Waldgaststätte Eckernworth
   135
Waldmühle 114
Wildpark-Restaurant 21, 22,
   78
Zum Heidemuseum 87
Zum Kiekeberg 19
Zur Esterholzer Schleuse 110

Langlingen 164
Langwedel 220
Laßrönne 11
Lauenburg 35
Lehrpfad 23, 69, 82 – 85, 110, 143, 152, 153, 188, 196
Lehrte 222
Leiferde 195
Leine-Heide-Radweg 65
Leineaue 125
Lichternacht 200
Lieth-Bad 121
Liethwald 122, 124, 127
Linienkutsche 72
Lohberge 11
Lohof 204
Lopausee 83
Lübeln 113, 210
Lüchow 220
Lüder 228
Lüdershausen 35, 233
Luftbrücke 155
Luhe 11, 63, 64
Luhegrund 132
Luheheide 11
Luhepark 18
Luhetalbad 62
Luhis Lagune 18
Luhmühlen 64, 208
Lüllau 64, 65, 204
Lüneburg 29 – 56, 205, 218 – 220, 230
Lüner Holz 38
Lünzen 88
Lüßberg, -wald 153
Lütenshof 227
Lutterloh 153, 221, 229

M
Machandel-Erlebnispfad 85
Maislabyrinth 188, 206, 209
Märchenwanderweg 18
Marionettentheater 115
Markmanns Spielzeugstuben 155
Martinimarkt 56
Marxen 26, 28
Marxener Paradies 69
Maschen, Moor 15
Mayerhof 104
Mechtersen 42
Meckelfeld 14, 15
Megalithpark 231
Meinerdingen 228

Meißendorf 162, 170, 230, 237
Meißendorfer Teiche 163
Melzingen 106
Metronom 218
Meyers Mühle 49
Minigolf 14, 18, 19, 41, 42, 65, 101 – 103, 122, 123, 159, 163, 169, 184, 206
Misselhorn 221
Misselhorner Heide 150
Missionsfest 143
Mistkäfer 154
Mittelalterfest 116
Mittellandkanal 189
MobiVersum 189
Moisburg 27
Monkeyman 185, 192
Moorerlebnisweg 69, 196
MS Aurora 36
MS Wappen 164
Müden (Örtze) 142 – 145, 147, 152, 156, 221, 215, 231, 236
Mühle 49, 64, 116, 156
Mühlenmuseum 27, 181, 198
Munster 120, 212, 221, 235
Museum Altes Zollhaus 113
Museum am Kiekeberg 11
Museum Lüneburg 48
Museumsbauernhof 22
Museumsdorf Hösseringen 100, 108, 110
Museumshof Winsen 176
Museumspark Seppensen 25
My city on ice 105
Myriorama 134

N
NABU 171
NABU Artenschutzzentrum Leiferde 195
NABU Uelzen 101
Naturbad 94
    Aquadies 60
    Bardowicker Strand 33
    Kirchgellersen 61
    Wriedel 94
Naturerlebnisweg 101, 107
Naturinformationshaus 70
Naturpark Lüneburger Heide 57, 80, 86, 204, 206, 219
Naturpark Südheide 137, 147, 214, 221

Naturparkentdecker 80
Naturschutzgebiet 40, 71, 196
Naturschutzgebiet Junkersfeld 15
Naturschutzgebiet Meißendorfer Teiche 171
Naturum 105
Naturwaldreservat 153
Neetze 35
Neu Wulmstorf 218
Neuenkirchen 82, 84, 221, 226, 227
Neugraben 218
Neuohe 156
Neuwiedenthal 218
Niederhaverbeck 69, 71, 72
Niederohe 221, 142, 149
Nikolaihof 37
Nindorf 77, 88, 206, 226
Nordheide 9, 203
NordWelle 75

O – P
Oberhaverbeck 72, 85
Oberohe 142, 151, 221, 236
Oldau 165
Oldendorf (Luhe) 63, 144, 225
Oldendorfer Totenstatt 69
Oldenstädter See 98
Oldtimertreffen 28
Ollsen 88, 206
Örtze 139, 141
Örtzepark 156
Örtzewinkel 235
Osterheide 71
Osterloh 166
Ostpreußisches Landes- museum 48
Otter-Pfad 187
Otterzentrum 181, 187, 194
Ovelgönne 163, 165

P
Paaschberg 208
Paddeln 96, 125, 142
Panzermuseum 212
Pfannkuchen 54
Pferd ↗ Kutschfahrten
Pferdekopf 67
Phaeno 181, 190
Piene, Otto 176
Pietzmoor 69
Pit-Pat 42
Planetarium 196

Planetenlehrpfad 86
Poitzen 143, 145
Ponyreiten 19
Pulvermühlenteich 14

Q – R

Quellenbad Schneverdingen 61
Räber 108
Radeln 15, 36, 39, 97, 98, 142, 166, 187
Rahmoorhorst 229
Rangierbahnhof Maschen 15
Rauchhaus 98
Reederei Helle 35
Regionalpark Rosengarten 11, 218
Reihersee 35
Residenzmuseum 174
Rethem 221
Rischmannshof 135
Robin-Hood-Castell 107
Römstedt 104
Rosche 94
Rosenbad 92, 103
Rosengarten 19, 21, 24
Rote Schleuse 40
Ruderboot 34, 187
Rundlingsdorf 91
Rundlingsmuseum 113

S

SaLü 31
Salz, -museum 50
Salzbrunnen 50
Salzhausen 207
Salztherme 31
Salzwedel 220
Sassenburg 186, 196
Schäferdorf 226
Schäferhof Neuenkirchen 82, 84
Schäfertag 88
Scharmbeck 28
Scharnebeck 36, 43, 47, 219
Schierhorn 206
Schiffshebewerk Scharnebeck 31, 35, 36, 47
Schillohsberg 153, 154
Schleuse Bardowick 37
Schleuse Esterholz 109
Schleuse Geesthacht 36
Schlichternheide 145
Schlittschuhlaufen 44, 105, 194

Schloss Celle 172, 174
Schloss Gifhorn 217
Schloss Wolfsburg 197
Schlosstheater 177
Schmarbeck 142, 143, 144
Schneverdingen 59, 61, 66, 69 – 73, 76, 81, 83, 88, 208, 219, 225, 227, 233
Schooten 108
Schröders Garten 34
Schulmuseum 135
Schwarmstedt 117, 122, 125, 135, 211, 214, 220, 221
Schwarze Berge 11
Schwienau 106
Schwindequelle 69
Seefest 156
Seepark 101
Seeve, -kanal 11, 15, 63
Seeveradweg 64, 65
Seevetal 11, 14, 15
Segeln 186
Seilbahn 75
Seilfähre 33
Seilspielplatz Bodenlos 185
Seppensen 22, 25, 28
Seppenser Mühle 65
Serengeti-Park Hodenhagen 119, 130
Sieben Steinhäuser 213
Silbersee 236
Skateranlage 18, 209
Skifahren 74
Skulpturenpfad 39
Snow Dome 74
SoccaFive Arena 192
Soderdorf 88
Soltau 59, 117, 120, 126 – 131, 133, 136, 211, 212, 219 – 221, 235
Soltau-Therme 120
Sonnenberg 236
Sonnenuhrgarten 103
Spechtshorn 161
Spielarena 20
Spielmuseum 133
Spielplatz 13, 16, 22, 40, 63, 73, 75, 77, 98, 100, 107, 126, 172
Spielscheune 228
Spielzeugstuben 155
Sprakensehl 188
Sprechende Laterne 173
Springhornshof 66

Stadtführung 51, 54, 55, 204, 205, 216
Stadtmuseum 197
Stadtwald Uelzen 105
Steingrund 71
Steinmann-Laage, Frigga 78
Steller See 15
Stintmarkt 36, 53
Stöckte 11, 17, 28
Stover Strand 232
Strandbad 122, 123, 163 – 165, 184
Stüde 186
Stütensen 116
Suderburg 95, 100, 108, 110, 211, 234
Südheide 181
Südsee 121, 235
Suerhop 17
Suhlendorf 114, 116
Sülfmeistertage 56
Surbostel 227
Surfen 60, 74, 75
Swingolf 104

T

Takka-Tukka Abenteuerland 193
Tankumsee 186, 237
Technisches Museum Oldau 165
Teicherlebnispfad 101
Teufelsheide 145
Textilmuseum 38
Theater Lüneburg 55
Theater Wolfsburg 199
Thelstorf 65
Tiefental 143
Tommys Mini-Treff 65, 206
Tostedt 218, 227
Totengrund 87
TreeTrek 104
Tretboot 63, 83, 95, 101 – 103, 211
Trojaburg 82

U

Uelzen 89, 91, 98, 105, 109, 116, 209, 210, 219, 220, 231, 234
Uhlenköper Camp 234
UHU II 35
Ulenköper 114
Ulrichs, Timm 168

Undeloh 66, 72, 79, 207
UNESCO-Welterbe 210
Unterlüß 153, 221, 229
Urwald 153

V – W – Z

Vahrendorf 21
Verkehrsgemeinschaft Heide-
kreis VH 220
Verkehrsgemeinschaft Nordost-
Niedersachsen VNN 220
Verrücktes Haus 73
Vethem 229
Vierde 235
Vierhundert-Wasser-Barfuß-Pfad
107
Viti Furth 38
Viva Arena Bröckel 170
Vogelpark Walsrode 119, 128,
129
VW-Bad 182
Wacholder, -heide 99
Wacholderwald 143, 144
Wahrenholz 181, 188
Waldabenteuer 150
Waldbad 33, 59, 60, 91, 93,
234, 161, 181, 207
WaldeMar 95
Waldemarturm 112, 115
Walderlebniszentrum 81
Walderlebnispfad ↗ Lehrpfad

Waldgeschichtspfad 101, 108
Waldlabyrinth 106
Waldmuseum Naturum 106
Walsrode 122, 128, 129, 135,
213, 220, 221, 228, 229
Walter-Maack-Eisstadion 44
Walter-Peters-Park 73
Wandern 17, 40, 41, 67, 99,
125, 145
Wassererlebnispfad 108
WasserPark Hehlingen 191
Wasserski 186
Wasserspielplatz 24, 142
Wasserturm 51, 53
Wathlingen 162
Weesen 225
Weihnachtsmarkt 28, 56, 88,
116, 136, 178, 200
Wellenrutsche 75
Weltvogelpark 129
Wendland 89, 209, 210, 220
Wendlandhof 113
Wennerstorf 22
Wesseloh 227
Westerbeck 196
Westercelle 160
Wetzen 64
Wieckenberg 161
Wienhausen 166
Wieren 93, 97
Wietze 161, 177

Wietzendorf 121, 136, 235
Wikingertage 116
Wild- und Abenteuerpark
Müden 139, 147
Wildpark 21, 77, 105, 170
Wildpark Lüneburger Heide 77
Wildpark Schwarze Berge 11,
21
Wildtiernis 170
Wilsede 66, 71, 72, 86, 207
Wilseder Berg 59, 85, 87, 207
Windmühle 49
Winkel 181, 188
Winning, Christa von 106, 107
Winsen (Aller) 160, 162, 165,
170, 176, 216, 230, 236,
237
Winsen (Luhe) 11, 13, 16, 18,
20, 28, 204
Wintermoor 219
Wittingen 181, 184
Wolfsburg 181 – 184, 189 –
200, 217, 222, 237
Wolthausen 230
Wörme 64, 67
Wrestedt 93, 101, 109
Wriedel 94
Wümme 63
10-Elfenland 169
Zisterzienserinnen 166

IMPRESSUM

© 2. Auflage 2016 | pmv Peter Meyer Verlag | Varrentrappstraße 53,
60486 Frankfurt a.M. | www.PeterMeyerVerlag.de | info@PeterMeyerVerlag.de

Unsere Inhalte werden ständig gepflegt, aktualisiert und erweitert. Für die Richtigkeit der Angaben kann der
Verlag jedoch keine Haftung übernehmen. | **Umschlag- und Reihenkonzept,** insbesondere die Kombination
von Griffmarken und Schlagwort-System auf dem Umschlag und Seite 1, sowie Text, Gliederung und Layout,
Karten, Tabellen, Piktogramme und Illustrationen sind urheberrechtlich geschützt. Abdruck und Einspeisung in
elektronische Medien, auch auszugsweise, nur mit Genehmigung des Verlags. | **Die Aufnahme** und
Beschreibung in diesem Buch unterliegt der Auswahl durch die Autorin und kann nicht erkauft werden.
Anzeigenschaltung ist unabhängig davon möglich. | **Druck & Bindung:** Kerschoffset Zagreb d.o.o., Kroatien,
www.kerschoffset.hr auf PEFC-zertifiziertem Papier aus nachhaltiger Forstwirtschaft | **Umschlaggestaltung:**
pmv, Agentur 42, Mainz, www.agentur42.de, Annette Sievers unter Verwendung eines Fotos von Kirsten Wagner
und Carsten Leuzinger/imageBROKER/OKAPIA | **Freche Viecher:** Silke Schmidt, Offenbach | **Fotos:** Wenn
nicht anders angegeben, alle Rechte beim Verlag, siehe Nachweis beim jeweiligen Bild. | **Repro:** Henning
Rohm, Köln | **Karten:** pmv **Bezug:** über Prolit, Fernwald-Annerod, oder über den Verlag,
vertrieb@PeterMeyerVerlag.de, ✆069/40562570 | **ISBN 978-3-89859-451-6**

klimaneutral
powered by ClimatePartner°

Druck | ID: 11766-1505-1003

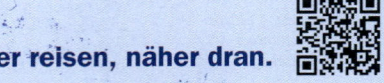